PASCAL

PHYSICIEN ET PHILOSOPHE

AUTRES OUVRAGES DU MÊME AUTEUR

La Philosophie de saint Augustin, 2e édit., 2 vol. in-12, Paris, Didier, 1866. *Ouvrage couronné par l'Institut.*

La Philosophie de Bossuet, *avec des fragments inédits,* nouvelle édit., 1 vol. in-8, Paris, Ladrange, 1862.

La Politique de Bossuet, 1 vol. in-12, Paris, Didier, 1867.

Spinoza et le Naturalisme contemporain, 1 vol. in-12, Paris, Didier, 1866.

Essai sur Alexandre d'Aphrodisias, suivi du *Traité du Destin et du Libre pouvoir aux Empereurs,* traduit en français pour la première fois, 1 vol. in-8, Paris, Didier, 1870.

Portraits et Études, *avec des fragments inédits,* nouvelle édit., 1 vol. in-12, Paris, Didier, 1863.

Machiavel, nouvelle édition augmentée d'un *Appendice sur Machiavel et les classiques anciens,* 1 vol. in-12, Paris, Didier, 1883.

La Nature humaine. *Essais de psychologie appliquée.* 1 vol. in-8. Paris, Didier, 1865, *Ouvrage couronné par l'Institut.*

L'ancienne France et la Révolution, avec une *Introduction sur la Souveraineté nationale,* 1 vol. in-12, Paris, Didier, 1873.

Trois révolutionnaires, Turgot, Necker, Bailly, 1 vol. in-8, Paris, Perrin, 1885.

Pour paraître prochainement.

Tableau des progrès de la pensée humaine, *depuis Thalès jusqu'à Hegel,* 6e édition.

Coulommiers. — Imp. P. Brodard et Gallois.

PASCAL

PHYSICIEN ET PHILOSOPHE

PAR

NOURRISSON

Membre de l'Institut.

PARIS

LIBRAIRIE ACADÉMIQUE DIDIER

ÉMILE PERRIN, LIBRAIRE-ÉDITEUR

35, QUAI DES GRANDS-AUGUSTINS, 35

1885

Tous droits réservés.

PRÉFACE

Si l'on veut comprendre ce que fut Pascal, il
convient de distinguer en lui ce que trop souvent on a confondu, le penseur philosophe, le
physicien géomètre et le polémiste sectaire.

D'une part *les Provinciales,* d'autre part le baromètre, la machine arithmétique, le triangle
arithmétique et la roulette, enfin *les Pensées,*
voilà en effet les œuvres qui, sous des rapports
assurément fort divers, recommandent Pascal
à la postérité.

Pour ce qui est des *Provinciales,* on a épuisé
l'éloge; ne craignons même pas d'affirmer que
d'ordinaire, soit engouement, soit calcul, on l'a

outré [1]. Car si *les Petites Lettres,* après avoir été
traduites en latin, en italien, en espagnol, en
anglais, demeurent, par leur date comme par
leur mérite, un des premiers monuments de
notre langue; si on les cite à bon droit comme
un chef-d'œuvre de tactique, d'invective et
d'ironie, il est permis de douter qu'elles hono-
rent l'impartialité de Pascal, autant qu'elles ont
contribué à mettre en lumière son art incomparable d'écrivain.

Vainement ne cesse-t-on de répéter à l'envi
que *les Provinciales* ont affranchi la conscience
des liens de la Scolastique, servi la cause du
libre examen, porté des coups mortels à une
casuistique aussi corruptrice qu'éhontée. Vainement même, vers la fin de sa vie, Pascal se
plaisait-il à se rassurer en quelque façon lui-

1. Bossut, *OEuvres de Blaise Pascal,* La Haye, 1779, 5 vol.
in-8, t. I, p. 133 et suiv., *Lettres écrites à un Provincial par
un de ses amis.* L'imprimeur inventa le titre de *Lettres au
Provincial,* titre que Pascal, il nous l'apprend, n'aimait pas;
puis, le public appela simplement ces *Lettres* les *Provinciales,*
titre que Pascal lui-même adopta. Il faut joindre aux *Provinciales* toutes les pièces comprises dans le tome III de
l'édition de Bossut et notamment les *Factums pour les Curés
de Paris.* « On croit, dit Bossut, que Nicole et Arnauld four-
nissaient ordinairement les matériaux de ces différents
ouvrages, et que Pascal en dirigeait la forme et l'exécution. »

même par de hautaines déclarations. « On me demande, disait-il, si je ne me repens pas d'avoir fait *les Provinciales*. Je réponds que, bien loin de m'en repentir, si j'avais à les faire présentement, je les ferais encore plus fortes.... On me demande si j'ai lu moi-même tous les livres que je cite. Je réponds que non ; certainement il aurait fallu que j'eusse passé ma vie à lire de très mauvais livres. Mais j'ai lu Escobar deux fois tout entier, et, pour les autres, je les ai fait lire par de mes amis ; mais je n'en ai pas employé un seul passage sans l'avoir lu moi-même dans le livre cité, et sans avoir examiné la matière sur laquelle il est avancé et sans avoir lu ce qui précède et ce qui suit, pour ne point hasarder de citer une objection pour une réponse ; ce qui aurait été reprochable et injuste [1]. » De notre côté, soyons net. Escobar et Tartufe ! Depuis Molière et Pascal, tant que parlera l'imagination des hommes, Escobar et Tartufe, types immortels, exécrés et exécrables de

---

1. Prosper Faugère, *Pensées, fragments et lettres de Blaise Pascal, publiés pour la première fois conformément aux manuscrits originaux, entièrement inédits.* Paris, 1844, 2 vol. in-8, t. 1, p. 367.

l'hypocrisie! Escobardisme et mœurs Escobardines, Tartuferie et mœurs de Tartufe! Faut-il donc avoir une âme bien fière, un sens bien droit, une raison bien épurée, pour détester les maximes ou réprouver les conduites que flétrissent ces appellations? Cependant si Molière, sous le nom de Tartufe, vouait à une éternelle infamie un de ses contemporains, paraît-il, fort connu, était-ce parce qu'il le connaissait que Pascal, sous le propre nom d'Escobar, clouait pour jamais Escobar au pilori? Et si, aux yeux de Pascal, le Jésuitisme était représenté par Escobar, le Jésuitisme n'aurait-il pas dû aussi, aux yeux de Pascal, être représenté par ce Xavier [1], dont le dévouement héroïque avait enfanté les apôtres et les martyrs qu'on allait voir par milliers, jusque dans les contrées les plus lointaines et chez les peuples les plus barbares, propager avec les lumières du Christianisme, les bienfaits de la civilisation et très souvent le prestige du nom Français? On le

---

1. Cinq livres de *Lettres* de saint François Xavier, mort près de Canton en 1552 et canonisé en 1622, avaient paru à Paris, en 1651, in-8.

doit reconnaître : Pascal, en rédigeant *les Provinciales*, ne porta guère ses regards au-delà des murs de la Sorbonne ou des régions du Faubourg Saint-Jacques. Mais encore un coup, soyons précis. Pascal qui confesse avoir fait lire par de ses amis les autres livres qu'il cite, avait-il vraiment lu lui-même deux fois les quarante volumes, et la plupart in-folio, que comprend l'œuvre d'Escobar? Et alors même qu'il aurait lu deux fois l'*Examen pratique pour les confesseurs et les pénitents*, en espagnol, et qui a eu cinquante-cinq éditions, ou mieux peut-être le *Liber theologiæ moralis viginti quatuor Societatis Jesu Doctoribus reseratus*, qui a eu trente-sept éditions en Espagne, quatre ou cinq à Lyon, une en Allemagne, une à Venise, avait-il vraiment lu deux fois les sept volumes in-folio dont se compose la seule *Théologie morale* d'Escobar [1]? Qui voudrait le garantir? Mais, au demeurant, qu'importe? A l'encontre d'opinions toutes faites, de déclamations banales et de vulgaires pré-

---

1. Cf. *Pascal et les Jésuites,* par Guill. Lebrocquy, Bruxelles, 1870, in-8, p. 87 et suiv., et l'abbé Maynard, *les Provinciales de Pascal,* texte avec les variantes de l'auteur; réfutation. Paris, 1851. 2 vol. in-8.

ventions, sachons garder le respect de l'histoire.

En philosophie de même qu'en théologie, les Jésuites ont constamment défendu le libre arbitre humain. Qui l'ignore? D'autre part, comment ne point être rempli d'étonnement, à envisager quels sont parfois les rigoristes et les censeurs qui reprochent aux Jésuites, pour parler avec Bossuet, « une malheureuse et inhumaine complaisance, une pitié meurtrière, qui leur a fait porter des coussins sous les coudes des pécheurs, chercher des couvertures à leurs passions [1]? » Oui, évidemment, ce n'était point tant le scandale de leur morale dite relâchée que l'influence ouverte ou occulte dont ils disposaient, qui suscitait et devait entretenir contre les Jésuites d'implacables hostilités ou d'insurmontables aversions. Organisée par un soldat, et par un soldat Espagnol, afin de repousser les assauts du Luthéranisme; assez semblable, comme le remarquait Diderot [2], à un ordre de

---

1. *Oraison funèbre de Nicolas Cornet.*

2. *OEuvres complètes*, édit. Assézat — Paris, 1875-77, 20 vol. in-8. T. II, p. 424 et suiv. « Le fondateur des Jésuites était un militaire. Leur institution fut militaire; le Christ fut le chef de la troupe, le général en fut le colonel; le reste fut ou capitaine, ou lieutenant, ou sergent, ou soldat. Cela fait

chevalerie, ou plutôt, par son exacte discipline, comparable à un régiment, l'obéissance
absolue que la Société de Jésus exigeait de chacun de ses membres, son prosélytisme ardent,
et, au milieu de son immense diffusion, sa co-
hésion inébranlable, en un mot sa constitution
et son action ne pouvaient manquer de la rendre promptement incommode ou même formidable non seulement aux souverains, mais
encore aux particuliers [1]. « Vous ployez sous
les plus puissants que vous, disait Pascal aux
Jésuites, et vous opprimez de tout votre petit
crédit ceux qui ont moins d'intrigue que vous
dans le monde [2]. » Et bien des années après :
« J'ai peur des Jésuites, écrivait de son côté

rire, mais cela n'est pas moins vrai. C'était un véritable
ordre de chevalerie. Et quels étaient les ennemis qu'ils
avaient à combattre ? le diable ou l'incrédulité, le vice et
l'ignorance, etc. »

1. Cf. Comte de Saint-Priest, *Histoire de la chute des Jésuites
au XVIIIe siècle*, Paris, 1846, in-12 ; — Comte de Montlosier,
Mémoire à consulter, etc. 5e édit., Paris, 1826, in-8 ; — Tabaraud,
Essai historique et critique sur l'état des Jésuites en France,
Paris, 1828, in-8. Voyez d'autre part : Crétineau-Joly, *Histoire
religieuse, politique et littéraire de la Compagnie de Jésus*,
Paris, 1844-1846, 6 vol. in-8 ; — le P. de Ravignan, *De l'exis-
tence et de l'Institut des Jésuites*, 7e édit. Paris, 1855, in-12.

2. *Les Pensées de Blaise Pascal, texte revu sur le manuscrit
autographe avec une préface et des notes*, par Auguste Molinier, Paris, 1877-79, 2 v. in-12, t. II, p. 105.

Montesquieu. Si j'offense quelque grand, il m'oubliera, je l'oublierai ; je passerai dans une autre province, dans un autre royaume : mais si j'offense les Jésuites à Rome, je les trouverai à Paris, partout ils m'environnent ; la coutume qu'ils ont de s'écrire sans cesse, entretient leur inimitié [1]. » Pour avoir eu à se plaindre d'un Jésuite, le P. Tournemine, l'auteur *des Lettres Persanes*, encourait presque le ridicule de craindre de la part des Jésuites la persécution. Et cependant, à tout prendre, les appréhensions qu'inspirait à Montesquieu la Compagnie de Jésus étaient peut-être moins chimériques que celles que lui faisait éprouver à Venise, sur les avis trompeurs de lord Chesterfield, le mysté-rieux Conseil des Dix. Un esprit de domination et d'exclusion, une espèce de tyrannie d'autant plus irritante et redoutable qu'elle s'exerçait au nom du ciel et par des voies souterraines, sous un gant de velours une main de fer, voilà, en réalité, ce qui, au xviie siècle plus encore qu'au xviiie, soulevait contre les Jésuites l'antipa-

---

1. *OEuvres complètes*, Paris, 1826, 8 vol. in-8, t. VIII, p. 424, *Pensées diverses*.

thie ou même la haine, en dépit de leurs services, de leurs talents et de leurs vertus. Toutefois, n'était-il pas « reprochable et injuste »,
après avoir subrepticement substitué un débat
concernant le probabilisme à une discussion
relative à la grâce, de déverser l'opprobre sur
un Ordre répandu par tout l'univers, en dénon-
çant à grand bruit des maximes confusément
extraites, arbitrairement et à la hâte, des ouvrages de quelques-uns de ses membres les
plus discrédités, pour la plupart, ou tellement
obscurs que Pascal lui-même, énumérant leurs
noms souvent baroques et qui sentent l'étranger, en venait plaisamment à demander : « si
tous ces gens-là étaient chrétiens [1] ? » On ne
peut même s'empêcher de le noter. Depuis long-

1. « Mais au moins que je sache les noms de ceux qui ont
succédé aux saints Pères; qui sont-ils ces nouveaux auteurs?
Ce sont des gens bien habiles et bien célèbres, me dit-il.
C'est Villalobos, Conink, Llamas, Achokier, Dealkozer, Del-
lacruz, Veracruz, Ugolin, Tambourin, Fernandez, Martinez,
Suarez, Henriquez, Vasquez, Lopez, Gomez, Sanchez, de
Vechis, de Grassis, de Grassalis, de Pitigianis, de Graphæis,
Squilanti, Bizozeri, Barcola, de Bobadilla, Simancha, Perez
de Lara, Aldretta, Lorca, de Scarcia, Quaranta, Scophra,
Pedrezza, Cabrezza, Bisbe, Dias, de Clavasio, Villagut, Adam
à Manden, Iribarne, Binsfeld, Volfangi à Vorberg, Vosthery,
Strevesdorf. O mon père, lui dis-je tout effrayé, tous ces
gens-là étaient-ils chrétiens ? » *Cinquième Lettre.*

temps déjà Pascal avait été précédé dans cette voie, et les libelles abondaient, émanés surtout du parti protestant, dans lesquels les enseignements des Jésuites se trouvaient avec la dernière véhémence attaqués et dénoncés. C'est ainsi, pour ne citer qu'un exemple entre beaucoup d'autres, c'est ainsi qu'en 1610 avait paru un opuscule intitulé : *Aphorismes ou sommaires de la doctrine des Jésuites et de quelques autres leurs docteurs, par lesquels le vray Christianisme est corrompu, la paix publique troublée et les liens de la société humaine sont entièrement violez et rompus* [1]. Tel était le thème un peu vieilli qu'à force d'industrie et d'éloquence, Pascal avait réussi à rajeunir, et où bientôt il s'emportait jusqu'aux violences extrêmes de ses devan-

---

1. Petit in-8 de 55 pages, sans indication de nom d'auteur ni de lieu. Cette même année, avait été publiée la *Lettre déclaratoire des Pères Jésuites, conformément aux décrets du Concile de Constance, adressée à la Royne mère du Roy, régente de France, par le Père P. Coton, de la Compagnie de Jésus, prédicateur ordinaire de Sa Majesté.* A Paris, chez Claude Chapelet, rue Saint-Jacques, à l'enseigne de la Licorne, 1610, in-8. — Cette déclaration donnait immédiatement lieu à l'*Anti-Coton, ou réfutation de la lettre déclaratoire du Père Coton. Livre où il est prouvé que les Jésuites sont coulpables et autheurs du parricide exécrable commis en la personne du roy très-chrestien Henry IIII, d'heureuse mémoire.* S. L., M.DC.XI., in-8.

ciers. « Gens sans parole, sans foi, sans honneur, sans vérité, doubles de cœur, doubles
de langue et semblables, comme il vous fut
reproché autrefois, à cet animal amphibie de la
fable, qui se tenait dans un état ambigu entre
les poissons et les oiseaux [1]. » C'était dans ce
style d'injures que Pascal résumait, avec sa polémique sur *les Provinciales*, son jugement sur
les Jésuites.

Aussi Voltaire, qui n'est pas suspect, et auquel, d'ailleurs, Pascal avait comme donné le
ton en traitant sous une forme railleuse les
sujets les plus graves, Voltaire n'hésitait pas
à l'attester. « Tout le livre *des Provinciales*,
observe-t-il, portait sur un fondement faux.
On attribuait adroitement à toute la Société
les opinions extravagantes de plusieurs Jésuites
Espagnols et Flamands. On les aurait déter-
rées aussi bien chez des casuistes Domini-
cains et Franciscains ; mais c'était aux seuls
Jésuites qu'on en voulait. On tâchait de prouver
qu'ils avaient un dessein formé de corrompre

1. P. Faugère, *Pensées*, etc., t. II, p. 268.

les mœurs des hommes, dessein qu'aucune
secte, aucune société n'a jamais eu et ne peut
avoir; mais il ne s'agissait pas d'avoir raison, il
s'agissait de divertir le public [1]. » En toute sin-
cérité et équité, on en conviendra : ce fut bien
là le but que d'abord, dans l'intérêt de ses amis,
se proposa Pascal. Puis, enhardi par l'événement, enivré par le succès, exalté par la dévotion, il en vint peu à peu jusqu'à se persuader
que soutenir la cause de Port-Royal c'était défendre la cause de Dieu, *sanctificavi prœlium* [2],
et finalement son inflexibilité et son impétuo-
sité naturelles l'entraînèrent si loin dans les
revendications Jansénistes, que ceux-là même
qui l'y avaient engagé, se refusèrent à le suivre
jusqu'où il prétendait aller. Tandis en effet que
sa sœur Jacqueline, après avoir fièrement pro-
testé, en digne élève de Corneille, « que si les
évêques avaient des courages de filles, il fallait
que les filles eussent des courages d'évêques; »
tandis que sa sœur Jacqueline mourait de dou-

1. *Le Siècle de Louis XIV*, ch. xxxvii.
2. *Les Pensées de Blaise Pascal*, édition Molinier, t. II,
p. 401.

leur pour s'être décidée, malgré tout, à signer
le formulaire, Pascal lui-même défaillait de sai-
sissement, en voyant Port-Royal, Arnauld et Nicole en tête, consentir vis-à-vis du Saint-Siège
une transaction. « Je ne crains rien, s'écriait-il,
je n'espère rien. Les évêques ne sont pas ainsi.
Le Port-Royal craint [1]. » En somme, *les Provinciales*, où éclatent toutes les passions de Port-
Royal, son opiniâtreté superbe plus encore peut-
être que son admirable amour de la droiture
et de la pureté, *les Provinciales* ne constituent
guère, dans la carrière de Pascal, qu'un incident, on dirait presque, bien que littérairement
heureux, un accident. Ajoutons-le : qui lit, à
cette heure, *les Provinciales* et qui se préoccupe
de savoir si elles sont ou jusqu'à quel point
elles sont justifiées? Notre siècle, partagé entre
le plaisir et les affaires, et, quelque avide qu'il
se montre de liberté et de progrès, relativement
à tout ce qui ne tombe pas sous les prises des
sens, ironiquement sceptique, notre siècle n'a
manifestement ni attention ni goût pour des

1. *Les Pensées de Blaise Pascal*, édit. Molinier, t. II, p. 108.

débats relatifs au probabilisme et à la grâce. Ce serait par conséquent remuer des cendres entièrement éteintes afin d'y découvrir quelques restes de feu, que de reprendre aujourd'hui des controverses, qui passionnèrent, il y a deux cent ans et plus, Jésuites et Parlementaires, Jésuites et Universitaires, Jansénistes et Jésuites.

Aussi bien, quelque indestructible et populaire que soit la réputation *des Provinciales,* le physicien et le géomètre l'emportent chez Pascal, et de beaucoup, sur le polémiste. A la vérité, les solutions élégantes qu'a données Pascal des problèmes géométriques les plus délicats n'ont point sensiblement contribué à l'avancement de la science, et ses essais mathématiques ne contiennent sans contredit rien qui approche ni de l'application de l'algèbre à la géométrie par Descartes, ni de la découverte du calcul infinitésimal par Leibniz et par Newton. D'un autre côté, pour avoir nécessité un merveilleux effort de sagacité et de patience, sa machine arithmétique [1], bientôt d'ailleurs sur-

1. La Bibliothèque Nationale à Paris et la Bibliothèque de la Ville de Clermont-Ferrand possèdent chacune un exemplaire de la machine arithmétique.

passée, ne s'en est pas moins trouvée, dès le début, une œuvre d'art assez inutile, ou d'une utilité, à coup sûr, fort inférieure à celle de son invention de la brouette et du haquet [1]. Cependant, le moyen de l'oublier? C'est Pascal qui, bien avant Laplace, a créé en quelque sorte le calcul des probabilités, en même temps qu'en physique il s'illustrait par des travaux impérissables. Est-ce à dire qu'il faille, à aucun degré, considérer Pascal comme un émule ou un précurseur de Newton en ce qui touche la théorie de la gravitation universelle? Une telle hypo-

1. Cf. Bossut, *Œuvres de B. Pascal*, t. I, *Avertissement*, p. 127 et suiv. : « M. le Roy, de l'Académie Royale des sciences, tient du célèbre M. Julien le Roy, son père, qui connaissait bien l'histoire des arts et des inventions mécaniques, que Pascal est l'inventeur de deux machines très simples et très usuelles. La première est cette espèce de chaise roulante traînée à bras d'homme, que l'on appelle vulgairement *Brouette* ou *Vinaigrette*, et dont la suspension est fort commode. La seconde est le *Haquet*, charrette à longs brancards, sans ridelle, qui font bascule, quand on veut... C'est une combinaison ingénieuse du tour et du plan incliné. — Pascal avait aussi inventé une machine fort simple pour le puits de Port-Royal-des-Champs, qu'on appelait, par cette raison, *le Puits de Pascal*. » Ce puits se voit encore *aux Granges*, ferme dont Messieurs de Port-Royal habitaient les bâtiments et qui était une annexe de l'abbaye de Port-Royal-des-Champs affectée aux religieuses. *Les Granges* dominent le vallon où se trouvait située l'abbaye, dont de pieuses mains s'appliquent à préserver d'une complète destruction les derniers vestiges.

thèse, puérilement échafaudée sur des pièces apocryphes et qui eut pourtant le don, un certain jour, de séduire de fermes et subtils esprits, ne compte plus désormais qu'au nombre des mystifications grossières dont à peine il y a lieu de conserver le souvenir [1]. Mais si Pascal « n'a jamais été amené jusqu'au seuil de la grande découverte de la gravitation sidérale, » s'il hésite ou peut-être même ne consent pas à admettre le mouvement de la terre après les démonstrations pourtant probantes de Copernic et de Galilée, c'est à Pascal que revient la gloire, une fois la pesanteur de l'air vérifiée

---

1. On sait que cette hypothèse fut mise en circulation par un géomètre éminent, le vénérable M. Chasles, après qu'il se fut rendu acquéreur d'un grand nombre de lettres inédites, attribuées à des célébrités de toute sorte et nommément à Pascal. Dans une publication intitulée : *Défense de B. Pascal et accessoirement de Newton, Galilée, Montesquieu, etc., contre les faux documents présentés par M. Chasles à l'Académie des Sciences*, Paris, 1868, in-4, M. Prosper Faugère parvint aisément à démontrer et d'une manière péremptoire, que toutes ces prétendues lettres étaient d'une composition aussi malhabile que récente. La réponse de M. Chasles (*Sur l'ouvrage de M. Faugère, intitulé : Défense de Pascal et accessoirement de Newton, Galilée*, etc., Paris, 1868, in-4), est un monument rare d'opiniâtre crédulité. Rappelons que tout ce débat se dénoua par la condamnation en Cour d'assises d'un faussaire nommé Vrin-Lucas, qui avait escroqué le trop candide M. Chasles en lui vendant au poids de l'or des documents entièrement fabriqués.

par ses soins, d'en avoir défini les lois et déter-
miné les applications principales. Toutefois, ici
encore, l'histoire veut qu'on le constate. Cette
gloire, Pascal en demeure, dans une large mesure, redevable à Descartes bien plus qu'à Torricelli, et c'est là un point laissé obscur, quoique
important, que nous avons entrepris d'éclaircir.
Restituer à Descartes les idées qui lui appartiennent, n'est-ce pas en effet, dût l'auréole scientifique de Pascal y perdre quelques rayons, n'est-
ce pas rétablir la science Française dans ses
droits primordiaux?

Cependant, à étudier chez Pascal la question
de la pesanteur de l'air, ce problème qui se rat-
che aux idées du plein et du vide, nous reporte
de la physique à la métaphysique, et ainsi dans
le physicien nous conduit à mieux apprécier le
penseur philosophe. Et tel est en effet le caractère essentiel de Pascal et la marque excellente
de son génie. Ni ses pamphlets théologiques,
quel qu'en soit le charme irrésistible, ni ses
travaux en mathématiques et en physique, quelque féconds et ingénieux qu'on les estime,
n'auraient apparemment suffi pour assurer à sa

mémoire l'éclat glorieux qui l'environne. Mais, lui aussi « c'est de la pensée qu'il se relève » et « c'est en la pensée que consiste sa dignité ». C'est son noble souci des choses de l'âme qui a produit l'ardeur de sa foi, et c'est à l'ardeur de sa foi que se sont allumées les flammes de cette éloquence souveraine, qui, toute brisée qu'elle nous apparaisse et dispersée en des fragments épars, le met hors de pair ou de pair avec les plus grands, faisant de lui, comme s'exprime Bayle, « l'un des plus sublimes esprits du monde, un prodige, et, pour ainsi parler, un individu paradoxe de l'espèce humaine [1]. » Ce serait, il est vrai, se mécompter que d'espérer de Pascal des nouveautés philosophiques; au fond, et, malgré d'injustes boutades contre Descartes, ses doctrines sont d'un Cartésien, et, par-dessus tout, il est Chrétien. Mais ce qui chez Pascal est nouveau et ce qui le rend inimitable, c'est l'élan vainqueur et c'est l'accent; c'est, plus que tout le reste, son inquiétude incessante et palpitante du vrai. Effectivement, écou-

1. Cf. *Dictionnaire philosophique*, article PASCAL.

tez-le! « En voyant l'aveuglement et la misère de l'homme, dit-il; en regardant tout l'univers muet et l'homme sans lumière, abandonné à lui-même et comme égaré dans ce recoin de l'univers, sans savoir qui l'y a mis, ce qu'il y est venu faire, ce qu'il deviendra en mourant, incapable de toute connaissance, j'entre en effroi comme un homme qu'on aurait porté endormi dans une île déserte et effroyable, et qui s'éveillerait sans connaître où il est et sans moyen d'en sortir. Et sur cela j'admire comment on n'entre point en désespoir d'un si misérable état. Je vois d'autres personnes auprès de moi d'une semblable nature, je leur demande s'ils sont mieux instruits que moi, ils me disent que non, et sur cela ces misérables égarés ayant regardé autour d'eux et ayant vu quelques objets plaisants, s'y sont donnés et s'y sont attachés. Pour moi je n'y ai pu prendre d'attache, et considérant combien il y a plus d'apparence qu'il y a autre chose que ce que je vois, j'ai recherché si ce Dieu n'aurait pas laissé quelque marque de soi [1]. »

1. *Les Pensées de Blaise Pascal,* édit. Molinier, t. I, p. 802.

Qu'on pèse ces paroles! Quiconque, après les avoir méditées, n'entre point dans les sentiments dont Pascal était pénétré, n'entendra jamais ce qu'a été Pascal; car dans ces paroles Pascal est tout entier. Ah! certes, il n'y a rien là qui, même de loin, se rapproche de l'homme artificiel qu'imaginera Buffon, de l'homme « qui, au moment de la création, s'éveille tout neuf pour lui-même et pour tout ce qui l'environne, se faisant à lui-même l'histoire de ses premiers mouvements, de ses premières sensations, de ses premiers jugements [1]. » Pascal n'est pas un pur spéculatif qui se joue en d'ingénieuses et allégoriques fictions ou qui s'évertue en des recherches savantes. C'est réellement une créature humaine, consternée ou plutôt toute frémissante des mystères de sa condition. C'est un croyant qui se tourne avec amour, après l'avoir découvert, vers le Christ, dont il fait sans doute un Christ aux bras étroits, mais qui enfin à ses regards consolés apparaît comme un Christ

---

1. *Œuvres complètes,* Paris, 1836, 9 v. in-8, t. IV, p. 164, *De l'homme, des sens en général.*

libérateur. Ne cherchez donc point dans *les Pensées* de système curieux sur l'homme, sur sa nature, sur sa destinée. Mais, à chaque ligne, c'est l'homme lui-même que *les Pensées* nous présentent, mélange extraordinaire de grandeur et de bassesse, ni ange ni bête, tour à tour chétif ver de terre et roi dépossédé. En un mot, la philosophie de Pascal est une philosophie vivante qui saisit à la gorge les plus frivoles ou les plus braves, mais qui ne les trouble que pour les assagir. S'ensuit-il néanmoins que cette philosophie se résolve en un scepticisme fiévreux où se réfléchiraient les perplexités mêmes qui auraient douloureusement agité l'existence de l'auteur *des Pensées?* Faudrait-il conclure « que Pascal rejette même toute philosophie, qu'il renonce à la raison pour s'adresser à la religion, et que sa religion ne soit qu'un fruit amer, éclos dans la région désolée du doute, sous le souffle aride du désespoir [1] ? » C'est ce lieu commun, rebattu depuis Voltaire et Condorcet, que nous avons,

1. *Des Pensées de Pascal* par M. Victor Cousin, 3ᵉ édit., Paris, 1847, in-8, p. 162.

une fois de plus [1], cherché à réfuter, soit en rappelant les principaux traits de la biographie de Pascal, soit en exposant fidèlement l'ensemble de ses idées philosophiques. Puis, replaçant Pascal au milieu des circonstances où il vécut et des sociétés mondaines ou pieuses qui tour à tour l'accueillirent, nous avons essayé de démêler, jusque dans le plus intime détail, l'origine complexe *des Pensées* comme aussi les influences diverses, sous lesquelles il les rédigea. De là notamment toute une étude sur ses rapports trop peu connus avec un per sonnage lui-même trop oublié, le Chevalier de Méré. Enfin, après avoir rappelé les pseudonymes successifs que Pascal crut devoir adopter, nous en avons indiqué le sens et marqué en quelque manière la filiation. Peut-être serons-nous parvenu à dissiper quelques-unes des ombres qui voilent encore cette altière et mélancolique figure, et ainsi peut-être les pages qui suivent serviront-elles à mieux faire con-

1. Cf. Vinet, *Études sur Blaise Pascal*, 2ᵉ édit., Paris, 1856, in-8, p. 127 et suiv. *Du livre de M. Cousin sur les Pensées de Pascal*, et p. 240 et suiv. *Sur le Pyrrhonisme de Pascal et sur sa religion personnelle.*

naître Pascal, non point comme polémiste, ce qui, présentement, n'offrirait guère aucun intérêt, mais ce qui, de nos jours même, mérite, ce semble, qu'on s'y arrête, comme physicien et plus expressément comme philosophe.

Juin 1885.

PASCAL

LA VIE DE PASCAL

Qu'était-ce au juste que Pascal? A une époque où Descartes se partageait, avec les théologiens, l'empire des esprits, a-t-il subi, et en quel sens, l'influence du Cartésianisme? Y a-t-il complètement échappé ou résisté? Est-ce un défenseur de la philosophie, ou en reste-t-il, au contraire, le détracteur opiniâtre et l'ennemi passionné?

Les contemporains de Pascal se sont montrés comme unanimes dans leur admiration pour sa grande âme. Les uns ont pu se sentir blessés au cœur par son incisive et destructive ironie, les autres s'effrayer de la hardiesse de ses conceptions. Presque tous ont rendu hommage à cette prodigieuse nature.

C'est au XVIIIe siècle que, par tactique, a commencé le dénigrement. Voltaire appelle Pascal « un fou sublime », et jette cette injurieuse dénomination à tous les échos. On sourit, quand on ne s'indigne pas, de voir ce génie badin, sans consistance et sans conscience, s'acharner sur les *Pensées*. Un bel esprit, le ministre protestant Boullier, ayant lu les *Remarques critiques* de Voltaire sur Pascal, comparait l'audace du commentateur à celle d'un papillon qui s'attaquerait à l'oiseau de Jupiter [1]. Les falsifications de Condorcet et la platitude de ses notes n'ont rien d'ailleurs qui relève les vaines saillies de Voltaire. Condorcet, Voltaire, s'en sont pris, le sachant, à un Pascal imaginaire.

Entre l'admiration absolue de certains amis de Pascal au XVIIᵉ siècle et le dénigrement systématique du XVIIIᵉ, les critiques de notre temps ont paru disposés, en général, à garder la vraie mesure. Une connaissance approfondie et méritoire, une minutieuse et précieuse restitution des textes les ont mis à même d'apprécier tout ce qu'il y avait, dans les ouvrages qu'a laissés Pascal, de noblesse et de vigueur. C'est pourquoi ils ne trouvent pas d'expressions assez fortes pour louer chez lui un style unique, poétique et précis, souple et nerveux, d'une

---

1. *Apologie de la métaphysique à l'occasion du discours préliminaire de l'Encyclopédie, avec les sentiments de M*** sur la critique des Pensées de Pascal, par M. de Voltaire*, etc. Amsterdam, 1753, in-18, p. 25.

simplicité égale à son éblouissante magnificence. Mais, d'un autre côté, plusieurs d'entre eux et non pas des moins autorisés et écoutés, déplorent les vues étroites du penseur, nous avons presque dit ses visions. Ils nous parlent de sombre désespoir, d'extatique vertige, de dévotion convulsive et ridicule. Pascal ne leur est plus, au demeurant, qu'un sceptique, un fanatique, un superstitieux.

Nous désirerions échapper aux lieux communs de toute sorte, et, à Pascal, tel que le représente la préoccupation ou la passion, substituer Pascal, tel que nous l'offre une considération attentive de la réalité.

Pour cela, il nous suffira, ce semble, de rappeler les principaux traits de la vie de Pascal; de faire, en quelque sorte, l'inventaire historique de ses écrits; de chercher à pénétrer le dessein qu'il s'y est proposé; de nous rendre compte enfin de la méthode qu'il a suivie. A la lumière de ces éclaircissements, il nous sera sans doute facile de reconnaître exactement ce qu'a été Pascal.

Blaise Pascal naquit à Clermont-Ferrand le 19 juin 1623, d'Étienne Pascal, président en la Cour des Aides et d'Antoinette Begon. Il était l'avant-dernier de quatre enfants, dont l'aîné, une fille, nommée Anthonia, mourut en bas âge, et dont les deux autres sont bien connus : Gilberte, plus tard Mme Florin Perier, et Jacquette ou Jacqueline, qui prit, en entrant à Port-Royal, le nom de sœur de Sainte-Euphémie.

Étant devenu veuf en 1626, Étienne, magistrat appliqué à ses devoirs, savant distingué, père de famille excellent, vendit sa charge en 1631 et s'établit à Paris. Il avait résolu de s'y consacrer tout entier à l'éducation de ses enfants, notamment à celle du fils unique chez lequel il avait découvert les dispositions les plus heureuses et dont il voulut être le seul précepteur. Sa maison devint bientôt le rendez-vous des physiciens et des géomètres les plus réputés de la capitale.

Ce fut dans un tel milieu que se développa l'intelligence nette et curieuse de Pascal. Des notions générales de grammaire, les éléments de la langue latine et de la langue grecque, un enseignement mêlé de conversations : son père ne souffrit pas d'abord pour lui d'autre étude. Il craignait de fatiguer un esprit, de soi très actif, et remettait à plus tard de lui enseigner les sciences. C'est à peine si, pour céder aux importunités de cet enfant précoce, il avait consenti à lui dire en gros que « la mathématique », dont il entendait sans cesse parler, avait pour objet de faire des figures justes, et d'en déterminer les rapports ou proportions.

Pascal n'était âgé que de douze ans, lorsque, sur cette simple indication, il se mit au travail, et, un jour, son père le surprit couché sur les carreaux d'une chambre, tout occupé à y tracer avec du charbon et à combiner des figures, que, dans son naïf langage, il appelait des barres et des ronds. De lui-même, il était arrivé à se démontrer par une série de déductions surprenantes, que la somme des angles d'un triangle est égale à deux angles droits. C'est la trente-deuxième proposition d'Euclide.

Désormais il n'était plus possible de contrarier des aptitudes tellement extraordinaires. Aussi Pascal obtint-il d'assister aux conférences scientifiques qui se tenaient chez son père, et, à peine admis, y prit un rang considérable. A seize ans, il publiait un *Traité des sections coniques*. A dix-huit ans, il construisait sa fameuse machine arithmétique. A vingt-trois ans, vérifiant les découvertes de Torricelli, et d'ailleurs conseillé et stimulé par Descartes, il exécutait à Paris sur la tour de Saint-Jacques de la Boucherie l'expérience du vide, que répétait, à sa demande, au sommet du puy de Dôme, son beau-frère M. Perier.

Cependant, la délicate constitution de Pascal devait promptement fléchir à cet emportement de fiévreux efforts. Son père, un instant menacé de la Bastille pour s'être mêlé aux mouvements qu'avait provoqués la réduction des rentes sur l'Hôtel de Ville, non seulement avait obtenu grâce auprès de Richelieu, mais encore conquis sa bienveillance. Prévenu favorablement par sa nièce, la duchesse d'Aiguillon, charmé d'ailleurs des agréments ingénus de la petite Jacqueline, qui, devant lui, avait joué, à ravir, la comédie, le redoutable cardinal, qui s'était fait présenter à Rueil Étienne Pascal et sa famille, avait déclaré qu'il en voulait faire quelque chose de grand. En attendant, vers la fin de 1639, il nommait Étienne collègue de M. de Paris dans la commission de l'intendance de Normandie. Blaise Pascal avait suivi son père à Rouen avec ses sœurs, et c'était même afin de le soulager dans ses calculs, qu'il avait été conduit à imaginer sa machine arithmétique. C'était donc à Rouen qu'il se voyait enfin, après plusieurs années d'opiniâtre labeur, obligé de prendre quelque repos, lorsqu'en 1646 une chute dangereuse que fit Étienne lui devint une occasion de réflexions profondes. Cet événement, par les pensées qu'il lui suggéra, décidait ce qu'on a appelé sa première conversion. Effectivement sa piété, jusque-là solide et effective, se tournant davantage à la pratique, la lecture de l'Écriture et des Pères, avec l'exercice des bonnes œuvres, occupa, dès lors, tout son temps. D'autre part, la contagion de son exemple gagnait jusqu'à son père et jusqu'à ses sœurs. Gilberte qui déjà avait épousé M. Perier et Jacqueline que ses brillants succès de poète, encouragés par le grand Corneille lui-même, semblaient devoir infailliblement engager, à son tour, dans le siècle, se sentirent pour le monde le détachement le plus complet. L'influence de Guillebert, curé de Rouville, ainsi que la fréquentation de deux gentilshommes jansénistes, La Bouteillerie et Des Landes, ne contribua pas peu à déterminer cette espèce de révolution domestique. Quant à Pascal, son zèle pour les choses de la religion allait si loin qu'il n'hésitait point à dénoncer à l'autorité ecclésiastique les doctrines d'un religieux appelé le frère Saint-Ange, qui troublait Rouen de sa parole extravagante.

Toutefois, chez Pascal, ce premier mouvement ne devait pas être décisif. Comme les médecins s'accordaient à lui conseiller, pour raffermir sa santé toujours chancelante, de se livrer aux distractions, il reprit peu à peu le train ordinaire de la vie. Revenu à Paris, il se partagea entre les recherches de la science et les délassements honnêtes, qui convenaient à un homme de sa condition. La mort de son père, arrivée en 1651, en lui donnant plus de liberté, ne fit que l'attacher davantage à cette existence toute mondaine, mélange de plaisirs, d'affaires et de travaux. C'est à cette époque, en effet, selon toute apparence, qu'il faut placer avec le *Traité du triangle arithmétique*, l'invention de la vinaigrette ou brouette et du haquet. Ce ne fut que beaucoup plus tard et sur la fin de sa vie que Pascal s'associa à l'établissement des *carrosses à cinq sols*, ne souhaitant, dit Mme Perier, tirer de cette entreprise quelque bien « que pour en assister les pauvres [1] ». C'est

---

1. *Les Carrosses à cinq sols*, ou *les Omnibus du XVIIe siècle*. Paris, 1828, in-12, publication de M. Monmerqué.

encore à la même date que se rapporte son commerce d'étroite amitié avec le duc de Roannez et sa noble liaison avec la sœur du duc, Mlle Charlotte de Roannez. Pascal songea même un instant à acheter une charge et à se marier. Mais en 1654, grâce aux pieuses instances de sa sœur Jacqueline qui, presque malgré lui, était entrée à Port-Royal, et peut-être aussi sous le coup d'un accident terrible, s'opéra subitement sa seconde, et, cette fois, définitive conversion.

On a raconté (quoique Mme Perier, dans sa biographie de son frère, ne dise mot de cette aventure), on a raconté que Pascal se promenait à Neuilly avec quelques amis dans un carrosse à quatre ou six chevaux, lorsque les deux chevaux de volée, prenant le frein aux dents à l'endroit du pont où il n'y avait pas de garde-fous, se précipitèrent dans la rivière. Heureusement, les traits qui les attachaient au train de derrière se rompirent, en sorte que le carrosse resta suspendu sur le bord de l'abîme. C'était au mois d'octobre 1654. Le mortel péril qu'il venait de courir aurait vivement frappé l'imagination de Pascal. Ce qui reste certain, et d'après son propre témoignage, c'est que dans la nuit du 23 novembre 1654, les réflexions que souvent il avait dû faire sur la fragilité de la vie humaine, sur ses mystères, sur sa fin dernière, se présentèrent à son esprit avec une force inaccoutumée. Depuis environ dix heures et demie du soir jusqu'à environ minuit et demi, ce fut comme une illumination·et un transport. Pascal prenant alors des résolutions de vie nouvelle, les consigna en double sur ce parchemin et sur ce papier, que l'on devait, après sa mort, trouver cousus dans ses vêtements, et dont Condorcet s'est empressé de publier le texte sous le titre infamant d'*Amulette mystique* ou de l'*Amulette de Pascal* [1].

Et cependant, est-ce donc la première fois qu'un homme a porté sur soi un signe de ses plus chères pensées, un symbole de ses plus précieux souvenirs, une marque sensible de ses engagements et un témoignage de ses espérances? Ou si l'action de Pascal n'a rien qui doive surprendre, faut-il s'étonner davantage des paroles consignées dans son écrit?

« Feu. Dieu d'Abraham, Dieu d'Isaac, Dieu de Jacob, non des philosophes et des savants. Certitude. Sentiment. Joie. Paix. Dieu de Jésus-Christ, *Deum meum et Deum vestrum.* Ton Dieu sera mon Dieu. — Oubli du monde et de tout hormis Dieu.

1. Il y a lieu de s'étonner que Condorcet n'ait point songé à rapprocher du transport qu'éprouva Pascal durant la nuit du 23 novembre 1654, et pour tirer de ce nouveau fait les mêmes conclusions, l'*enthousiasme* dont Descartes se sentit *tout rempli* le 10 novembre 1619 dans ses quartiers d'hiver sur les frontières de Bavière, et au milieu duquel il trouva ce jour-là *les fondements de la science admirable.* Voyez Baillet, *la Vie de Monsieur Descartes.* Paris, 1691, in-4, en deux parties, 1re partie, p. 81.

Il ne se trouve que par les voies enseignées dans l'Évangile. Grandeur de l'âme humaine. Père juste, le monde ne t'a point connu. Joie, joie, joie, pleurs de joie. Je m'en suis séparé. *Dereliquerunt me fontem aquæ vivæ.* Mon Dieu, me quitterez-vous ? Que je n'en sois pas séparé éternellement. Celle est la vie éternelle. Qu'ils te connaissent seul vrai Dieu et celui que tu as envoyé, J.-C. — Jésus-Christ, Jésus-Christ, je m'en suis séparé ; je l'ai fui, renoncé, crucifié. Que je n'en sois jamais séparé ! Il ne se conserve que par les voies enseignées dans l'Évangile. Renonciation totale et douce. Soumission totale à Jésus-Christ et à mon directeur. Éternellement en joie pour un jour d'existence sur la terre. *Non obliviscar sermones tuos. Amen.* »

Évidemment, malgré leur apparent désordre, le sens de semblables paroles n'offre rien de cabalistique. C'est le cri d'une âme profondément chrétienne et qui se voue sans partage aux austères mais salutaires exercices de la pénitence chrétienne. C'est le programme même de l'existence que, désormais, Pascal allait mener. En effet, dès 1654, nous le voyons se mettre sous la discipline de l'abbé Singlin, entrer dans la Société de Messieurs de Port-Royal, dont il se porte le défenseur ; se désintéresser d'ailleurs de tout ce qui est purement humain, ne craignant rien des hommes et n'en espérant rien, renoncer même, pour s'enfoncer dans

la méditation des Livres saints, aux sciences profanes, ou, s'il y revient quelquefois, comme lorsqu'il
résout les problèmes de la Cycloïde, ne le faire en
quelque sorte que par hasard et comme par défi.
Dès 1654, Pascal est un solitaire. Dès 1658, et après
l'éclat des *Provinciales*, sa piété croissant, Pascal
est un ascète. Ce cilice garni de pointes de fer et
qu'il cache sous ses habits, peut effrayer notre
mollesse. Il y a, nous l'avouerons, dans le complet détachement qu'il professe et qu'il prétend
imposer à ses proches une rigueur insupportable
et toute janséniste. Nous accorderons également
que ce superbe et mélancolique génie ne connut
point la haute sérénité qui, par exemple, carac-
térise Bossuet. Mais qu'on songe aux quatre dernières années de Pascal ! Il les passe à méditer,
à se mortifier, à visiter les églises, à soigner les
malades et à soulager les pauvres, au milieu desquels il voudrait terminer sa vie [1]. Enfin, cédant
son propre logis à une famille nécessiteuse qu'il a

---

1. Rappelons, entre autres, ce trait délicat de charité,
rapporté par Mme Perier : « Comme mon frère, écrit-elle,
revenait un jour de la messe de Saint-Sulpice, il vint à lui
une jeune fille d'environ quinze ans (fort belle) qui lui de-
mandait l'aumône; il fut touché de voir cette personne
exposée à un danger si évident... ; il crut que Dieu la lui avait
envoyée aussitôt qu'elle avait été dans le besoin, de sorte
que dès l'heure même il la mena au séminaire, où il la mit
entre les mains d'un bon prêtre à qui il donna de l'argent
et le pria d'en prendre soin. » *La Vie de M. Pascal écrite
par Madame Perier, sa sœur.* Amsterdam, 1688, in-18, p. 32.

recueillie, il se retire, pour y mourir, chez sa sœur Mme Perier, et se montre envers la mort d'une angélique douceur. « Allez, consolez-vous, disait un ecclésiastique à Mme Perier, la veille du décès de son frère ; si Dieu l'appelle, vous avez bien sujet de le louer des grâces qu'il lui fait. J'avais toujours admiré beaucoup de grandes choses en lui, mais je n'y avais jamais remarqué la grande simplicité que je viens de voir ; cela est incomparable dans un esprit tel que le sien, je voudrais de tout mon cœur être en sa place. » Le curé de Saint-Étienne du Mont, qui le visitait dans sa dernière maladie, ne pouvait s'empêcher de louer, à son tour, chez Pascal, les mêmes dispositions et disait à toute heure : « C'est un enfant ; il est humble, il est soumis comme un enfant [1]. » Ce fut « après avoir reçu le saint viatique et l'extrême-onction avec des sentiments si tendres, qu'il en versait des larmes », que Pascal expira le 19 août 1662, à l'âge de trente-neuf ans deux mois [2].

Dans une telle vie, dans une telle mort, où est le

---

1. *La Vie de M. Pascal*, etc., p. 40.

2. Pascal fut enterré à Paris, à Saint-Étienne du Mont, sa paroisse, derrière le maître-autel. La pierre tombale se trouve maintenant encastrée près du second pilier de la chapelle dite du Sacré-Cœur et on y lit cette sévère et à la fois touchante inscription, due à M. Perier : *Hic jacet Blasius Pascal Claromontanus Stephani Pascal in superiori apud Arvernos præsidiorum curia præsidis filius ; post aliquot annos in severiori secessu et divinæ legis meditatione*

sombre désespoir, l'extatique vertige, la dévotion convulsive et ridicule? Où est ce doute que Pascal aurait contenu en lui-même par une foi forcenée, « comme un lion en cage »?

« Cent volumes de sermons, écrivait Bayle, ne valent pas une vie telle que celle de Pascal, et sont beaucoup moins capables de désarmer les impies. Ils ne peuvent plus nous dire qu'il n'y a que les petits esprits qui aient de la piété; car on leur en fait voir de la mieux poussée dans l'un des plus grands géomètres, des plus subtils métaphysiciens et des plus pénétrants esprits qui aient jamais été au monde. La piété d'un tel philosophe devrait faire dire aux indévots et aux libertins ce que dit un jour un certain Dioclès, en voyant Épicure dans un temple : Quelle fête, s'écria-t-il, quel spectacle pour moi de voir Épicure dans un temple! Tous mes soupçons s'évanouissent; la piété reprend sa place, et je ne vis jamais mieux la grandeur de Jupiter que depuis que je vois Épicure à genoux.

transactos feliciter et religiose in pace Christi vita functus anno 1662 ætatis 39 die 19 Augusti. Optasset ille quidem præ paupertatis et humilitatis studio etiam his sepulcri honoribus carere, mortuusque etiam num latere qui vivus semper latere voluerat. Verum ejus in hac parte votis cum cedere non posset Florinus Perier in eadem præsidiorium curia consiliarius Gilbertæ Pascal Blasii Pascal sororis conjux amantissimus hanc tabulam posuit qua et suam in eum pietatem significaret et christianos ad christianarum precum officia sibi ac defuncto profutura cohortaretur.

— On fait bien de publier l'exemple d'une si grande vertu pour empêcher la prescription de l'esprit du monde contre l'esprit de l'Évangile [1]. »

Non plus que les événements qui remplirent sa vie, les ouvrages de Pascal ne prouvent pas davantage qu'il ait été un sceptique, un fanatique, un superstitieux [2].

Pour ne citer que ses principaux écrits, il faut d'abord mentionner toute une série de morceaux détachés : les *Pensées sur la mort ;* la *Prière pour demander à Dieu le bon usage des maladies ;* l'*Écrit sur la conversion du pécheur ;* la *Préface sur le traité du Vide ;* un *Fragment sur l'esprit géométrique ;* un *Fragment sur l'art de persuader ;* des *Pensées diverses sur des sujets de littérature et de morale ;* trois *Discours sur la condition des Grands ;* l'*Entretien avec M. de Saci sur Épictète et Montaigne ;* le *Mystère de Jésus,* un *Abrégé de la Vie de Jésus-Christ ;* et enfin le *Discours sur les passions de l'amour,* qui, publié d'une manière inattendue [3], a révélé chez Pascal des parties qu'on n'y soupçonnait pas.

Viennent ensuite les dix-huit *Provinciales,* qui

1. *Nouvelles de la République des Lettres,* décembre 1684. Joignez-y l'article PASCAL du *Dictionnaire.*
2. Cf. *Études sur Pascal,* par M. l'abbé Flottes, Paris, 1846, in-8 ; et M. l'abbé Maynard, *Pascal, sa vie et son caractère, ses écrits et son génie,* Paris, 1850, 2 vol. in-8.
3. *Des Pensées de Pascal,* par M. Victor Cousin, 3e édit., p. 383 et suiv.

parurent dans le courant des années 1656-1657 et auxquelles Pascal apporta une si grande application de style que telle *Provinciale* aurait été par lui refaite jusqu'à treize fois [1]. Ce n'est pas ici le lieu d'apprécier ces lettres, d'ailleurs depuis longtemps moins lues que célébrées, chef-d'œuvre d'ironie et d'invective, de polémique triomphante et d'éloquente indignation, où tous les tons se mêlent sans se confondre, tragédies pathétiques ou comédies inimitables, argumentation toute de flamme, qui, malgré ses emportements, ses excès, ses regrettables habiletés ou même ses criantes injustices, marque du moins dans l'histoire de notre langue une date mémorable.

Arrivons enfin aux *Pensées* proprement dites, qui, plus que tous les autres écrits de Pascal, appellent nécessairement l'attention.

Pascal était dans toute la ferveur de sa seconde conversion, lorsqu'il crut qu'une de ses nièces, Marguerite Perier, fille de Mme Perier, avait été subitement guérie d'une fistule lacrymale, par l'attouchement d'une sainte épine, qu'un ecclésiastique, M. de la Poterie, avait confiée à la vénération de Port-Royal [2]. En pénétrant Pascal de reconnais-

1. Aux dix-huit *Provinciales* il faut ajouter : 1° *Fragment d'une dix-neuvième Lettre Provinciale, adressée au P. Annat;* 2° *Dix-neuvième Lettre, qui a couru sous le titre d'une Lettre d'un Avocat au parlement à un de ses amis, touchant l'inquisition qu'on veut établir en France, à l'occasion de la nouvelle bulle du pape Alexandre VII.*

2. Cf. Bossut, *OEuvres de B. Pascal*, t. III, p. 449 et suiv.,

sance, ce fait, qu'il regardait comme providentiel et presque comme personnel, lui suggéra diverses réflexions sur les miracles.

D'un autre côté, Pascal avait vécu, durant plusieurs années, dans le commerce ou le voisinage de ces libres penseurs, élégants, spirituels, incrédules, qu'on désignait au XVIIᵉ siècle sous le nom de libertins, Miton par exemple, Des Barreaux, le Chevalier de Méré. Il savait que leur athéisme occulte était, de son temps, le fond de bien des âmes. En outre, on venait le consulter, lui soumettre des doutes. Ces différentes circonstances le décidèrent à entreprendre de réfuter les athées.

Puis, en définitive, les réflexions sur les miracles, le projet d'une réfutation des athées se ramenèrent dans son esprit au dessein unique d'une *Apologie de la religion*. Et c'est à quoi, parmi d'incessantes souffrances, il employa ses derniers jours.

De là ces *Pensées* écrites en caractères presque illisibles et comme au hasard; raturées et barrées, jetées sans suite et d'une main défaillante ou consignées par un secrétaire quelquefois même inhabile sur des morceaux de papier informes; réunies plus tard d'une manière arbitraire, mutilées ou

Réponse à un Écrit publié sur le sujet des Miracles qu'il a plu à Dieu de faire à Port-Royal depuis quelque temps, par une Sainte-Épine de la Couronne de Notre-Seigneur. A Paris, 1656.

corrigées suivant les besoins d'une cause, le scrupule ou le caprice; objet de scandale pour les uns, pour les autres, d'accusation; matériaux d'un gigantesque édifice, mais que l'architecte n'a pas eu le temps de disposer; ou bien encore, semblables aux pierres du Colisée, qu'on a fait servir à toute espèce de constructions.

« C'est un méchant signe pour ceux qui ne goûteront pas ce livre », observait Mme de La Fayette en parlant des *Pensées*.

Et Nicole qui ose bien quelque part appeler Pascal « un ramasseur de coquilles », Nicole relevant ces paroles, écrivait au marquis de Sévigné : « Pour vous dire la vérité, j'ai eu quelque chose jusqu'ici de ce méchant signe. J'y ai bien trouvé un assez grand nombre de pierres taillées et capables d'orner un grand bâtiment; mais le reste m'a paru des matériaux confus, sans que je visse assez ce qu'on en voulait faire. »

Effectivement, on se démêlerait mal dans cette confusion et on ignorerait quel était au juste le plan auquel se rapportait la publication posthume, intitulée *Pensées de Monsieur Pascal sur la religion et sur quelques autres sujets* (1670) [1], si, vers 1657, « en présence et à la prière de plusieurs personnes très considérables de ses amis, Pascal n'avait lui-même représenté ce qui devait faire la nature et le

1. 1 vol. in-12, Guillaume Desprez, Paris.

sujet de son ouvrage, — rapporté en abrégé les raisons et les principes, — expliqué l'ordre et la suite des choses qu'il y voulait traiter » [1].

« Les hommes, disait Pascal, ont mépris pour la religion, ils en ont haine et peur qu'elle soit vraie. Pour guérir cela, il faut commencer par montrer que la religion n'est point contraire à la raison ; ensuite qu'elle est vénérable, en donner respect ; la rendre ensuite aimable ; faire souhaiter aux bons qu'elle fût vraie, et puis montrer qu'elle est vraie. Vénérable parce qu'elle a bien connu l'homme, aimable parce qu'elle promet le vrai bien [2]. »

D'après ces données générales et que contribue encore à éclaircir soit l'*Entretien de Pascal avec M. de Saci*, soit la *Vie de Pascal par Mme Perier*, voici quelles devaient être, suivant un des plus savants éditeurs de Pascal, M. Prosper Faugère, les principales divisions de l'*Apologie*.

---

1. *Relation d'un entretien dans lequel Pascal exposa le plan et la matière de son ouvrage sur la religion.* Extrait de la préface de la première édition des *Pensées*, par Étienne Perier. *Préface*, où l'on fait voir de quelle manière ces Pensées ont été écrites et recueillies ; ce qui en a fait retarder l'impression ; *quel était le dessein de Monsieur Pascal dans cet ouvrage ;* et de quelle sorte il a passé les dernières années de sa vie.

2. *Les Pensées de Blaise Pascal,* édit. Molinier, t. II, p. 63.

Préface générale.

PREMIÈRE PARTIE

*Misère de l'homme sans Dieu, ou que la nature est corrompue
par la nature même.*

PRÉFACE DE LA PREMIÈRE PARTIE

CHAP. Ier. — Divertissement.

CHAP. II. — Des puissances trompeuses.

CHAP. III. — Disproportion de l'homme.

CHAP. IV. — Grandeur et misère de l'homme : systèmes des philosophes.

SECONDE PARTIE

*Félicité de l'homme avec Dieu, ou qu'il y a un réparateur,
par l'Écriture.*

PRÉFACE DE LA SECONDE PARTIE

CHAP. Ier. — Que l'homme sans la foi ne peut connaître le vrai bien, ni le juste.

CHAP. II. — Caractères de la vraie religion.

CHAP. III. — Moyens d'arriver à la foi : raison, coutume, inspiration.

CHAP. IV. — Du peuple juif.

CHAP. V. — Des miracles.

CHAP. VI. — Des figuratifs.

CHAP. VII. — Des prophéties.

CHAP. VIII. — De Jésus-Christ : le mystère de Jésus.

CHAP. IX. — De la religion chrétienne.

CHAP. X. — Ordre.

Sauf correction de détail et prise dans ses grandes
lignes, il est assez vraisemblable que telle devait être
à peu près la disposition que Pascal s'était proposé

de donner à son ouvrage. Qu'on nous permette de
l'ajouter : ce plan si simple, si naturel, se trouvait
classique, en quelque sorte, au xvɪɪe siècle. Ainsi La
Bruyère, notamment, ne s'en tracera pas d'autre, en
composant ses *Caractères :* « J'essaye dans mon livre
des Mœurs, disait-il dans la Préface de son Discours
de réception à l'Académie française en 1693, j'essaye
de décrier, s'il est possible, tous les vices du cœur et
de l'esprit, de rendre l'homme raisonnable et plus
proche de devenir chrétien. — Qui sont ceux qui, si
tendres et si scrupuleux, ne peuvent même supporter
que, sans blesser et sans nommer les vicieux, on
se déclare contre le vice ? Sont-ce des Chartreux et
des Solitaires ? Sont-ce les Jésuites, hommes pieux
et éclairés ? Sont-ce ces hommes religieux qui habi-
tent en France les cloîtres et les abbayes ? Tous, au
contraire, lisent ces sortes d'ouvrages, et en particulier, et en public, à leurs récréations ; ils en ins-
pirent la lecture à leurs pensionnaires, à leurs
élèves ; ils en dépeuplent les boutiques, ils les con-
servent dans leurs bibliothèques ; n'ont-ils pas, les
premiers, reconnu le plan et l'économie du livre
des *Caractères ?* N'ont-ils pas observé que de seize
chapitres qui le composent, il y en a quinze qui,
s'attachant à découvrir le faux et le ridicule qui
se rencontrent dans les objets des passions et des
attachements humains, ne tendent qu'à ruiner tous
les obstacles qui affaiblissent d'abord et qui étei-

gnent ensuite dans tous les hommes la connaissance de Dieu ; qu'ainsi ils ne sont que des préparations au seizième et dernier chapitre, où l'athéisme est attaqué et peut-être confondu ; où les preuves de Dieu, une partie du moins de celles que les faibles hommes sont capables de recevoir dans leur esprit, sont apportées ; où la providence de Dieu est défendue contre l'insulte et les plaintes des libertins? » Le plan qu'a suivi La Bruyère est donc, sous plusieurs rapports, le plan même que Pascal semblait avoir conçu. Mais combien Pascal, s'il eût vécu, l'eût poussé plus haut et plus loin ; avec quelle supériorité de génie il l'eût exécuté ; c'est ce dont nous pouvons juger, d'après les pièces éparses, frustes ou mutilées, que nous avons sous les yeux.

Du plan même de Pascal ressort la méthode qu'il a suivie. Or, c'est prendre les objections pour les réponses ; c'est mal s'orienter dans cette vaste et entraînante *Apologie,* qui devait procéder tantôt sous la forme du dialogue, tantôt sous la forme épistolaire, tantôt par prosopopée [1] ; c'est, en un

---

1. Cf. *Les Pensées de Blaise Pascal,* édit. Molinier, t. I, p. 277, A. P. R. *pour demain. Prosopopée. — Ibid.,* t. II, p. 60 et suiv. « *Ordre : Ordre par dialogues. —* Après la lettre *qu'on doit chercher Dieu,* faire la lettre *d'ôter les obstacles. —* Lettre *qui marque l'utilité des preuves par la machine.* Lettre *de l'injustice.* Une lettre *de la folie de la science humaine et de la philosophie* », etc.

mot, se tromper, que de ramener, comme on l'a fait, la méthode de Pascal à trois chefs principaux : 1º Le Pyrrhonisme ; 2º la règle des paris ou des partis ; 3º l'abêtissement. Chez Pascal, le Pyrrhonisme, la règle des paris ou des partis, l'abêtissement ont un tout autre sens que celui qu'on se plaît d'ordinaire à leur attribuer.

En déclarant que « le Pyrrhonisme est le vrai », Pascal se place, par pure hypothèse, dans la situation des Pyrrhoniens.

En invoquant la règle des paris ou des partis, il démontre aux Pyrrhoniens que leur scepticisme n'est pas tenable ; et qu'obligés bon gré mal gré de parier ou de prendre un parti, ils doivent se résoudre au pari ou au parti le plus sûr [1].

En conseillant de s'abêtir, Pascal, dans un rude et hardi langage, remarque tout simplement qu'il y a en nous la bête qu'il est indispensable de mater, la machine ou l'automate qu'il importe de ployer. « Il ne faut pas se méconnaître ; nous sommes automate autant qu'esprit. Il faut donc faire croire nos deux pièces : l'esprit par les raisons qu'il suffit d'avoir vues une fois dans sa vie, et l'automate, par la coutume et en ne lui permettant pas d'incliner au contraire. »

Au vrai, la méthode de Pascal est triple ; mais

1. Cf. Léon Lescœur, *De la Méthode philosophique de Pascal*. Paris, 1850, in-8.

les trois termes qu'elle comprend sont le doute, le
raisonnement, l'inspiration. Et c'est ce que Pascal
lui-même exprime sous une autre forme, quand il
dit : « Il faut avoir ces trois qualités, Pyrrhonien,
géomètre, chrétien soumis; et elles s'accordent et
se tempèrent, en doutant où il faut, en assurant où
il faut, en se soumettant où il faut. Qui ne fait pas
ainsi n'entend pas la force de la raison. Il y en a
qui faillent contre ces trois principes, ou en assurant tout comme démonstratif, manque de se connaître en démonstration; où en doutant de tout,
manque de savoir où il faut se soumettre; ou, en
se soumettant en tout, manque de savoir où il faut
juger. »

Expliquons plus complètement cet énoncé.

Pascal, sans avoir une immense lecture, ne s'était
pas néanmoins nourri uniquement de sa propre
substance. Les Écritures lui étaient devenues à ce
point familières, qu'il les savait comme par cœur. Il
connaissait Platon et Cicéron, Tacite et Macrobe,
Philon et Josèphe, les œuvres des rabbins, celles de
saint Augustin et de saint Thomas. Notons encore, au
nombre des ouvrages les plus employés par Pascal,
un livre qu'il n'a cité qu'en passant, mais dont il
paraît avoir fait grand usage, le *Pugio Fidei adversus
Mauros et Judæos*, écrit en 1278 par un moine de
Catalogne, Raymond Martin.

Les écrivains contemporains, Georges et Madeleine de Scudéri, entre autres, ainsi que Balzac, ne semblent pas non plus lui être restés étrangers. Ou comment ne pas remarquer (et peut-être ce rapprochement n'a-t-il pas encore été fait) que lorsque Pascal nous engage « à borner et mesurer le respect que nous avons pour les anciens [1] »; c'est Henri Estienne qu'il rappelle expressément? [2] Mais ce qui est particulièrement notoire, c'est que Montaigne et Épictète, sans parler de Charron, étaient ses deux auteurs favoris, on dirait bien ses deux livres de chevet.

Opposant Épictète et Montaigne l'un à l'autre, comme il le fit dans ce mémorable entretien avec M. de Saci, dont Fontaine nous a conservé les principaux traits [3], Pascal concluait non pas à l'impuissance, mais à l'insuffisance de la raison.

Exagérant ensuite, par système, cette insuffisance de la raison et l'assimilant à une impuissance véritable, Pascal parlait la langue des Pyrrhoniens et accumulait les motifs de douter.

Puis, le géomètre succédant au Pyrrhonien, il

1. *Préface sur le Traité du Vide.*
2. Cf. *Apologie pour Hérodote*, avec introduction et notes, par P. Ristelhuber. Paris, 1879, 2 vol. gr. in-8, t. I, p. 53, chapitre III, *Comment il nous appert qu'aucuns ont beaucoup et par trop déféré à l'antiquité, les autres au contraire l'ont eue en trop grand mespris.*
3. *Mémoires pour servir à l'Histoire de Port-Royal*, par M. Fontaine. Cologne, 1753, 4 vol. in-12, t. III, p. 80-103.

démêlait cet embrouillement à l'aide du dilemme irrésistible d'une pratique inévitable.

Enfin, chrétien soumis, il attirait les âmes au mysticisme, et au-dessus des principes, déclarés chancelants, d'une raison ployable à tous sens, il leur montrait les principes invariables du cœur et par l'amour les élevait aux clartés souveraines de la rédemption.

Ainsi, en religion, Pascal n'est pas sceptique. Qui oserait soutenir le contraire?

En philosophie, de même, Pascal n'est pas sceptique, et les textes abondent qui établissent qu'il a su reconnaître la puissance de la raison.

« C'est le consentement de vous-même à vous-même et la voix constante de votre raison et non des autres, observe-t-il, qui doit vous faire croire. » Et encore : « La raison nous commande bien plus impérieusement qu'un maître. Car, en désobéissant à l'un, on est malheureux; et, en désobéissant à l'autre, on est un sot. »

Mais, en proclamant l'insuffisance, non l'impuissance de la raison, Pascal ne s'est-il pas exagéré cette insuffisance? En reproduisant les maximes des Pyrrhoniens, n'a-t-il pas donné lieu de croire, par magie de style et entraînement de méthode, qu'il exprimait ses propres pensées?

En un mot, après avoir écrit avec justesse et tout ensemble profondeur : « Deux excès, exclure la raison, n'admettre que la raison », Pascal a-t-il su constamment tenir entre ces deux extrêmes une route certaine ? C'est là ce que permet seul de décider l'examen de sa philosophie, que nous aide d'ailleurs merveilleusement à comprendre la connaissance même de sa vie. Jamais en effet philosophe ne mit en plus parfait accord sa conduite et sa doctrine.

LA

PHILOSOPHIE DE PASCAL

Géomètre et Janséniste, passionné et maladif, Pascal a beaucoup moins connu les alternatives de la foi et du doute que les vicissitudes de la ferveur et de la tiédeur. L'étude et l'ascétisme se sont partagé le meilleur de son existence. Il est mort avec la douceur et le calme d'un enfant. Voilà pour sa vie.

Les écrits littéraires et philosophiques de Pascal ont été, presque tous, un accompagnement de ses travaux scientifiques, ou, dans ses dernières années, le produit des circonstances. C'est ainsi qu'en 1656 et 1657, épousant la querelle de ses amis de Port-Royal, il compose les *Provinciales*, et que, vers la même époque, touché de la guérison d'une de ses nièces qu'il estime un miracle où lui-même il a quelque part, et, en même temps, affecté de l'incrédulité des esprits forts, il entreprend d'écrire

contre les athées une *Apologie de la religion*. Voilà
pour ses ouvrages.

Quoiqu'il soit difficile, sinon impossible, au milieu
de matériaux confus et incomplets, de déterminer
avec une absolue rigueur le plan auquel Pascal
s'était arrêté, cependant l'examen des textes et le
témoignage de ses familiers autorisent à affirmer que
l'*Apologie* qu'il n'eut pas le temps de mener à fin,
devait avoir deux parties distinctes. Dans la première partie, Pascal voulait réduire l'homme à
avouer qu'il est un mélange monstrueux de misère
et de grandeur et que, d'autre part, les philosophes
résolvent mal cette douloureuse énigme. Dans la
seconde partie, après avoir écarté les systèmes de
philosophie, traversant les foisons des religions, où
depuis que l'homme a quitté Dieu, il n'y a rien dans
la nature qui n'ait été capable de lui en tenir place :
astres, ciel, terre, éléments, plantes, choux, poi-
reaux, animaux, insectes, fièvre, peste, adultère,
inceste ; Pascal devait démontrer que le Christianisme est la religion véritable et que seul il explique
tout. Voilà pour le dessein des *Pensées*.

La méthode de Pascal présente comme trois
moments : 1° le doute ; 2° la règle des partis ; 3° la
soumission cordiale et totale au Christianisme.
Douter où il faut, affirmer où il faut, se soumettre
où il faut ; Pyrrhonien, géomètre, chrétien mystique,
dans sa méthode, voilà Pascal tout entier.

En définitive, Pascal qui n'est pas sceptique en religion, n'est pas davantage sceptique en philosophie. Il proclame l'insuffisance, non l'impuissance de la raison.

Mais, en déclarant que la raison est insuffisante, non impuissante, il y a lieu d'examiner si Pascal n'a pas exagéré cette insuffisance même.

Demandons-nous par conséquent ce que Pascal a pensé de l'homme, de la loi morale et de Dieu.

Il y a dans l'homme deux facultés principales : entendre et vouloir. Mais, répétons-le : il ne faut pas se méconnaître; nous sommes automate autant qu'esprit. De là vient que la coutume fait nos preuves les plus fortes et les plus crues; elle incline l'automate, qui entraîne l'esprit sans qu'il y pense. C'est pourquoi, aussi, il s'agit d'incliner la volonté par l'agrément, bien plus que d'éclairer l'entendement par la démonstration. En effet, le plaisir est la monnaie pour laquelle nous donnons tout ce qu'on veut. Désolés du vide que nous ressentons en nous-mêmes, nous cherchons à nous distraire de nos maux. Les occupations où l'on jette les enfants comme dans une gêne, les entreprises les plus périlleuses, les fonctions les plus graves aussi bien que les joies les plus frivoles, qu'est-ce tout cela qu'un divertissement? Peu de chose nous afflige et peu de chose nous console. L'homme est si vain qu'étant plein de mille causes essentielles d'ennui, la moindre chose, comme un billard et une balle qu'il pousse, suffisent pour le divertir. L'éternuement absorbe toutes les facultés de l'âme, aussi bien que la besogne.. Il suffit d'un je ne sais quoi, qui est la cause de l'amour, pour remuer les princes, les armées, le monde entier. Le nez de Cléopâtre, s'il eût été plus court, toute la face de la terre aurait changé. Il n'y a d'égal aux agitations de l'amour que celles où nous jettent l'ambition et l'amour-propre. Pyrrhus, Alexandre veulent qu'on s'entretienne de leurs exploits, et leur cœur, si gonflé d'orgueil, devient la pâture d'un ver. Un gravier, placé dans l'urètre de Cromwell, renverse tout l'établissement de ce glorieux parvenu. On cherche le repos en surmontant les obstacles et le repos conquis se tourne en dégoût. Ainsi se passe toute notre vie. La vanité est en nous si ancrée, qu'un soldat, un goujat, un cuisinier, un crocheteur se vantent et prétendent qu'on les admire par quelque endroit, et le philosophe qui écrit contre la vanité ne laisse pas que d'être vain à son tour, car il désire être lu. En dehors de notre être réel, nous nous créons un être d'imagination dans l'esprit d'autrui. Nous nous attachons à cette ombre de nous-mêmes, nous amoindrissant afin de l'accroître et mourant avec plaisir, pourvu qu'on en parle. Avides d'estime, nous en sommes avares. On ne fait que s'entre-tromper et s'entre-flatter. L'union qui est entre les hommes n'est fondée que sur cette mutuelle tromperie.

L'homme, dans sa volonté, n'est donc qu'hypocri-sie, ennui, inconstance, inquiétude. Tous les hommes désirent être heureux et sans cesse s'émeut en eux une guerre intestine de la raison et des passions.

L'homme en effet, dans son intelligence, n'est pas moins misérable que dans sa volonté. Suspendu entre deux infinis, l'infini de la grandeur et l'infini de la petitesse; perdu, en quelque façon, dans ce canton détourné de la nature, il ne sait le tout de rien et ce milieu entre les extrêmes se retrouve en toutes ses impuissances. Tous les extrêmes l'offus-quent. Sa pensée lui échappe au moment même où il la conçoit. Il ne faut pas le bruit d'un canon pour empêcher ses pensées, il ne faut que le bruit d'une girouette ou d'une poulie; c'est assez qu'une mouche bourdonne à ses oreilles, pour tenir son esprit en échec et troubler cette puissante intelligence qui gouverne les villes et les royaumes. Le plaisant Dieu que voilà! *O ridicolosissimo eroe!* L'imagi-nation d'ailleurs lui grossit ou diminue les objets, maîtresse de mensonge et de fausseté, superbe puissance et ennemie de la raison. Cependant une invincible ignorance, résultat d'une faiblesse irré-médiable, s'étend jusqu'à notre propre être. Inter-rogeons les régents du monde. Qu'ont-ils pensé de la substance de l'âme? Ont-ils été plus heureux à la loger? Qu'ont-ils trouvé de son origine, de sa durée et de son départ? En définitive, nous ne savons pas ce que c'est qu'un corps, encore moins ce que c'est qu'une âme; moins que tout le reste, comment une âme peut être unie à un corps, et cependant c'est notre propre être. Qu'est-ce donc que l'homme, juge de toutes choses, imbécile ver de terre, dépositaire du vrai, cloaque d'incertitude et d'erreur, gloire et rebut de l'univers? Ni ange ni bête, le malheur veut que qui veut faire l'ange fait la bête. Quel prodige que l'homme ne comprenne pas enfin qu'il est un monstre incompréhensible! Certes la différence est immense, suivant que notre âme sera mortelle ou immortelle. Notre sort est changé : il y va de notre tout. Aussi peut-il être permis de n'approfondir pas l'opinion de Copernic, mais ceci : Il importe à toute la vie de savoir si l'âme est mortelle ou immortelle; car il est indubitable que cela doit mettre une différence entière dans la morale. Néanmoins, les philosophes ont conduit leur morale indépendamment de cela; ils délibèrent de passer une heure! C'est une chose horrible de sentir s'écouler tout ce qu'on possède. Et pourtant nous demeurons, à ce sujet, d'une insensibilité vraiment brutale. Semblables à des voyageurs surpris dans une île déserte, à des criminels chargés de chaînes, et qui, chaque jour, verraient froidement égorger un de leurs compagnons, pour être égorgés à leur tour, nous nous pipons nous-mêmes, et la bagatelle

nous fait oublier notre misérable condition. Que
penser d'un condamné à mort, qui, ayant une heure
pour solliciter sa grâce, qu'il est sûr d'obtenir, s'il
la demande, passerait ce temps à jouer au piquet?
C'est là notre fidèle image.

Qui débrouillera ce chaos? Et que deviendra
l'homme? Sera-t-il égal à Dieu ou aux bêtes? Quelle
effroyable distance! Que serons-nous donc? Qui ne
voit par tout cela que l'homme est égaré, qu'il est
tombé de sa place, qu'il la cherche avec inquiétude,
qu'il ne la peut plus retrouver? Et qui l'y adres-
sera? Les plus grands hommes ne l'ont pu. Pyrrhoniens ou dogmatistes, les philosophes ne font que
balbutier. Ni les Pyrrhoniens ne peuvent douter de
tout; car un Pyrrhonien doutera-t-il si on le pince,
si on le brûle, doutera-t-il s'il doute? La nature
soutient la raison impuissante et l'empêche d'extra-
vaguer jusqu'à ce point. Ni les dogmatistes ne par-
viennent à rendre compte des principes mêmes sur
lesquels ils s'appuient. Ils brûlent du désir d'édifier
une tour qui s'élève à l'infini; mais tout le fondement craque, la terre s'ouvre jusqu'aux abîmes, et
leur objet les fuit d'une fuite éternelle. La peinture
a un centre de perspective, d'où tout s'aperçoit.
Lorsqu'il s'agit de la science de l'homme, ce centre,
qui l'assignera? Qu'il se montre et qu'il paraisse.
Notre raison corrompue, toujours déçue, ne cesse,
en réalité, de tournoyer. Que la raison le cède donc

au cœur. Le cœur en effet a ses raisons, que la raison ne connaît point ; on le sait en mille choses. Or, se soumettre au cœur, c'est se soumettre à Jésus-Christ.

Telle est, en gros, l'argumentation pressante, par laquelle Pascal s'efforce, en nous désolant, de réduire l'intelligence humaine. Or, quelque éloquente qu'elle soit, cette argumentation n'aboutit-elle point à des conclusions excessives ? Et cet excès même ne devient-il pas une flagrante erreur ? — Évidemment, comme nous ne savons le tout de rien, nous ne savons pas non plus le tout de l'homme. Mais quelles objections pourrait élever Pascal contre ces propositions, résultats indéniables de l'analyse : Je pense, donc je suis ; je suis, et le moi est une âme, qui, par ses attributs, se distingue essentiellement du corps ; âme et corps, c'est dans l'âme que je reconnais surtout ma personnalité ; sensible, intelligente et active, mon âme trouve dans ses sensations ou ses sentiments une excitation, dans ses pensées une règle de son activité ; partagée entre le devoir et le bonheur, elle comprend qu'elle ne peut arriver au bonheur que par le devoir ; elle éprouve, à chaque instant, que la loi morale est pourvue d'une sanction, qui, tôt ou tard, en assure la pleine exécution ; capable enfin de mérite et de démérite, la nécessité pour elle d'une sanction définitive, ses aspirations et ses conceptions

que rien ici-bas ne peut remplir, autorisent l'âme
à affirmer son immortalité? — De pareilles propositions défient, ce semble, la contradiction; car à
les bien comprendre, ce sont moins des déductions que des faits immédiatement attestés par la
conscience. La géométrie, dont la logique n'est,
d'après Pascal, qu'une imitation, tandis que c'est
la géométrie qui n'est qu'une application de la
logique, la géométrie n'offre pas plus de certitude;
elle en présente même, à certains égards, beaucoup
moins, puisqu'elle ne consiste, en somme, que dans
des combinaisons d'abstractions, tandis que tout ce
qui se rapporte à l'âme est d'une concrète et
vivante réalité.

Mais Pascal a un parti pris. Il veut nous émouvoir
et nous troubler, et du roc immobile où nous pen-
sons être solidement assis, il s'efforce de nous pré-
cipiter dans les sables mouvants du doute. Continuant donc d'ébranler par le sarcasme ce que les
hommes jugent le plus inébranlable, il s'applique
à prouver que nous ne parvenons à nous entendre sur rien, pas même sur ce que nous appelons
la loi morale. Les hommes sont comparables à
des orgues. On sait comment toucher les orgues
ordinaires; pour les hommes, ce sont des orgues
bizarres, changeantes, variables. Ce n'est, dans
leurs actes de même que dans leurs paroles, que dis-
cordance; l'opinion est la règle de leur conduite,

non la justice. Plaisante justice effectivement qu'une
rivière borne ! Trois degrés d'élévation du pôle renversent toute la jurisprudence ; vérité au deçà des
Pyrénées, erreur au delà. La coutume décide de
tout, et, avec la coutume, la force. Ce chien est
à moi, disaient ces pauvres enfants, c'est là ma
place au soleil ; voilà le commencement et l'image
de l'usurpation par toute la terre. Les hommes ne
pouvant faire que la justice fût forte, ont fait que
la force fût juste, et s'il est vrai que l'opinion soit
la reine du monde, la force en est le tyran. C'est
la force qui maintient l'autorité des rois, c'est la
folie du peuple qui la fonde. Et néanmoins, tout
en ayant une pensée de derrière, par où on juge de
tout, il faut parler comme le peuple. D'un autre
côté, encore que les habiles y répugnent, se soumettre à la pluralité est le meilleur, comme aussi
l'inconvénient est bien moindre d'être gouverné par
un sot qui succède par droit de naissance, que de
laisser le pouvoir en proie aux compétitions de
mille ambitieux. Le plus grand des maux est les
guerres civiles. Et elles sont sûres, si on veut ré-
compenser les mérites, car tous diront qu'ils méritent. Ainsi le droit naturel est un état de guerre ;
le droit civil une convention arbitraire ; le droit
politique un contrat et qui repose uniquement sur
l'intérêt. — Maximes, si on les prend à la lettre,
pour la plupart, funestes et délétères, et que Pascal

a développées avec une incomparable vigueur, mais qui, pour l'honneur de l'humanité, deviennent caduques aussitôt que la polémique cesse et que la calme réflexion commence! Il est clair, en effet, que les âmes, étant également libres, ont des droits égaux. Mais c'est du devoir que naît le droit. Votre devoir à vous est mon droit à moi, et réciproquement votre droit à vous est mon devoir à moi. Mon droit consiste à être respecté dans ma personne, comme mon devoir consiste à vous respecter dans la vôtre. De là, notamment, le droit de propriété, qui n'est que l'affirmation et comme le prolongement de la personnalité. Le droit naturel ne dérive donc pas de la force, mais de la liberté qui engendre l'égalité.

Allons plus avant; le droit civil confirme et assure le droit naturel, loin de le détruire. Les hommes ayant des droits égaux, ces droits se limitent les uns les autres. Dans l'état de société, il ne saurait y avoir, par conséquent, de droit absolu. Chacun est tenu de renoncer à une partie de son droit, afin d'en conserver le fonds essentiel. Le droit civil, qui varie sans cesse, ne s'écarte du droit naturel, qui ne varie pas, que pour le rendre praticable et non pour l'annuler. Le droit civil est même d'autant plus parfait qu'il déroge moins aux prescriptions du droit naturel, lesquelles, chez des êtres libres, sont inhérentes à leur constitution. Ce n'est pas tout;

ajoutons que pour garantir ce respect mutuel des droits, une puissance est indispensable, qui en assure et protège l'exercice. C'est pourquoi intervient, avec le droit politique, une autorité qui le représente, appelée gouvernement. La fin du gouvernement est ainsi de garantir, non d'abolir les droits de tous, de telle sorte que son objet même révèle son origine, car c'est à une nécessité tout humaine qu'il la faut rapporter, et non point à je ne sais quelle institution d'en haut, qui, sur certains peuples, aurait établi la domination de certaines familles. De toute évidence, les gouvernants sont faits pour les gouvernés, non les gouvernés pour les gouvernants. Au lieu que le gouvernement constitue la loi, il n'en est que l'expression et l'instrument.

Aussi bien, la loi que le gouvernement a pour mission de défendre ; la loi, d'où procèdent les droits et les devoirs réciproques des gouvernés et des gouvernants, cette loi, ni dans les gouvernants, ni dans les gouvernés, n'a sa raison d'être. Type de justice absolue, elle est, suivant le langage des poètes anciens, éternelle et divine. Que dis-je? Elle est consubstantielle à Dieu, elle est Dieu lui-même! Et c'est pourquoi les sociétés humaines reposent sur un inébranlable fondement.

Malheureusement, ici encore, et lorsqu'il s'agit de Dieu, Pascal qui ramène à la théologie la philosophie, au point qu'il semble vouloir dans la théologie

abolir la philosophie, Pascal ne professe guère que
du dédain pour ces irréfragables données de la philosophie. « Je n'entreprendrai pas, écrit-il, de prouver par des raisons naturelles ou l'existence de Dieu,
ou la Trinité, ou l'immortalité de l'âme ; non seulement parce que je ne me sentirais pas assez fort
pour trouver dans la nature de quoi convaincre des
athées endurcis, mais encore parce que cette connaissance, sans Jésus-Christ, est inutile et stérile.
Quand un homme serait persuadé que les proportions des nombres sont des vérités immatérielles,
éternelles et dépendantes d'une vérité première en
qui elles subsistent, et qu'on appelle Dieu, je ne le
trouverais pas beaucoup avancé pour son salut. »
Et là-dessus, il semble récuser à la fois les preuves
métaphysiques et les preuves physiques de l'existence de Dieu, c'est-à-dire tous les arguments par
lesquels les plus grands esprits de tous les temps,
depuis Platon et saint Augustin jusqu'à Descartes
et Bossuet, ont cru pouvoir démontrer qu'il y a
un être suprême, plénitude de perfections. « Les
preuves de Dieu métaphysiques sont si éloignées
du raisonnement des hommes et si impliquées, continue Pascal, qu'elles ne frappent pas ; et quand
cela servirait à quelques-uns, ce ne serait que pendant l'instant qu'ils voient cette démonstration ;
mais, une heure après, ils craignent de s'être trom-
pés. » — « Eh quoi ! ne dites-vous pas que le ciel

et les oiseaux prouvent Dieu? Non. Et votre religion ne le dit-elle pas? Non; car encore que cela est vrai en un sens pour quelques âmes à qui Dieu donne cette lumière, néanmoins, cela est faux à l'égard de la plupart. » Tel n'était point le sentiment de Nicole, et le judicieux auteur des *Essais de morale*, rédigeant un discours sur l'existence de Dieu, n'hésitait pas à contredire ouvertement Pascal. « Les uns, observait-il, ont inventé des raisonnements subtils et métaphysiques, pour prouver ce point, et les autres en proposent de plus populaires et de plus sensibles, en rappelant les hommes à la considération de l'ordre du monde, comme à un grand livre toujours exposé à leur vue.

« Je reconnais que ce ne sont pas là les preuves les plus propres pour conduire à la religion ceux qui sont assez malheureux pour ne la connaître pas, et que celles qui se tirent des miracles et des prophéties qui autorisent la certitude des Écritures, sont beaucoup plus capables de faire impression sur des esprits opiniâtres; mais je suis persuadé en même temps que ces preuves naturelles ne laissent pas d'être solides, et que, pouvant être proportionnées à certains esprits, elles ne sont pas à négliger.

« Il y en a d'abstraites et de métaphysiques, comme j'ai dit, et je ne vois pas qu'il soit raisonnable de prendre plaisir à les décrier; mais il y en a aussi qui sont plus sensibles, plus conformes à

notre raison, plus proportionnées à la plupart des
esprits, et qui sont telles qu'il faut que nous nous
fassions violence pour y résister. »

Et effectivement, aux preuves historiques et
morales qu'il juge seules de nature à nous conduire
à la religion, quelles preuves ajoutera Pascal, pour
remplacer les arguments qu'ont perpétuellement
invoqués les philosophes en faveur de l'existence
de Dieu? On le sait : c'est la règle des paris ou
des partis. A parier que Dieu est, vous avez tout
à gagner; vous n'avez rien à perdre. A parier, à
supposer que Dieu n'est pas, vous n'avez rien à
gagner, vous avez tout à perdre. Donc, pariez; donc,
supposez, gagez que Dieu est. N'objectez pas d'ailleurs que vous préférez ne point parier. Ne point
parier, c'est parier. Vous n'êtes pas libre, vous êtes
embarqué; il faut parier. Cela est démonstratif. Et
comme, en outre, il importe que cette décisive considération ne nous fuie pas, Pascal veut qu'après
avoir parié, nous nous empêchions nous-mêmes de
revenir sur ce salutaire pari. C'est pourquoi il nous
enjoint de plier la machine par l'accoutumance.
« Vous voulez aller à la foi et vous n'en savez pas
le chemin; vous voulez vous guérir de l'infidélité et
vous en demandez les remèdes ; apprenez-les de
ceux qui ont été liés comme vous et qui parient
maintenant tout leur bien. Ce sont gens qui savent
ce chemin que vous voudriez suivre, et ils sont

guéris du mal dont vous voudriez guérir. Suivez la manière par où ils ont commencé; c'est en faisant tout comme s'ils croyaient, en prenant de l'eau bénite, en faisant dire des messes, etc. Naturellement même, cela vous fera croire et vous abêtira. — Mais c'est ce que je crains. — Et pourquoi? Qu'avez-vous à perdre? » Est-ce là ce que Pascal appelle rendre Dieu sensible au cœur? Et, pour nous assagir, faut-il nous abêtir? Assurément non. Et Pascal lui-même n'a eu garde de donner un conseil aussi absurde et aussi inhumain. S'abêtir, c'est, suivant lui, encore un coup, s'humilier, maîtriser la machine, assujettir le corps par l'habitude, et ainsi « diminuer les passions qui sont les grands obstacles ».

En somme, il y a, chez Pascal, comme deux vues sur la philosophie. Il s'irrite, il s'indigne contre la philosophie qui ne mène pas à la théologie, et c'est alors que lui échappent ces cris de mépris et de colère : « Qu'est-ce que la pensée? Qu'elle est sotte! Humiliez-vous, raison impuissante! » — « Taisez-vous, nature imbécile! » Les résistances d'une philosophie, qui prétend se suffire à soi-même, le révoltent par leur outrecuidance, et c'est alors qu'exaspéré contre la raison qui ne veut pas comprendre que l'homme passe infiniment l'homme, il ira jusqu'à dire « que toute la philosophie ne vaut pas une heure de peine ». A la vérité, par philosophie il entend ici surtout la physique cartésienne;

mais ailleurs il écrira : « se moquer de la philosophie, c'est vraiment philosopher ».

Cependant Pascal a écrit de même, « que la véritable éloquence se moque de l'éloquence; que la vraie morale se moque de la morale ». Ce n'est donc pas tant la philosophie en elle-même que répudie Pascal, que la philosophie qui se refuse aux lumières de la révélation.

Pascal, en effet, malgré deux ou trois phrases sans justice ni justesse, où il se rit de la prétention qu'a eue Descartes de tout expliquer, Pascal, comme la plupart de ses contemporains, admire le Cartésianisme et en subit l'influence. Car alors même que le chevalier de Méré [1] ne nous apprendrait point en quelle estime Pascal tenait Descartes (« Descartes, lui écrivait-il, que vous estimez tant »), le simple rapprochement des *Pensées,* du *Discours de la Méthode* et des *Méditations,* suffirait à établir la parenté de ces deux profonds penseurs. Ainsi, nonobstant de manifestes différences, se découvre une indéniable analogie entre le Pyrrhonisme par où débute Pascal et le doute métaphysique par où Descartes a commencé. Pascal juge, comme Descartes, l'antiquité, et, comme lui, il parle de l'autorité. Comme lui encore, il s'attache à l'évidence, et ses règles sur les définitions et les démonstrations, que se sont

1. Voyez plus loin : *Pascal et le Chevalier de Méré.*

appropriées les auteurs de la *Logique de Port-Royal*, rappellent de très près les règles mêmes posées par Descartes. C'est de Descartes également que Pascal s'inspire, lorsqu'il parle de l'infini. Surtout, Pascal n'a-t-il pas, à l'exemple de Descartes, fait consister l'essence de l'âme dans la pensée, l'essence du corps dans l'étendue, et distingué, en nature non en degré, de l'âme de l'homme ce qu'on appelle l'âme des bêtes? Écoutez-le. Les athées ne doivent dire que des choses parfaitement claires; or, il n'est pas parfaitement clair que l'âme soit matérielle, car pour douter, il faut être, mais être quand il s'agit de l'âme, c'est penser. Nous parlons des corps spirituellement en leur prêtant des sympathies; des esprits, corporellement, en leur attribuant un mouvement; mais le moi n'est pas le corps, le moi c'est la pensée. On conteste l'immatérialité de l'âme! Cependant, les philosophes qui ont dompté leurs passions, quelle matière l'a pu faire? Nous sommes, à la vérité, âme et corps; mais la partie qui raisonne en nous ne peut être que spirituelle, étant inconcevable que la matière se connaisse elle-même, et impossible de connaître comment elle se connaîtrait. Si en effet nous sommes tout matériels, nous ne pouvons rien connaître; si composés, nous ne pouvons exactement connaître le simple, spirituel ou corporel. D'ailleurs les corps ne sentent point, n'ont point la puissance de se mouvoir.

Sans doute l'homme est automate, mais non,
comme l'animal, tout automate. Ce qui est nature
aux animaux, nous l'appelons misère chez l'homme,
par où nous reconnaissons que sa nature étant aujourd'hui pareille à celle des animaux, il est déchu
d'une meilleure nature qui lui était propre autrefois. Une maison ruinée, un arbre, un animal ne
se connaît pas misérable, l'homme seul se sait tel.
C'est donc être misérable que de se connaître misérable, mais c'est être grand que de connaître qu'on
est misérable. Ce sont misères de grand seigneur.
Quoi plus ! Nous cherchons à vivre dans l'idée des
autres d'une vie imaginaire, car qui ne mourrait pour
conserver son honneur celui-là serait infâme, et nous
voudrions être connus même des gens qui viendront quand nous ne serons plus. Où découvrir chez
l'animal un pareil sentiment? Les bêtes n'admirent
point ; un cheval n'admire point son compagnon ;
ce n'est pas qu'il n'y ait entre eux de l'émulation à
la course, mais sans conséquence, car à l'étable, le
plus pesant et mal taillé n'en cède point son avoine
à l'autre, comme les hommes veulent qu'on leur
fasse ; la vertu des bêtes se satisfait d'elle-même.
Instinct et raison sont marques de deux natures.
La machine arithmétique produit des effets qui
approchent plus de la pensée que tout ce que font
les animaux, quoiqu'on n'y rencontre rien qui puisse
faire dire qu'elle a de la volonté comme les animaux.

Si l'animal faisait par esprit ce qu'il fait par instinct, et parlait par esprit comme il parle par instinct pour la chasse et afin d'avertir ses camarades que la proie est trouvée ou perdue, il parlerait bien aussi pour les choses où il a plus d'affection, comme pour dire : rongez cette corde qui me blesse et où je ne puis atteindre. Enfin, l'instinct demeure toujours dans un état qui ne change pas. Les ruches des abeilles étaient aussi bien mesurées il y a mille ans qu'aujourd'hui. Il n'en va pas ainsi de l'homme, qui n'est produit que pour l'infinité. Il est dans l'ignorance au premier âge de sa vie, mais il s'instruit sans cesse dans son progrès; car il tire avantage, non seulement de sa propre expérience, mais encore de celle de ses prédécesseurs. De la sorte, toute la suite des hommes, pendant le cours de tant de siècles, doit être considérée comme un même homme qui subsiste toujours et qui apprend continuellement. L'homme, en définitive, est, pour Pascal, essentiellement un être qui pense. Et Pascal rencontre, lorsqu'il célèbre la dignité de la pensée, des accents que rien n'égale. Effectivement, si l'homme se vante il l'abaisse, mais s'il s'abaisse, comme il le vante! « L'homme, écrira-t-il, n'est qu'un roseau, le plus faible de la nature, mais c'est un roseau pensant. Il ne faut pas que l'univers entier s'arme pour l'écraser, une vapeur, une goutte d'eau suffit pour le tuer. Mais quand l'univers

l'écraserait, l'homme serait encore plus noble que
ce qui le tue, parce qu'il sait qu'il meurt, et l'avantage que l'univers a sur lui. L'univers n'en sait
rien. Toute notre dignité consiste donc dans la
pensée. C'est de là qu'il faut nous relever, non
de l'espace et de la durée que nous ne saurions
remplir. » — « Je puis bien concevoir un homme
sans mains, sans pieds, et je le concevrais même
sans tête, si l'expérience ne m'apprenait que c'est
par là qu'il pense. C'est donc la pensée qui fait
l'être de l'homme et sans quoi on ne peut le concevoir. Qu'est-ce qui sent du plaisir en nous?
Est-ce la main? Est-ce le bras? Est-ce la chair?
Est-ce le sang? On verra qu'il faut que ce soit
quelque chose d'immatériel. » — « Je sens que je
peux n'avoir point été, car le moi consiste dans
ma pensée. » — « Tout l'éclat des grandeurs n'a
point de lustre pour les gens qui sont dans les
recherches de l'esprit. La grandeur des gens d'esprit
est invisible aux rois, aux riches, aux capitaines, à
tous ces grands de chair. La grandeur de la sagesse,
qui n'est nulle part, sinon en Dieu, est invisible aux
gens d'esprit. Ce sont trois ordres différents en
genre. Les grands génies ont leur empire, leur
éclat, leur grandeur, leur victoire et leur lustre, et
n'ont nul besoin des grandeurs charnelles, où elles
n'ont pas de rapport. Ils sont vus non des yeux,
mais des esprits; c'est assez. Les saints ont leur

empire, leur éclat, leur victoire, leur lustre, et n'ont nul besoin des grandeurs charnelles ou spirituelles, où elles n'ont nul rapport; car elles n'y ajoutent ni ôtent. Ils sont vus de Dieu et des anges, et non des corps ni des esprits curieux : Dieu leur suffit. Archimède, sans éclat, serait en même vénération. Il n'a pas donné des batailles pour les yeux ; mais il a fourni à tous les esprits ses inventions. Oh! qu'il a éclaté aux esprits! »

Veut-on connaître toute la doctrine de Pascal? En deux mots, la voici :

« De tous les corps ensemble on ne saurait faire réussir une petite pensée ; cela est impossible et d'un autre ordre.

« De tous les corps et esprits on n'en saurait tirer un mouvement de charité ; cela est impossible et d'un autre ordre surnaturel. »

Or, la charité c'est l'amour! « On a ôté mal à propos le nom de raison à l'amour et on les a opposés sans un bon fondement, car amour et raison n'est qu'une même chose! » Mais c'est le cœur qui sent Dieu et non la raison, car connaître Dieu, c'est l'aimer; Dieu sensible au cœur, non à la raison, voilà ce que c'est que la foi.

Veut-on savoir par quels degrés divers Pascal s'efforce d'acheminer les intelligences à cette doctrine? Il les a nettement indiqués dans la phrase suivante. « Il y a trois moyens de croire : la raison, la coutume, l'inspiration. La religion chrétienne, qui seule a la raison, n'admet pas pour ses vrais enfants ceux qui croient sans inspiration; ce n'est pas qu'elle exclue la raison et la coutume, au contraire; mais il faut ouvrir son esprit aux preuves, s'y conformer par la coutume ; mais s'offrir par les humiliations aux inspirations, qui seules peuvent faire le vrai et salutaire effet : *Ne evacuetur crux Christi.* » Et de même qu'aux yeux de Pascal, l'Évangile est la loi de l'individu, l'Évangile reste la loi de l'humanité. Et ainsi « qu'il est beau de voir par les yeux de la foi, Darius et Cyrus, Alexandre, les Romains, Pompée et Hérode agir sans le savoir, pour la gloire de l'Évangile! »

Ne craignons pas d'insister : chrétien fervent, non sceptique en religion, Pascal n'a pas été non plus sceptique en philosophie.

« Soumission et usage de la raison, en quoi consiste le vrai Christianisme. » — « Deux excès : exclure la raison, n'admettre que la raison. »

« La dernière démarche de la raison est de reconnaître qu'il y a une infinité de choses qui la surpassent. Elle n'est que faible, si elle ne va pas jusqu'à connaître cela. » — « Que si les choses naturelles la surpassent, que dira-t-on des surnaturelles! »

Dans ces paroles, Pascal se manifeste tout entier.

Encore une fois, ce n'est pas tant la philosophie

qu'il combat, que la philosophie qui se sépare de la religion; ce n'est pas tant la raison en elle-même qu'il répudie, que la raison qui prétend se suffire à soi-même.

Et ces attaques, dès qu'il les a commencées, deviennent excessives, par l'emportement de son ardente nature, par la tactique qu'il s'impose, par l'esprit de la secte janséniste, à laquelle, quoi qu'il en dise, il appartient.

C'est, en effet, l'emportement de sa nature qui le pousse si souvent à méconnaître les bienfaits pourtant incontestables de la philosophie, ou qui lui met sur les lèvres ces cruelles paroles : « On ne peut voir sans joie, dans Montaigne, la superbe raison si invinciblement froissée par ses propres armes, et cette révolte si sanglante de l'homme contre l'homme, laquelle, de la société de Dieu, où il s'élevait par les maximes de sa faible raison, le précipite dans la condition des bêtes. »

C'est par tactique qu'il semble s'accorder, en parlant de morale, avec La Rochefoucauld; en parlant de politique, avec Hobbes; en parlant des rapports de la raison et de la foi, avec Huet, ou mieux encore, quoiqu'il poursuive un dessein contraire, avec Bayle.

C'est par esprit de secte, qu'il dénie, comme les Jansénistes, à la lumière naturelle toute sa vertu et à la volonté humaine toute son efficacité.

« Pascal, écrit un critique éminent, reprend et repasse chaque misère, mais dans un sens suivi ; et de tout ce marais immense, de cette immersion universelle, où nage, comme elle peut, la pauvre nature humaine naufragée, il arrive au bas de la colline ; il y prend pied et la gravit en insistant ; il monte dans son discours, il monte avec une sorte d'effroi qui perce dans ses paroles, il monte sous le poids de toutes ces misères cette rude pente du Golgotha ; et, à mesure qu'il s'y élève, il fait voir de là comment tout s'y range et l'ordonnance que cela prend ; tant qu'enfin, saisissant et serrant d'un violent amour le pied de la croix, qui règne au sommet, il crie le mot *salut*, et force son interlocuteur étonné à reconnaître du moins de là, aux choses de notre univers, le seul aspect qui ne soit pas risible ou désolé [1]. »

Loin de nous ce qu'il y a d'outré dans ce langage. Toutefois, on le peut constater : à l'époque même où vivait Pascal, Bossuet savait, avec plus de calme que l'auteur des *Pensées*, avec plus de hauteur et de sérénité imperturbable, professer les enseignements de la sagesse chrétienne.

« Que ne dirait ici la philosophie, observait éloquemment le grand évêque, de la force, de la puissance, de l'empire de la raison qui est la reine de la

1. Voyez : Sainte-Beuve, *Histoire de Port-Royal*. Paris, 1860, 5 v. in-8, t. II et III.

vie humaine, de la supériorité naturelle de cette
fille du ciel sur ces passions tumultueuses, témé-
raires enfants de la terre, qui combattent contre
Dieu et contre ses lois? Mais que sert de représenter
à cette reine dépouillée les droits et les privilèges de
sa couronne qu'elle a perdus, de son sceptre qu'elle
a laissé tomber de ses mains? Elle doit régner ; qui
ne le sait pas? Mais ne perdez pas le temps, ô philosophes, à l'entretenir de ce qui doit être ; il faut
lui donner le moyen de remonter sur son trône, et
de dompter ses sujets rebelles [1]. »

Et Bossuet, sans séparer, un seul instant, la raison
de la foi, concluait « que le légitime Seigneur auquel
nous devons remettre la place est la Raison-Dieu [2] ».

Mais si Bossuet, au xviie siècle, a fait son office,
Pascal, il le faut reconnaître, Pascal aussi a fait le
sien, et, pendant que l'un nous instruit, l'autre
salutairement nous terrifie.

« Le dernier acte est sanglant, quelque belle que
soit la comédie en tout le reste, remarque Pascal.
On jette enfin de la terre sur la tête et en voilà
pour jamais. Faisons tant que nous voudrons les
braves, voilà la fin qui attend la plus belle vie du
monde. »

1. *OEuvres complètes.* Paris, 1846, 30 v. in-12, t. VIII, p. 496
Sermon sur l'efficacité de la pénitence.
2. *Ibid.,* t. VII, p. 115, *Sermon sur la nécessité de travailler à son salut.*

Comment cette considération de notre mortalité ne nous tournerait-elle pas à la pensée de Dieu, et la pensée de Dieu à la crainte de Dieu? « J'ai toujours craint le Seigneur, s'écrie Pascal avec Job, comme les flots d'une mer furieuse et enflée pour m'engloutir. » Et cette crainte qui vient de la foi, « n'est par désespoir, mais espérance ». — « La bonne crainte en effet vient de la foi, la fausse crainte vient du doute. La bonne crainte, jointe à l'espérance, parce qu'elle naît de la foi et qu'on espère au Dieu que l'on croit, la mauvaise jointe au désespoir, parce qu'on craint le Dieu auquel on n'a point de foi. Les uns craignent de le perdre, les autres craignent de le trouver. »

Or, ramener les esprits des distractions qui les leurrent à l'étude d'eux-mêmes, et de la connaissance d'eux-mêmes à la connaissance de Dieu, n'est-ce pas encore les ramener à la philosophie?

Salut donc, ô Pascal; superbe et mélancolique génie, salut! Vous me troublez, mais vous me consolez; avec vous, je me dis : « que de royaumes m'ignorent! » et m'abîme dans mon néant; comme vous, « le silence éternel de ces espaces infinis m'effraie », mais, avec vous, je m'assure « que le ciel, les astres, le firmament ne valent pas un seul des esprits »; transporté par votre puissante ironie comme sur des ailes, je me sens élevé, au-dessus

des fanges et des niaiseries, « à ce royaume où la
force ne fait rien »; aux langueurs de mon esprit
vous subvenez par l'élan du cœur, aux défaillances
de la raison par la vivacité inextinguible du sentiment; avec vous, toute âme irrésistiblement s'écrie :
« Éternellement en joie pour un jour d'exercice sur
la terre ! »

PASCAL ET DESCARTES

Pour peu qu'on étudie, en les rapprochant, les ouvrages de Descartes et de Pascal, il est aisé de se convaincre qu'en physique, aussi bien qu'en métaphysique, Pascal est tout pénétré des influences cartésiennes. Et pourtant, chose singulière! parmi les contemporains de Descartes, Pascal est un de ceux qui se sont montrés les plus opposés aux théories de l'auteur du *Discours de la Méthode*, on dirait presque les plus hostiles à sa personne. Il ne lui ménage, en effet, ni dans ses conversations, ni dans ses écrits, l'expression de son dissentiment. Écoutez une de ses biographes intimes, sa nièce, Marguerite Perier : « M. Pascal, écrit-elle, parlait peu de science; cependant, quand l'occasion s'en présentait, il disait son sentiment sur les choses dont on lui parlait. Par exemple, sur la philosophie de M. Descartes, il disait assez ce qu'il pensait. Il était de son sentiment sur l'automate [1], et n'en était point sur la matière subtile, dont il se moquait fort. Mais il ne pouvait souffrir sa manière d'expliquer la formation de toutes choses, et il disait très souvent : « Je ne puis pardonner à Descartes ; il aurait bien voulu, dans toute sa philosophie, pouvoir se passer de Dieu, mais il n'a pu s'empêcher de lui faire donner une chiquenaude pour mettre le monde en mouvement. Après cela, il n'a plus que faire de Dieu [2]. » D'autre part, que l'on parcoure les fragments philosophiques qu'a laissés Pascal. Quoiqu'il y admire la solidité de cette maxime « que la matière est dans une incapacité invincible de penser », en même temps qu'il y proclame l'originalité féconde du *Cogito* [3], on y trouvera contre

---

1. Cf. Baillet, *La Vie de M. Descartes*, 1re partie, p. 52. « Cette opinion des automates était ce que M. Pascal estimait le plus dans la philosophie de M. Descartes. »

2. P. Faugère, *Lettres, Opuscules et Mémoires de Madame Perier et de Jacqueline, sœurs de Pascal, et de Marguerite Perier, sa nièce.* Paris, 1845, in-8, p. 458.

3. Cf. P. Faugère, *Pensées de Blaise Pascal*, t. I, p. 167. « Je voudrais demander à des personnes équitables si ce principe : la matière est dans une incapacité invincible de penser, et celui-ci : je pense, donc je suis, sont en effet les mêmes dans l'esprit de Descartes et dans l'esprit de saint Augustin qui a dit la même chose douze cents ans auparavant. En vérité, je suis bien éloigné de dire que Descartes n'en soit pas le véritable auteur, quand même il ne l'aurait appris que dans la lecture de ce grand saint, car je sais combien il y a de différence entre écrire un mot à l'aven-

Descartes de fréquentes et hautaines boutades, qu'une main peut-être étrangère a quelquefois barrées après coup, et que peut-être aussi Pascal lui-même ne comptait pas maintenir, ou se proposait, au contraire, de développer et d'expliquer.

C'est ainsi qu'il paraît condamner et la doctrine que comprennent les *Principes* de Descartes et le titre même de ce livre immortel. — « *Les Principes !* titre fastueux [1] ! » — « *Les Principes !* il faut dire en gros : cela se fait par figure et mouvement, car cela est vrai. Mais de dire quelles, et composer la

ture, sans y faire une réflexion plus longue et plus étendue, et apercevoir dans ce mot une suite admirable de conséquences, qui prouve la distinction des natures matérielle et spirituelle, et en faire un principe ferme et soutenu d'une métaphysique entière, comme Descartes a prétendu faire. Car sans examiner s'il a réussi efficacement dans sa prétention, je suppose qu'il l'ait fait, et c'est dans cette supposition que je dis que ce mot est aussi différent dans ses écrits d'avec le même mot dans les autres qui l'ont dit en passant, qu'un homme plein de vie et de force, d'avec un homme mort. »

1. *Les Pensées de Blaise Pascal*, édit. Molinier, t. 1, p. 30. « Des deux infinis de science, celui de grandeur est bien plus sensible, et c'est pourquoi il est arrivé à peu de personnes de prétendre connaître toutes choses... D'où il paraît combien est sot, vain et ignorant ce titre de quelques livres : *de omni scibili*. Mais l'infinité en petitesse est bien moins visible. Les philosophes ont bien plutôt prétendu d'y arriver, et c'est là où tous ont achoppé. C'est ce qui a donné lieu à ces titres si ordinaires, *des Principes des choses, des Principes de la philosophie*, et aux semblables, aussi fastueux en effet, quoique moins en apparence, que cet autre qui crève les yeux, *de omni scibili*. »

machine, cela est ridicule, car cela est inutile, et incertain et pénible. Et quand cela serait vrai, nous n'estimons pas que toute la philosophie vaille une heure de peine [1] ». Et ailleurs : *Descartes* « inutile et incertain [2] ». *Rêverie :* « opinion de Descartes sur la matière et sur l'espace [3] ». Et encore : « Écrire contre ceux qui approfondissent trop les sciences, Descartes [4]. »

Sans doute, de telles paroles se rapportent probablement, pour la plupart, sinon toutes, à l'époque où Descartes mort, et après ce qu'on a nommé la seconde conversion de Pascal, celui-ci uniquement occupé de la pensée de son salut, en était venu à un mépris superbe pour la philosophie, et ne considérait plus guère la géométrie elle-même que comme une curiosité difficile et un divertissement [5]. Mais il semble, sauf erreur, que ces dispositions antipathiques de Pascal à l'égard de Descartes

1. *Les Pensées de Blaise Pascal,* édit. Molinier, t. II, p. 148.
2. *Ibid.,* p. 136.
3. Cf. P. Faugère, *Pensées*, etc., t. I, p. 369. « Feu Monsieur Pascal, quand il voulait donner un exemple d'une rêverie qui pouvait être approuvée par entêtement, proposait d'ordinaire l'opinion de Descartes sur la matière et sur l'espace. » Nicole, *Lettre* LXXXIII, *Essais de morale.*
4. *Les Pensées*, etc., édit. Molinier, t. II, p. 148.
5. Voyez plus loin la lettre que Pascal adressait à Fermat le 10 août 1660. Bossut, *Œuvres de B. Pascal*, t. IV, p. 447. L'homme qui déclarait ne faire aucun cas de la géométrie, venait d'inventer le triangle arithmétique, de résoudre les délicats problèmes de la Cycloïde, et d'échanger avec Fermat, par l'intermédiaire de Carcavi, les plus savantes

datent de bien plus loin et tiennent encore et surtout à d'autres causes.

Rechercher ces causes, les mettre en lumière, ce
sera, en rappelant les rapports qu'eurent entre eux
ces deux si grands hommes, mais qui, après tout,
furent des hommes, pénétrer plus avant dans la
connaissance de leurs idées, notamment de celles
qui se rapportent à la question si considérable du
plein et du vide. Ajoutons que Montucla est le premier, croyons-nous, qui, dans son *Histoire des
Mathématiques*, ait relevé in extenso chez Descartes
les principaux textes, par où se trouve établie l'incontestable priorité du philosophe de la Haye, relativement à la découverte de la pesanteur de l'air,
tandis que Baillet, l'historien de Descartes, n'avait
fait que les signaler incidemment [1].

Il suffisait d'ailleurs et il suffit de lire les *Lettres*
de Descartes, pour y constater cette preuve de son
inventif génie. Aussi bien, Montucla conclut-il ne

communications touchant la géostatique et le calcul des
chances ou des partis.

1. *La Vie de M. Descartes*, 2e partie, p. 330 en note. Les
mêmes citations, et en vue des mêmes conclusions, ont été
reproduites dans son bel ouvrage sur le Cartésianisme, par
Bordas-Demoulin, qui renvoie à Montucla (*le Cartésianisme
ou la Véritable rénovation des sciences*. Paris, 1843, 2 v. in-8,
t. I, p. 308 et suiv.), et, plus tard, par l'auteur d'une publication intéressante sur Descartes, mais malheureusement
inachevée, M. Millet (*Histoire de Descartes avant 1637*. Paris,
1867, in-8, p. 257 et suiv.; *Descartes, son Histoire depuis 1637*.
Paris, 1870, in-8, p. 214 et suiv.).

pouvoir porter aucun jugement très assuré sur le droit que prétend Descartes à l'expérience du vide, tout en avouant « que les textes qu'il cite pourront paraître fort favorables à sa prétention [1] ». La question reste donc, en quelque sorte, presque entière.

I

On sait comment Étienne Pascal, ayant perdu sa femme, Antoinette Begon, vendit à Blaise Pascal, son frère, sa charge de second président à la Cour des Aides de Clermont-Ferrand. Mettant ensuite la plus grande partie de sa fortune en rentes sur l'Hôtel de Ville de Paris, il vint en 1631, se fixer dans la capitale, afin de s'y occuper uniquement de l'éducation de ses deux filles et de son fils, pour lors âgé de huit ans [2]. Or, à peine s'y trouva-t-il installé que sa maison devint le rendez-vous de savants tels que Mersenne, Roberval, Gassendi, Le Pailleur, Des Ar-

1. *Histoire des Mathématiques,* 4 v. in-4. Paris, an VII, t. II, p. 205 et suiv. « Il ne faut pas oublier quelques traits de la sagacité de Descartes ; nous avons des preuves que ce philosophe reconnut avant Torricelli la pesanteur de l'air, et son action pour soutenir l'eau dans les pompes et les tuyaux fermés par un bout. »
2. Sur la famille de Pascal, Cf. *Recueil d'Utrecht,* p. 239 et suiv. Voyez aussi le curieux travail de M. Gonod, intitulé : *Recherches sur la maison où Blaise Pascal est né et sur la fortune d'Étienne Pascal, son père.* Clermont, 1847, in-8.

gues, Carcavi, Montholon, Beaugrand et d'autres moins connus. De ces réunions choisies, qui se tenaient également tour à tour, soit chez M. Levasseur, soit chez Montmort, soit chez Melchisédec Thévenot, et dont les membres s'appelaient eux-mêmes « la Compagnie », devait prochainement sortir l'Académie des sciences [1]. Ce fut dans un tel milieu que grandit Blaise Pascal, qui, de très bonne heure, se révéla comme un enfant extraordinaire et auquel, dès les premiers jours, ne cessèrent, en conséquence, d'être prodigués les applaudissements. Éloigné de l'étude des mathématiques par la volonté de son père, qui craignait de fatiguer sa jeune intelligence et jugeait opportun de l'appliquer, avant tout, à la connaissance des langues, seul, à douze ans, avec ce qu'il appelait naïvement des barres et des ronds, il parvenait à découvrir jusqu'à la trente-deuxième proposition du premier livre d'Euclide. Consterné de ce trait de génie, Étienne Pascal en pleurait de joie et ses amis partageaient son émotion.

Blaise Pascal allait d'ailleurs bientôt provoquer de nouveaux étonnements. Ne parlons que pour

---

1. Cf. Bossut, *Œuvres de B. Pascal*, t. IV, p. 408 et suiv. En 1654, Pascal offrant quelques-uns de ses écrits mathématiques aux membres de cette savante Compagnie, où si jeune encore il s'était signalé par de si remarquables débuts, la qualifiait de « très célèbre Académie Parisienne de Mathématiques »; *Celeberrima Matheseos Academia Parisiensis*. Ce ne fut qu'en 1666 que Colbert fonda, on dirait mieux, reconnut l'Académie des sciences.

mémoire de ses observations aussi sagaces qu'imprévues sur la propagation du son. Mais, à seize ans, il composait un *Traité des sections coniques*, « qui passa, écrivait Mme Perier, pour un si grand effort d'esprit, qu'on disait que depuis Archimède on n'avait rien vu de cette force. » — « Les habiles gens, ajoutait-elle, étaient d'avis qu'on l'imprimât dès lors, parce qu'ils disaient qu'encore que ce fût un ouvrage qui serait toujours admirable, néanmoins si on l'imprimait dans le temps que celui qui l'avait inventé n'avait encore que seize ans, cette circonstance ajouterait beaucoup à sa beauté ; mais comme mon frère n'a jamais eu de passion pour la réputation, il ne fit pas cas de cela, et ainsi cet ouvrage n'a jamais été imprimé [1]. » A parler exactement, ce dédain pour la réputation ne devait pénétrer qu'assez tard l'âme ardente de Pascal, tout d'abord, au contraire, très avide de gloire. Il

1. *La Vie de Pascal, écrite par Madame Perier*, p. 10. Cf. Bossut, *OEuvres de B. Pascal*, t. V, p. 459, *Lettre de Leibniz à M. Perier*, 30 août 1676. Leibniz à qui Perier avait communiqué les manuscrits de Pascal touchant les coniques, lui indique l'ordre dans lequel il conviendrait de les publier. Il ne paraît pas que ce projet de publication ait été suivi d'effet. Bossut du moins ajoute en note : « J'ai écrit, et fait écrire de tous côtés, pour me procurer ces ouvrages de Pascal, dont parle Leibniz, mais jusqu'à présent mes recherches à ce sujet ont été presque inutiles. Un fragment intitulé : *Essais pour les coniques*, le seul de tous les écrits dont parle Leibniz, que j'aie pu me procurer, est imprimé à la tête du IVe volume de cette édition. »

faut en venir à 1655, c'est-à-dire à l'époque de sa seconde conversion, pour le trouver possédé « du désir d'être anéanti dans l'estime et la mémoire des hommes [1] ».

Ce qui le prouve, ce sont les lettres étudiées et quelque peu superbes qu'écrivit Pascal au chancelier Séguier [2] et à la reine Christine [3], en leur offrant, comme il l'offrait au grand Condé [4], la machine arithmétique qu'il avait inventée à dix-huit ans, qui lui coûta tant de peines et de dépenses, et qu'il parvenait enfin à produire à l'âge de vingt ans. Car en s'acquittant d'un hommage, il ne lais-

1. Expressions de Jacqueline Pascal, devenue à Port-Royal sœur de Sainte-Euphémie, et écrivant à Mme Perier le détail des fréquentes visites qu'en 1655 lui faisait leur frère, visites à la suite desquelles il finit par se mettre entre les mains de M. Singlin. Cf. P. Faugère, *Lettres*, etc., p. 358.

2. Cf. Bossut, *Œuvres de B. Pascal*, t. IV, p. 7 et suiv. « Quand je me représente que cette même bouche, qui prononce tous les jours des oracles sur le trône de la justice, a daigné donner des éloges au coup d'essai d'un homme de vingt ans, écrivait Pascal à Séguier, je suis comblé de gloire, et je ne trouve point de paroles pour faire paraître ma reconnaissance à Votre Grandeur, et ma joie à tout le monde » (1645).

3. *Id., ibid.*, p. 25 et suiv. — Voyez plus loin des fragments de la lettre adressée par Pascal à la reine Christine.

4. Cf. V. Cousin, *Jacqueline Pascal*. Paris, 1849, in-12, p. 400. *Billet inédit de Bourdelot à Pascal* : « Monsieur, je parlai hier à Son Altesse qui m'a témoigné impatience de vous voir avec votre roue Pascale. Si vous prenez la peine de venir à dix heures du matin, je crois que c'est celle qui lui est la plus commode. — Bourdelot, à l'hôtel de Condé, ce 26 février 1644. »

sait pas aussi que de solliciter de ces personnages une approbation qui jetât du lustre sur son œuvre, en même temps qu'il obtenait en faveur de cette même machine un privilège du roi, rédigé dans les termes les plus flatteurs pour son père et pour lui [1].

Cependant, bien avant qu'il fût question de la machine arithmétique, le *Traité des coniques*, l'invention comme à nouveau de la géométrie, c'étaient là, pour ne point mentionner d'autres travaux de Blaise Pascal, c'étaient là comme autant de merveilles, dont il n'était guère possible que le bruit n'arrivât pas jusqu'à Descartes. Le nom même de Pascal devait suffire à appeler son attention. Car Descartes avait conçu pour le président Pascal une

---

1. Cf. Bossut, *OEuvres de B. Pascal*, t. IV, p. 30 et suiv. *Privilège du Roi pour la machine arithmétique.* « Louis, etc. Notre très cher et bien-amé le Sieur Pascal nous a fait remontrer, qu'à l'imitation du Sieur Pascal son père, notre Conseiller en nos Conseils et Président en notre Cour des Aides d'Auvergne, il aurait eu, dès ses plus jeunes années, une inclination particulière aux sciences mathématiques, dans lesquelles, par ses études et ses observations, il a inventé plusieurs choses, et particulièrement une machine, par le moyen de laquelle on peut faire toutes sortes de supputations...... A ces causes, désirant gratifier et traiter favorablement ledit Pascal fils, en considération de sa capacité en plusieurs sciences, et surtout aux mathématiques, et pour l'exciter d'en communiquer de plus en plus les fruits à nos sujets, et ayant égard au notable soulagement que cette machine doit apporter à ceux qui ont de grands calculs à faire, et à raison de l'excellence de cette invention, nous avons permis et permettons par ces présentes, etc., 22 mai 1649. »

estime singulière, depuis que celui-ci avait soutenu, en se joignant à Roberval, les objections faites par Fermat à sa *Dioptrique* [1].

Retiré en Hollande, Descartes y vivait, à la vérité, dans un isolement profond, ne souffrant aucune distraction à ses études, et pratiquant autant qu'il était en lui sa devise favorite : *Qui bene latuit, bene vixit*. Mais son ami, le P. Mersenne, lui servait du moins d'intermédiaire avec les savants de l'Europe entière, et, de Paris, l'informait soigneusement de tout ce qui était de nature à l'intéresser. Mersenne ne pouvait donc manquer et en effet ne manqua point de l'entretenir de Blaise Pascal. C'est ainsi que, par une lettre du 12 novembre 1639, il lui mandait, rapporte Baillet, « qu'un jeune garçon de seize ans avait composé un *Traité des coniques*, qui faisait le sujet de l'étonnement de tous les vieux mathématiciens à qui on l'avait fait voir. Ce jeune auteur était le fils de M. Pascal, que le roi Louis XIII avait fait depuis peu intendant de justice (?) à Rouen, et l'on ne croyait point le flatter en publiant qu'il avait passé sur le ventre à tous ceux qui avaient traité ce sujet avant lui, pour aller rejoindre Appollonius, qui semblait même avoir été moins heureux que lui en plusieurs points. » Or, quelle fut, à cette nouvelle, l'impres-

1. Baillet, *La Vie de M. Descartes*, 1re partie, p. 330 et suiv.

sion qu'éprouva Descartes? « M. Descartes, qui n'admirait presque rien, dissimula comme il put la surprise que lui causa cette merveille. Il répondit assez froidement au P. Mersenne qu'il ne lui paraissait pas étrange qu'il se trouvât des gens qui pussent démontrer les coniques plus aisément qu'Apollonius, parce que cet ancien est extrêmement long et embarrassé, et que tout [ce qu'il a démontré est de soi assez facile ; mais qu'on pouvait bien proposer d'autres choses touchant les coniques qu'un enfant de seize ans aurait de la peine à démêler [1]. » En conséquence, Mersenne, afin de convaincre Descartes *de visu*, fit tirer une copie du *Traité*, et la lui envoya. Cependant, que répondit Descartes? « J'ai reçu aussi l'*Essai touchant les coniques* du fils de M. Pascal, écrivait-il en 1640 à Mersenne, et avant que d'en voir la moitié j'ai jugé qu'il avait appris de M. Des Argues; ce qui m'a été confirmé incontinent après par la confession qu'il en fait lui-même [2]. » Des Argues, familier des Pascal, venait en effet, et avant qu'on ne parlât de l'opuscule du jeune Blaise, de rédiger sur les coniques un projet d'ouvrage, qu'il avait adressé à Descartes par le P. Mersenne, « afin d'avoir son sentiment sur la

1. Baillet, *La Vie de M. Descartes*, 2e partie, p. 39.
2. *OEuvres complètes de Descartes*, édit. V. Cousin. 1824-1826, Paris, 11 v. in-8, t. VIII, p. 214, Lettre du 1er avril 1640.

manière de traiter cette matière qu'il jugerait la plus convenable [1] ».

Cette froideur de Descartes relativement à une œuvre qui avait été accueillie avec une sorte d'enthousiasme, puis le jugement qu'il portait sur cette œuvre même, n'étaient certainement pas pour en contenter les admirateurs. Aussi, Baillet constate-t-il « que M. de Roberval, M. Le Pailleur et les autres amis de MM. Pascal se récrièrent contre une opinion qui n'était pas assez obligeante pour un enfant d'un si rare mérite, en quoi ils furent suivis de Messieurs de Port-Royal, qui firent donner sur

[1]. Des Argues, né à Lyon en 1593 et mort en 1662, avait d'abord suivi le parti des armes, et s'était lié avec Descartes au siège de La Rochelle. Il habitait tour à tour Lyon et Condrieu. — Cf. *Les Pensées, etc.*, édit. Molinier, t. I, p. 47. « La diversité est si ample que tous les tons de voix, tous les marchers, toussers, mouchers, éternuers. On distingue des fruits les raisins, et encore l'on les appelle, et puis Condrieu, et puis Desargues, et puis cette ente. Est-ce tout? En a-t-elle jamais produit deux grappes pareilles, et une grappe en a-t-elle deux grains pareils? » M. Molinier, conformément sans doute à la lecture du manuscrit, et après M. Faugère, a imprimé : « et puis Cette entre. » Pour expliquer ces deux mots inintelligibles, M. Faugère ajoute : « Pascal désigne ici peut-être Frontignan, qui est en effet tout près de Cette. » Il est bien plus simple de lire avec M. Ernest Havet, *Pensées de Pascal, publiées dans leur texte authentique, avec une introduction, des notes et des remarques*, Paris, 1866, 2 v. in-8, 2e édition, t. II, p. 163 : « cette ente », ce qui offre un sens parfaitement clair. L'orthographe ridicule de ce passage est un exemple, entre beaucoup d'autres, qui prouve que les *Pensées* ont été souvent écrites sous la dictée de Pascal, quelquefois même par la plume d'un domestique presque illettré.

ce point un avis à M. Clerselier, après qu'il eut rendu public ce témoignage de M. Descartes par la première édition de ses *Lettres* [1] ». Et de fait, dans une seconde édition des *Lettres* de Descartes, Clerselier observait, en note, « que des personnes qui croyaient le bien savoir, disaient qu'il était faux que Pascal eût appris de M. Des Argues; que cela pouvait être faux, mais qu'il ne doutait point que M. Descartes ne dît vrai, car il n'était point homme à controuver des mensonges [2] ».

Suivant Baillet, néanmoins, Descartes lui-même, sans se montrer d'ailleurs beaucoup plus favorable à Blaise Pascal, Descartes serait revenu de son opinion, comme d'une erreur. « Lorsqu'en suite de quelques éclaircissements, écrit-il, M. Descartes vit qu'il était hors d'apparence de rien attribuer de cet ouvrage à son ami M. Des Argues, il aima mieux croire que M. Pascal le père en était le véritable auteur, que de se persuader qu'un enfant de cet âge fût capable d'un ouvrage de cette force [3]. »

On ne saurait le déclarer assez haut. A lire le récit de Baillet, on demeure confondu. Effectivement, que le *Traité* de Blaise Pascal sur les coniques ait d'abord circulé seulement en manuscrit, qu'après cela il ait été tiré à très petit nombre, et que de ces

---

1. Baillet, *La Vie de M. Descartes,* 2ᵉ partie, p. 40.
2. Descartes, *OEuvres complètes,* t. VIII, p. 214, en note.
3. Baillet, *La Vie de M. Descartes,* 2ᵉ partie, p. 40.

rares exemplaires bientôt peut-être presque entièrement perdus, aucun ne soit tombé ni sous les yeux des Port-Royalistes, ni sous ceux de Baillet, cela n'a rien qui puisse surprendre, et on s'explique, à ce compte, quoique mal fondées, les récriminations de Port-Royal et les allégations de Baillet. Mais ce qui passe toute créance, c'est que les amis immédiats des Pascal, un Roberval, un Le Pailleur n'aient pas connu le texte même du *Traité des coniques*. Et, à coup sûr, ils l'ont connu, puisque ce sont eux, qui, les premiers, en ont exalté les mérites. Or, s'ils l'ont connu, comment auraient-ils pu se plaindre que Descartes rappelât ce que Pascal avouait lui-même dans le texte de son ouvrage, à savoir « qu'il devait beaucoup à M. Des Argues ». Surtout, ce qui serait plus étrange, c'est que Descartes, de son côté, eût cru devoir, à un moment quelconque, tenir pour non avenu l'aveu même que chez Pascal il avait signalé.

Rien en effet de plus explicite que cet aveu. Et il n'est pas nécessaire, pour le constater, de le rechercher péniblement et de le retrouver en citation dans quelque écrit du temps, ou d'une époque ultérieure [1].

1. M. Bouillier, *Histoire de la philosophie Cartésienne*, 2 v. in-12. Paris, 1868, 3e édit., t. I, p. 52 (en note), emprunte le texte qui justifie Descartes à une citation de M. Piobert (1862), qui l'emprunte lui-même à un disciple et ami de Des Argues, A. Bosse, dans son *Traité des pratiques géométrales*.

Ouvrez les *Essais pour les coniques* tels que Bossut les a donnés en 1779 dans son édition des *Œuvres* de Pascal. Vous y lirez en toutes lettres ces paroles précises : « Nous démontrerons aussi la propriété suivante, dont le premier inventeur est M. Des Argues, Lyonnais, un des grands esprits de ce temps, et des plus versés aux mathématiques, et entre autres aux coniques, dont les écrits sur cette matière, quoique en petit nombre, en ont donné un ample témoignage à ceux qui en auront voulu recevoir l'intelligence. Je veux bien avouer que je dois le peu que j'ai trouvé sur cette matière à ses écrits, et que j'ai tâché d'imiter, autant qu'il m'a été possible, sa méthode sur le sujet qu'il a traité sans se servir du triangle par l'axe, en traitant généralement de toutes les sections de cône [1]. »

Voilà évidemment les paroles qu'avaient lues Descartes, et auxquelles il faisait allusion dans sa réponse à Mersenne. Elles sont, assurément, très explicites, et ne laissent place à aucune contestation ; l'aveu de Pascal y est complet. On ne comprendrait point par conséquent que Descartes fût revenu sur sa première appréciation. On ne s'explique pas davantage comment les amis de Pascal crurent devoir repousser ce jugement, à l'égal d'une injure, presque d'une calomnie. Non plus que Des-

----

1. Bossut, *Œuvres de B. Pascal*, t. IV, p. 5.

cartes, Leibniz ne devait pas s'y tromper. « Pour
ce qui est des coniques, écrivait-il, M. Descartes
croyait que M. Pascal avait profité de M. Des Argues.
Cela était aisé à juger. M. Des Argues l'a bien fait
voir par ses perspectives... Il est très sûr que les
coniques de M. Pascal étaient selon les ouvertures
de M. Des Argues [1]. » Circonstance d'ailleurs notable !
Ni Étienne Pascal, ni Blaise Pascal, si prompts pourtant, nous le verrons, à s'émouvoir, ne songèrent
un instant à réclamer contre les dires de Descartes,
divulgués par Mersenne. Et en effet, comment l'auraient-ils pu ? Il y a plus ; Descartes mort et lorsqu'en
1659, Clerselier publie pour la première fois les *Lettres* de l'illustre penseur, si d'indiscrets amis s'avisent
de protester, Blaise Pascal, au contraire, garde un
complet silence. Ce qui est vrai, c'est que la froideur
de Descartes à l'égard du précoce auteur des *Coniques* dut être prise pour de la malveillance, et sa
pénétration pour du dénigrement. Les entours des

1. *Remarques critiques sur le Dictionnaire de Bayle.* Foucher
de Careil, *Lettres et Opuscules inédits de Leibniz*, Paris, 1854,
in-8, p. 176. — Cf. Id. *Nouvelles Lettres et Opuscules inédits
de Leibniz*, Paris, 1867, in-8, p. 38. *Remarques sur l'abrégé
de la Vie de M. Descartes :* « Je crois que M. Descartes a
eu raison de dire que le jeune M. Pascal, âgé de seize ans,
lorsqu'il fit son *Traité des coniques*, avait profité des pensées de M. Des Argues. Il me semble aussi que M. Pascal
l'a reconnu lui-même. Cependant il faut avouer qu'il avait
poussé la chose bien plus loin. C'est dommage que cet
ouvrage, dont MM. Perier, neveux de M. Pascal, me montrè-
rent des fragments à Paris n'ait pas été donné au public. »

Pascal lui surent donc mauvais gré de ne point s'associer au concert de leurs louanges, et Blaise Pascal se sentit aliéné d'un philosophe, qui lui marchandait ses mérites et rabaissait l'essor de ses jeunes années.

Les dissentiments de Descartes et de Pascal devaient s'accentuer bien davantage, et, cette fois, d'une manière directe et toute personnelle, à propos de la question du plein et du vide.

II

C'était une maxime d'École qui avait cours encore au commencement du xviie siècle, que celle qui portait que la nature a horreur du vide. Maxime du reste très équivoque! Car on ne conçoit guère qu'on ait horreur de ce qui n'est pas. Or, comprise au sens péripatéticien, la maxime que la nature a horreur du vide, signifiait précisément qu'il n'y a pas de vide. Non point pour l'Épicurisme, restauration de Démocrite et de Leucippe et Péripatétisme corrompu, mais pour le Péripatétisme pur, le vide n'est qu'une abstraction, nullement une réalité [1].

_____

1. Cf. Chevreul, *Résumé d'une Histoire de la matière depuis les philosophes grecs jusqu'à Lavoisier inclusivement. Mémoires de l'Académie des sciences*, t. XXIX, p. 353. « Platon, le chef des Académiciens, et Aristote, chef du Lycée et du Péripaté-

Néanmoins; par réaction contre la Scolastique, plus d'un novateur, et non parmi les médiocres esprits, l'entendait tout autrement, et de ce que la nature a horreur du vide, en inférait fort logiquement qu'il y a du vide. Tel est le sentiment que professe Galilée, par exemple, dans ses *Dialogues sur les sciences naturelles*.

Cette opinion toutefois allait peu à peu être bannie de la science, où elle obstrue tout et n'explique rien.

Déjà elle était devenue pour Galilée lui-même une espèce de non-sens. A Florence, les fontainiers de Cosme de Médicis, ayant voulu porter de l'eau à une grande élévation, constatèrent avec étonnement qu'invariablement, quoi qu'ils fissent, l'eau s'arrêtait dans le corps de pompe, à une hauteur de trente-deux pieds. Chose inintelligible, en effet, s'il y a du vide et que la nature ait horreur du vide! Interrogé sur ce phénomène en apparence singulier, Galilée, qui avait à soutenir sa qualité de mathématicien du Grand-Duc, ne voulut pas rester court. Il répondit aux fontainiers que l'arrêt de l'eau dans le corps de pompe tenait à ce que, si la nature avait

tisme, élève de Platon, eurent des opinions différentes de celles des Atomistes relativement à la structure physique de la matière et au vide. Loin de considérer la matière comme formée d'atomes insécables, Platon et Aristote admirent la continuité de ses parties, et dès lors le plein dans la nature. »

horreur du vide, elle n'en avait pourtant horreur que jusqu'à trente-deux pieds. A tout le moins, cette explication ne pouvait satisfaire Galilée lui-même. Pourtant, il n'alla pas plus loin, et « quoi qu'il commençât à connaître la pesanteur de l'air par des expériences d'un autre genre, il n'eut pas l'idée d'employer cet agent [1] ».

Plus avisé que lui, quoique persuadé comme lui qu'il y avait du vide, c'était Torricelli, son disciple préféré, qui devait peu à peu découvrir la solution

1. Bossut, *Essai sur l'histoire générale des Mathématiques*, 2 v. in-8, Paris, 1802, t. I, p. 320 et suiv. Cf. Montucla, *Ouvr. cit.*, t. II, p. 203. « Quoique la découverte de la pesanteur de l'air soit des plus modernes, il y avait déjà longtemps que les phénomènes qu'elle occasionne étaient connus. On savait depuis plusieurs siècles qu'en aspirant l'air contenu dans un tube dont l'extrémité est plongée dans un fluide, ce fluide s'élevait au-dessus de son niveau, et prenait la place de l'air... La raison que l'on donnait de ce phénomène était la suivante : on prétendait que la nature avait une certaine horreur pour le vide, et que plutôt que de le souffrir, elle préférait de faire monter ou de soutenir un corps contre l'inclination de sa pesanteur. Galilée lui-même, malgré sa sagacité, n'avait rien trouvé de plus satisfaisant ; il avait seulement donné des bornes à cette horreur pour le vide. Ayant remarqué que les pompes aspirantes ne soulevaient plus l'eau au delà de la hauteur de seize brasses ou trente-deux pieds, il avait limité cette force de la nature pour éviter le vide à celle qui équivaudrait au poids d'une colonne d'eau de trente-deux pieds de hauteur sur la base de l'espace vide. Il avait en conséquence enseigné à faire du vide par le moyen d'un cylindre creux et renversé, dont on charge le piston du poids suffisant pour le détacher du fond. Cet effet se nommait la mesure de la force du vide, et il s'en servait pour expliquer la cohérence des parties des corps. »

du problème que les fontainiers de Florence avaient
soulevé. Effectivement, rapprochant du fait de l'ascension de l'eau dans un corps de pompe celui de
l'ascension du mercure dans un tube où on a produit le vide, Torricelli remarqua que la hauteur des
deux liquides restait proportionnelle à leur densité.
Il en vint par conséquent à conclure qu'il se pourrait bien que l'ascension de l'eau comme celle du
mercure tînt à la pression exercée par l'atmosphère
sur la surface du réservoir laissée à l'air libre. Les
principales expériences de Torricelli eurent lieu
en 1643.

Descartes, cependant, n'avait partagé aucune des
incertitudes de Galilée, et s'était formellement pro-
noncé, bien avant Torricelli, sur les différents effets
de la pression atmosphérique. Partisan déclaré du
plein, l'horreur que la nature était censée éprouver
pour le vide, avait toujours été, à ses yeux, une
pure absurdité [1]. C'est ainsi que, dès le 2 juin 1631,

1. *OEuvres compl.*, t. III, p. 135 et suiv. *Les Principes de la
philosophie*, 2ᵉ partie (1644). « Si au lieu de nous souvenir
de ce que nous devons entendre par ces mots de vide et de
plein, nous pensions par après qu'un tel espace où nos sens
ne nous font rien apercevoir, ne contient aucune chose
créée, nous tomberions en une erreur aussi grossière que si,
à cause qu'on dit ordinairement qu'une cruche est vide
dans laquelle il n'y a que de l'air, nous jugions que l'air
qu'elle contient n'est pas une chose ou une substance.
Nous avons presque tous été préoccupés de cette erreur
dès le commencement de notre vie, parce que, voyant
qu'il n'y a pas de liaison nécessaire entre le corps et le
vase qui le contient, il nous a semblé que Dieu pourrait

il expliquait par le contrepoids que produit la pesanteur de l'air, pourquoi, si l'on renverse un tube rempli de mercure et dont l'un des côtés est ouvert, le mercure néanmoins ne tombe pas. « Pour résoudre vos difficultés, écrivait-il à un de ses correspondants qui lui avait posé cette question, imaginez l'air comme de la laine, et l'éther qui est dans

ôter tout le corps qui est contenu dans un vase, et conserver ce vase dans son même état sans qu'il fût besoin qu'aucun autre corps succédât à la place de celui qu'il aurait ôté. Mais, afin que nous puissions maintenant corriger une aussi fausse opinion, nous remarquerons qu'il n'y a point de liaison nécessaire entre le vase et un tel corps qui le remplit, mais qu'elle est absolument si nécessaire entre la figure concave qu'a ce vase et l'étendue qui doit être comprise en cette concavité, qu'il n'y a pas plus de répugnance à concevoir une montagne sans vallée qu'une telle concavité sans l'extension qu'elle contient, et cette extension sans quelque chose d'étendu, à cause que le néant ne peut avoir d'extension. C'est pourquoi, si on nous demande ce qui arriverait en cas que Dieu ôtât tout le corps qui est dans un vase sans qu'il permît qu'il en rentrât d'autre, nous répondrons que les côtés de ce vase se trouveraient si proches qu'ils se toucheraient immédiatement. Car il faut que deux corps s'entre-touchent lorsqu'il n'y a rien entre deux, parce qu'il y aurait contradiction que deux corps fussent éloignés, c'est-à-dire qu'il y eût de la distance de l'un à l'autre, et que néanmoins cette distance ne fût rien : car la distance est une propriété de l'étendue qui ne saurait subsister sans quelque chose d'étendu. » Cf. *OEuvres inédites de Descartes*, publiées par Foucher de Careil, Paris, 1859, in-8, p. 59. *Remarques de Descartes sur ses Principes de philosophie*. « C'est une grande preuve de vérité de ne pouvoir pas ne pas être conçu, et de fausseté de n'être pas concevable : comme le vide, l'indivisible, un monde fini, etc. De ces choses, les unes impliquent l'être, les autres le non-être. »

ses pores comme des tourbillons de vent qui se meuvent çà et là dans cette laine, et pensez que ce vent, qui se joue de tous côtés entre les petits fils de cette laine, empêche qu'ils ne se pressent si fort l'un contre l'autre, comme ils le pourraient faire sans cela; car ils sont tous pesants, si bien que la laine qui est contre la terre est pressée de toute celle qui est au-dessus, jusqu'au delà des nues, ce qui fait une grande pesanteur... Dans l'exemple que vous apportez... le vif argent qui est dans le tuyau ne peut commencer à descendre qu'il n'enlève toute cette laine, laquelle prise tout ensemble est fort pesante; car le tuyau étant fermé par le haut, il n'y peut entrer de laine, je veux dire d'air, en la place du vif argent, lorsqu'il descend... Et afin que vous ne vous trompiez pas, il ne faut pas croire que ce vif argent ne puisse être séparé du plancher par aucune force, mais seulement qu'il y faut autant de force qu'il en est besoin pour enlever tout l'air qui est depuis là jusqu'au-dessus des nues [1]. »

Dans deux lettres à Mersenne, l'une de 1638, l'autre de 1639, Descartes se montre plus explicite encore. — 8 octobre 1638, à *Mersenne :* « Je commencerai mes observations sur le livre de Galilée (*les Dialogues*). Je trouve en général qu'il philo-

1. *OEuvres compl.*, t. VI, p. 206, 207.

sophe beaucoup mieux que le vulgaire, en ce qu'il quitte le plus qu'il peut les erreurs de l'École, et tâche à examiner les matières physiques par des raisons mathématiques. En cela, je m'accorde entièrement avec lui, et je tiens qu'il n'y a pas d'autre moyen pour trouver la vérité. Mais il me semble qu'il manque beaucoup, en ce qu'il ne fait que des digressions, et ne s'arrête point à expliquer suffisamment aucunes matières, ce qui montre qu'il ne les a pas toutes examinées par ordre, et que, sans avoir considéré les premières causes de la nature, il a seulement cherché les raisons de quelques effets particuliers, et ainsi qu'il a bâti sans fondement.... Il donne deux causes de ce que les parties d'un corps continu s'entre-tiennent : l'une est la crainte du vide, l'autre certaine colle ou liaison qui les tient, ce qu'il explique encore par le vide, et je les crois toutes deux très fausses; car ce qu'il attribue à la crainte du vide, ne se doit attribuer qu'à la pesanteur de l'air. L'observation que les pompes ne tirent point l'eau à plus de dix-huit brasses de hauteur ne se doit point rapporter au vide, mais ou à la matière des pompes, ou à celle de l'eau même qui s'écoule entre la pompe et le tuyau, plutôt que de s'élever plus haut, ou même à la pesanteur de l'eau qui contrebalance celle de l'air.... Je n'attribue rien du tout au vide, ni à la crainte du vide, et toutefois je vous dirai que l'explication de toutes les choses dont traite Galilée, est fort facile suivant mes principes[1]. »

16 octobre 1639, à *Mersenne :* « L'eau des pompes monte avec le piston qu'on tire en haut, à cause que, n'y ayant point de vide en la nature, il ne s'y peut faire aucun mouvement, qu'il n'y ait tout un cercle de corps qui se meuve en même temps[2]. »

A ces textes il serait facile d'ajouter d'autres citations analogues, tirées encore de la correspondance de Descartes[3]. Mais évidemment celles-là sont déjà

1. *OEuvres compl.*, t. VII, p. 434 et suiv. La fin de cette remarquable lettre, dans laquelle Descartes adresse à Mersenne une critique détaillée, quoique rapide et incomplète, des *Dialogues* de Galilée, ne laisse pas que d'être quelque peu dédaigneuse à l'égard du continuateur de Copernic. « Touchant Galilée, conclut Descartes, je vous dirai que je ne l'ai jamais vu, ni eu aucune communication avec lui, et que par conséquent je ne saurais en avoir emprunté aucune chose ; aussi ne vois-je rien dans ses livres qui me fasse envie, ni presque rien que je voulusse avouer pour mien. » Ce langage hautain n'est-il pas aussi le langage timoré du philosophe, qui tient à se dégager de toute solidarité avec Galilée ? Car déjà n'a-t-il pas suffi à Descartes pour supprimer la publication de son *Traité du Monde*, d'apprendre la condamnation de l'astronome florentin (1633) ?

Observons que Mersenne ne semblait guère partager les sentiments de Descartes à l'égard de Galilée. Car il publiait en 1639 la traduction d'un ouvrage de l'illustre Italien : *Les nouvelles pensées de Galilée, mathématicien,* etc., *où par des inventions merveilleuses et des démonstrations inconnues jusqu'à présent, il est traité de la proportion des mouvements, tant naturels que violents.*

2. *OEuvres compl.*, t. VIII, p. 160.

3. *Ibid.*, p. 36, *Lettre à Mersenne,* 15 décembre 1638 ; p. 71, *au même,* 9 janvier 1639 ; p. 176, *au même,* 15 novembre 1639.

presque surabondantes, et on ne saurait, sans doute, relativement à la question du vide, rien exiger de plus clair ni de plus précis. C'est pourquoi il ne serait pas non plus possible de contester que Descartes, devançant tous ses contemporains, n'ait dû ses vues sur la nature aux seules intuitions de son génie.

Il s'en fallait de beaucoup, au contraire, que Pascal eût fait preuve en physique de la même décision et montré la même originalité puissante. Effectivement, Pascal commence par admettre, sans hésitation ni restriction, que la nature a horreur du vide. Ce n'est qu'après avoir entendu parler des travaux de Torricelli divulgués par Mersenne, au retour d'un voyage qu'en 1645 le savant religieux avait fait en Italie, que relativement au vide il conçoit des doutes. Conséquemment, en 1646, il renouvelle à Rouen l'expérience de Torricelli, de concert avec un de ses amis, M. Petit, intendant des fortifications, lequel l'ayant apprise de la bouche même de Mersenne, la lui avait communiquée [1]. Puis, en

1. Baillet, *La Vie de M. Descartes,* 2ᵉ partie, p. 228. « La première de ces expériences qu'on eût jamais faites sur le vide, s'était communiquée de Galilée à Torricelli, qui avait beaucoup éclairci la chose par de nouvelles expériences faites en 1643. L'année suivante, on en avait écrit au P. Mersenne, sans lui en marquer l'auteur, qui était demeuré pendant quelque temps inconnu par ce moyen. Le Père avait essayé de répéter cette expérience du vide à Paris; mais n'y ayant pas entièrement réussi il l'avait abandonnée et n'y songeait plus, jusqu'à ce que, étant allé en Italie et

1647, il consigne dans une publication intitulée : *Nouvelles expériences touchant le vide*, les résultats par lui obtenus [1]. Se trouve-t-il donc, à partir de ce moment, entièrement désabusé de sa première opinion relativement au vide? Nullement. Il n'estime plus alors, il est vrai, d'une manière absolue, que la nature a horreur du vide. Néanmoins, il persiste à croire, comme Galilée, qu'elle en a horreur, mais que la force de cette horreur est limitée [2]. Il faut qu'à sa demande, son beau-frère, M. Perier, ait exécuté, vers la fin de 1648, sur le puy de Dôme, l'expérience qu'il répète lui-même à Paris sur la tour de Saint-Jacques de la Boucherie, pour qu'enfin il déclare que la nature n'a aucune horreur du vide. Torricelli avait posé le principe du baromètre; Pascal en mesure les différentes hauteurs, démontrant jusqu'à l'évidence que ces hauteurs mêmes demeurent proportionnelles à celles des colonnes d'air qui pressent le mercure, et ainsi que l'air est pesant.

s'en étant exactement informé, il en était revenu pleinement instruit en 1645. »

1. Bossut, *OEuvres de B. Pascal*, t. IV, p. 52 et suiv.

2. *Id.*, *Ibid.*, p. 67. « Je dirai du vide véritable, écrit Pascal, ce que j'ai dit du vide apparent, je tiendrai pour vraies les maximes :

1° Que tous les corps ont de la répugnance à se séparer l'un de l'autre, et à admettre du vide dans leur intervalle, c'est-à-dire que la Nature abhorre le vide.....

2° Que la force de cette horreur est limitée et pareille à celle avec laquelle l'eau d'une certaine hauteur, qui est à peu près de trente-un pieds, tend à couler en bas. »

III

Pascal, pour qui, manifestement, les recherches de Torricelli avaient été une indication précieuse, Pascal, dans cette théorie de la pesanteur de l'air acquise définitivement par lui à la science, ne devait-il rien à Descartes? Et n'y a-t-il pas lieu de s'étonner qu'en publiant une relation de l'expérience du puy de Dôme, il n'ait fait de Descartes aucune mention?

A la rigueur, il serait permis d'admettre que du reste, très au courant des principaux ouvrages de Descartes, Pascal, avant 1648, ne les connaissait néanmoins pas tous; qu'il ignorait, en particulier, ou n'avait pas assez médité ceux dans lesquels l'auteur du *Discours de la Méthode* traite de physique; surtout et enfin que les *Lettres* de Descartes relatives à ces matières n'étaient point parvenues jusqu'à lui, de même que jamais il n'avait eu occasion de s'en entretenir avec Descartes en personne. On comprendrait, dès lors, que dans sa relation de l'expérience du puy de Dôme, Pascal n'ait eu aucun motif de citer le nom de Descartes. Mais que dire, et ce silence ne deviendrait-il point souverainement regrettable, s'il était avéré que ce fut surtout grâce aux suggestions de Descartes que cette décisive expérience fût entreprise? Or, c'est ce qu'affirme positivement Descartes dans deux lettres par lui adressées presque coup sur coup, en 1649, à Carcavi. — 11 juin 1649, *Descartes à Carcavi :* « Je me promets que vous n'aurez pas désagréable que je vous prie de m'apprendre le succès d'une expérience qu'on m'a dit que M. Pascal avait faite ou fait faire sur les montagnes d'Auvergne. J'aurais le droit d'attendre cela de lui plutôt que de vous, parce que c'est moi qui l'ai avisé, il y a deux ans, de faire cette expérience, et qui l'ai assuré que, bien que je ne l'eusse pas faite, je ne doutais pas du succès. Mais parce qu'il est l'ami de M. de Roberval, qui fait profession de n'être pas le mien [1], et que j'ai déjà vu qu'il a tâché d'attaquer ma matière subtile dans un certain imprimé de deux ou trois pages, j'ai sujet de croire qu'il suit la passion de son ami [2]. » Carcavi

1. Sur les rapports de Descartes et de Roberval, Descartes infligeant parfois à Roberval d'assez rudes leçons et Roberval ne cessant de jalouser et de dénigrer Descartes, voyez Montucla, *Ouvr. cit.*, t. II, p. 55 et 144.

2. *OEuvres compl. de Descartes*, t. X, p. 344. Bossut, qui ne nomme même pas Descartes à propos de la pesanteur de l'air, dans son *Essai sur l'histoire générale des Mathématiques*, t. I, p. 320 et suiv., ne parle de lui dans son *Discours sur la vie et les ouvrages de Pascal* (à la suite de l'*Essai*, t. II, p. 324 et suiv.) que pour chercher à justifier celui-ci, et par d'assez pauvres raisons, « d'avoir méprisé cette réclamation de Descartes ou de n'y avoir fait aucune réponse ». Il supprime d'ailleurs, dans la première lettre à Carcavi, la phrase finale de Descartes. Montucla, qui la cite (*Histoire des Mathématiques*, t. II, p. 206), ajoute sentencieusement : « En effet, quelque grand homme que fût Pascal, il n'était pas exempt de cette infirmité humaine. »

ayant raconté l'expérience à Descartes, « j'avais quelque intérêt à la savoir, répond Descartes (17 août 1649) à cause que c'est moi qui avais prié M. Pascal, il y a deux ans, de vouloir la faire, et je l'avais assuré du succès comme étant entièrement conforme à mes principes, sans quoi il n'eût eu garde d'y penser, à cause qu'il était d'opinion contraire [1] ».

Il serait assurément bien difficile de suspecter une telle allégation et de mettre en doute la parole de Descartes. Toutefois, s'il fallait en venir aux preuves, on les trouverait et dans les détails authentiques de la biographie de Descartes et dans le récit qu'ont fait de ses rapports avec Pascal les

1. *Œuvres compl. de Descartes,* t. X, p. 351. — Le P. Daniel dans son *Voyage du monde de Descartes,* quoiqu'il ne soit certes pas favorable à Descartes, dont il tourne la philosophie en dérision, mais parce qu'il est encore plus hostile à Pascal, ne manque pas de rappeler, en paraissant les trouver légitimes, les revendications de l'auteur du livre des *Principes.* Il affecte même de mettre en doute tout ce qu'on a raconté de Pascal, inventant à douze ans la géométrie, et de l'émotion profonde où jeta son père le spectacle d'un pareil prodige. Cette anecdote, « propagée par les amis de Pascal qui, après tout, n'était ni un ange, ni un démon, » ne leur aurait été qu'une manière de reconnaître, en le payant d'hyperboliques louanges, « les obligations qu'ils lui avaient pour les *Lettres au Provincial.* » (*Voyage du monde de Descartes,* Paris 1690, in-12, p. 272 et suiv.) Le P. Daniel est également l'auteur d'un autre ouvrage qu'il faut rapprocher du précédent : *Nouvelles difficultés proposées par un Péripatéticien à l'auteur du Voyage du monde de Descartes touchant la connaissance des bestes, avec la réfutation des deux défenses du système général du monde de Descartes,* Paris, 1693, in-12.

membres mêmes de la famille de Pascal. Ainsi il est constant qu'en juin 1647, Descartes quitta quelques mois la Hollande pour venir en France régler des intérêts domestiques. Il y recevait en même temps et d'une manière inattendue une pension de trois mille livres que spontanément lui avait octroyée Mazarin. « C'était, portaient les lettres patentes, en considération de ses grands mérites et de l'utilité que sa philosophie et les recherches de ses longues études procuraient au genre humain, comme aussi pour l'aider à continuer ses belles expériences qui requéraient de la dépense [1]. » Ce qui est également certain, c'est que Descartes n'avait pas laissé, malgré tout, que de reconnaître en Blaise Pascal un génie de sa race. Aussi, durant son séjour à Paris, se montra-t-il désireux de l'entretenir, et le vit-il au moins deux ou trois fois longuement, deux fois chez Pascal lui-même, une autre fois aux Minimes de la Place Royale, chez le **P. Mersenne**. Il convient, en outre, de noter que dans ces entrevues il fut principalement question des expériences faites ou à faire sur le vide.

Rappelons d'abord et comme premier témoignage, la curieuse lettre que le 25 septembre 1647 Jacqueline Pascal écrivait à Mme Perier, qui, pour lors, se trouvait à Rouen chez son père.

---

1. Baillet, *La Vie de M. Descartes*, 2e partie, p. 327.

« Ma très chère sœur, j'ai différé à t'écrire, parce que je voulais te mander tout au long l'entretien de M. Descartes et de mon frère, et je n'eus pas le loisir hier de te dire que, dimanche au soir, M. Habert vint ici, accompagné de M. de Montigny, de Bretagne, qui me venait dire (au défaut de mon frère qui était à l'église), que M. Descartes, son compatriote et intime ami, lui avait fort témoigné avoir envie de voir mon frère, à cause de la grande estime qu'il avait toujours ouï faire de M. mon père et de lui, et que, pour cet effet, il l'avait prié de venir voir s'il n'incommoderait pas mon frère (parce qu'il savait qu'il était malade) en venant céans le lendemain à neuf heures du matin. Quand M. de Montigny me proposa cela, je fus assez empêchée de répondre, à cause que je savais qu'il a peine à se contraindre et à parler, particulièrement le matin; néanmoins je ne crus pas à propos de le refuser, si bien que nous arrêtâmes qu'il viendrait à dix heures et demie le lendemain : ce qu'il fit avec M. Habert, M. de Montigny, un jeune homme de soutane, que je ne sais pas qui c'est, le fils de M. de Montigny et deux ou trois autres petits garçons. M. de Roberval, que mon frère en avait averti, s'y trouva, et là, après quelques civilités, il fut parlé de l'instrument (la machine arithmétique), qui fut fort admiré, tandis que M. de Roberval le montrait. Ensuite, on se mit sur le vide, et M. Descartes, avec un grand sérieux, comme on lui contait une expérience, et qu'on lui demanda ce qu'il croyait qui fût entré dans la seringue, dit que c'était de sa matière subtile ; sur quoi mon frère lui répondit ce qu'il put, et M. de Roberval, croyant que mon frère aurait peine à parler, entreprit avec un peu.de chaleur M. Descartes (avec civilité cependant), qui lui répondit avec un peu d'aigreur, qu'il parlerait à mon frère tant que l'on voudrait, parce qu'il parlait avec raison, mais non pas à lui, qui parlait avec préoccupation ; et là-dessus, voyant à sa montre qu'il était midi, il se leva, parce qu'il était prié à dîner au faubourg Saint-Germain et M. de Roberval aussi, si bien que M. Descartes l'y mena dans un carrosse, où ils étaient tous deux tout seuls, et là ils se chantèrent goguettes, mais un peu plus fort que jeu, à ce que nous dit M. de Roberval, qui revint ici l'après-dîné, où il trouva M. Dalibray. J'avais oublié de te dire que M. Descartes, fâché d'avoir été si peu céans, promit à mon frère de le venir revoir le lendemain à huit heures. M. Dalibray, à qui on l'avait dit le soir, s'y voulut trouver, et fit ce qu'il put pour y mener M. Le Pailleur, que mon frère avait prié d'avertir de sa part ; mais il fut trop paresseux pour y venir... M. Descartes venait ici en partie pour consulter le mal de mon frère ; sur quoi il ne lui dit pourtant pas grand'chose ; seulement il lui conseilla de se tenir tous les jours au lit jusqu'à ce qu'il fût las d'y être, et de prendre force bouillon. Ils parlèrent de bien d'autres choses, car il y fut jusqu'à onze heures; mais je ne saurais qu'en dire, car hier je n'y étais pas, et je ne le pus savoir, car nous fûmes embarrassés toute la journée à lui faire prendre son premier bain... Je crois que la saignée au pied de dimanche au soir lui fit du bien, car lundi il parla fort toute la journée, le matin à M. Descartes, et l'après-midi à M. de Roberval, contre qui il disputa longtemps touchant beaucoup de choses qui appartiennent autant à la théologie qu'à la physique.... Dis à M. Ausoult que, selon sa lettre, mon frère écrivit au P. Mersenne, l'autre jour pour savoir de lui quelles raisons M. Descartes apportait contre la colonne d'air, lequel fit une réponse assez mal écrite (à cause qu'il a eu l'artère du bras droit coupée en le saignant, dont il sera peut-être estropié). Je lus pourtant que ce n'était pas M. Descartes (car, au contraire, il la croit fort, mais par une raison que mon frère n'approuve pas), mais M. de Roberval qui était contre; et aussi il témoignait assez l'envie que M. Descartes avait de le voir et l'instrument aussi; mais nous prenions tout cela pour civilité [1]. »

Pour n'être point identique, quant aux circon-

---

1. Cette lettre a été publiée pour la première fois par M. Libri, *Journal des Savants*, septembre 1839 : *Des manuscrits inédits de Fermat.*

stances qu'il relate, avec cette lettre de Jacqueline
Pascal, le récit de Baillet n'en confirme pas moins
le fond des choses. Baillet ne parle que d'une entrevue qui eut lieu aux Minimes entre Descartes et
Pascal. Mais on lui doit, relativement à l'historique
de la question du vide, des détails dont la clarté ne
laisse rien à désirer. « Après l'expédition des lettres
(qui lui assurèrent sa pension et qui étaient datées
du 6 septembre 1647), M. Descartes, écrit Baillet,
semblait n'avoir rien de plus pressé que son retour
en Hollande, et il se mit en état de partir incessam-
ment... sans se donner le loisir de rendre aucune
visite ou d'en recevoir. Il fut pourtant rencontré par
M. Pascal le jeune qui, se trouvant pour lors à Paris,
fut touché du désir de le voir, et il eut la satisfaction
de l'entretenir aux Minimes, où il avait eu avis qu'il
pourrait le joindre. M. Descartes eut du plaisir à
l'entendre sur les expériences du vide qu'il avait
faites à Rouen, et dont il faisait actuellement
imprimer le récit, dont il lui envoya un exemplaire
en Hollande quelque temps après son retour...
M. Descartes, ravi de l'entretien de M. Pascal, trouva
que toutes ces expériences étaient assez conformes
aux principes de sa philosophie, quoique M. Pascal y
fût alors opposé par l'engagement et l'uniformité
d'opinions où il était avec M. de Roberval et les
autres qui soutenaient le vide. Mais pour le récom-
penser de sa conversation, il lui donna avis de faire

d'autres expériences sur la masse de l'air, à la pesanteur duquel il rapportait ce que les philosophes du commun avaient attribué vainement à l'horreur du vide. Il l'assura du succès de ces entreprises quoiqu'il ne les eût point faites, parce qu'il en parlait conformément à ses principes. M. Pascal, qui n'était pas encore persuadé de la solidité de ses principes, et qui lui promit dès lors quelques objections contre la matière subtile, n'aurait peut-être pas eu grand égard à son avis, s'il n'eût été averti vers le même temps d'une pensée toute semblable qu'avait eue le sieur Torricelli. Les expériences qu'il fit de la pesanteur de l'air en 1648, sur ces avis, se trouvèrent fort heureuses, mais il aima mieux en savoir gré au sieur Torricelli qu'à M. Descartes, qui s'est vu privé de sa reconnaissance, soit dans sa lettre à M. de Ribeyre, premier président de la Cour des Aides de Clermont-Ferrand, où il a fait le récit de ses expériences, soit dans la préface que l'un de ses amis a faite à son traité posthume de l'équilibre des liqueurs et de la pesanteur de l'air [1]. »

Baillet ne borne même pas là son récit. Descartes était de retour en Hollande vers la fin de septembre 1647. Les objections promises par Pascal l'y vinrent presque aussitôt trouver. « Le 13 décem-

---

1. Baillet, *La Vie de M. Descartes*, 2e partie, p. 328 et suiv.

bre 1647, continue Baillet, M. Descartes écrivit au
P. Mersenne pour lui marquer qu'il avait reçu par
le moyen de M. de Zuytlichem quelques objections
contre sa matière subtile, que M. Pascal le jeune
lui avait envoyées avec la relation imprimée de son
expérience, dont il le remerciait. Il témoigna faire
beaucoup de cas de ces objections et il fit assurer
Pascal, par le même Père, qu'il lui en savait bon gré,
et qu'il le priait de ne rien omettre de toutes ses
raisons dans le second écrit qu'il lui en promettait,
afin qu'il pût le satisfaire pleinement dans les
réponses qu'il lui préparait. Cependant... depuis
son retour de France, il ne s'était presque occupé
que des expériences du vif-argent, ou de la pesanteur de l'air qu'on appelait à Paris l'expérience du
vide. Il fut si content de leur succès, surtout à
l'égard de celles du vide qu'il faisait dans le ballon,
qu'il se plaignit au P. Mersenne qu'il eût gardé
cette expérience, près de quatre ans après l'avoir
reçue de Torricelli, sans la lui communiquer, quoiqu'il s'en fût avisé avant cet Italien. Il en prit occasion d'encourager de nouveau M. Pascal pour celles
qu'il lui avait conseillé, lorsqu'il était à Paris, de
faire faire sur les plus hautes montagnes de l'Auvergne, et il employa le reste de l'hiver qui était
extraordinairement doux cette année, aux mêmes
occupations, jusqu'à son troisième voyage en France.
De sorte qu'ayant trouvé cette belle expérience de

plus en plus conforme à ses principes contre l'intention des défenseurs du vide, il se fit un plaisir particulier de la continuer encore en Suède avec M. Chanut l'ambassadeur, et de joindre leurs découvertes communes avec celles que M. Pascal et M. Perier faisaient en Auvergne [1]. »

Le récit de ce troisième et dernier voyage de Descartes en France, nous donnerait encore, s'il était nécessaire, de nouvelles lumières sur le sujet qui nous occupe. Mandé à Paris *comme de la part du Roy,* qui paraissait vouloir l'y fixer en lui assurant, avec le brevet d'une nouvelle pension, un emploi considérable « qui lui donnerait plus d'honneur que d'occupation », Descartes quittait de nouveau la Hollande en mai 1648. L'illustre philosophe a raconté lui-même avec bonhomie, quelle fut, à son arrivée et parmi le tumulte de la Fronde, sa déconvenue. « Les troubles inopinément survenus, dit-il, firent qu'au lieu de voir quelques effets de ce qu'on lui avait promis, il trouva qu'on avait fait payer par l'un de ses proches l'expédition des lettres qu'on lui avait envoyées et qu'il lui en devait l'argent. De sorte qu'il semblait n'être venu à Paris que pour acheter un parchemin le plus cher et le plus inutile qui ait jamais été entre ses mains... Ce qui le dégoûta le plus, c'est qu'aucun de ceux

1. Baillet, *La Vie de M. Descartes,* 2e partie, p. 332, et suiv.

qui l'avaient appelé ne témoigna vouloir connaître de lui autre chose que son visage. De sorte, ajoute-t-il, qu'il avait sujet de croire qu'ils le voulaient seulement avoir en France comme un éléphant ou une panthère à cause de la rareté, et non pour y être utile à quelque chose. La pensée la plus favorable qu'il put avoir de leur bonne volonté fut de les considérer comme des amis qui l'avaient convié à dîner chez eux, et lorsqu'il y fut arrivé, il trouva que leur cuisine était en désordre et leur marmite renversée [1]. »

En dépit de ces contre-temps, les amis de Descartes ne l'en retinrent pas moins près d'eux trois mois durant, car il ne s'embarqua que le 1er septembre 1648 pour Rotterdam. Ce fut dans cet intervalle qu'il se réconcilia avec Gassendi [2] et fré-

1. Baillet, *La Vie de M. Descartes*, 2[o] partie, p. 340 et suiv.
2. Gassendi, à la prière de Mersenne, avait proposé des *Objections* aux *Méditations* de Descartes. Elles forment les *Cinquièmes Objections*. Le ton en est âpre et railleur, et Gassendi lui-même avouait « n'avoir examiné de si près la métaphysique de M. Descartes, que pour avoir reçu de lui quelque malhonnêteté. » Cette malhonnêteté consistait en ce que Descartes, dans son traité des *Météores*, n'avait pas cité un travail de Gassendi sur les parhélies, *ad Henricum Reinerium de parheliis Epistola*. Les *Réponses* de Descartes aux *Cinquièmes Objections* furent telles que Gassendi, piqué au jeu et d'ailleurs excité par Sorbière, publia de nouvelles objections ou *Instances*, auxquelles Descartes daigna à peine répondre, longtemps après qu'elles eurent paru, et indirectement, dans une lettre à Clerselier. De là entre Descartes et Gassendi une brouille que fit cesser l'abbé, plus tard cardinal d'Estrées, qui à Paris les réconcilia.

quenta à Paris des réunions savantes, où on ne s'occupait en quelque sorte que des expériences du vide, et où le champion de Pascal, l'implacable Roberval, s'acharnait à poursuivre Descartes de ses objections. Mais il faut laisser ici la parole à Baillet. « Ce fut le jour de la réconciliation des deux philosophes (Descartes et Gassendi), que M. de Roberval entreprit pour la première fois de démontrer l'impossibilité du mouvement sans le vide. M. Descartes à qui s'adressaient personnellement les prétentions de ce mathématicien, ne fit point difficulté de répondre d'abord à toutes ses objections. Mais il le fit avec tous les égards qui étaient dus à la présence de M. l'abbé d'Estrées et de sa compagnie, sans changer la face d'une conversation honnête et paisible. L'humeur de M. de Roberval, qui avait partout besoin de l'indulgence de ceux à qui il avait affaire, ne s'accommodait pas assez du flegme qui accompagnait ordinairement les discours de M. Descartes. Aussi ne fut-il pas longtemps à s'échauffer. Ni la considération du respect dû à M. l'abbé d'Estrées, ni la modération de M. Descartes ne purent éteindre ou ralentir ce feu. Il en fit ressentir encore les effets en d'autres occasions à M. Descartes pendant le reste de son séjour à Paris. Les mathématiciens de la ville s'assemblèrent souvent, ou chez M. l'abbé Picot, son hôte, ou aux Minimes de la Place Royale, jusqu'au fort de

la maladie du P. Mersenne, pour avoir la satisfaction de conférer avec lui, ou pour faire leurs observations en sa présence. De tant de savants que
M. Descartes voyait avec plaisir, M. de Roberval
était le seul qui lui fût devenu formidable par son
humeur; et, pour tempérer un peu sa joie, M. de
Roberval ne s'absentait presque d'aucune des assemblées où il se trouvait. On y répétait souvent l'expérience du vide, non pour l'instruire d'une chose
qui n'était pas nouvelle, mais pour lui en faire voir
toutes les manières différentes qu'on avait inventées
depuis peu et qu'on n'avait pas encore vues. Il ne
s'y donnait point d'autre part que celle de specta-
teur; c'est pourquoi il y parlait peu, et seulement
pour marquer comment ces expériences s'accordaient avec ses principes. Il se contentait d'écouter
les autres, et soit qu'il suivît les mouvements de sa
retenue ordinaire, soit qu'il voulût éviter la dureté
des réparties de M. de Roberval, il refusa presque
toujours de s'expliquer lorsque la compagnie l'en
priait, voyant surtout que la plupart étaient dans
l'opinion du vide effectif qu'il n'admettait point.
Mais il ne laissa pas de détromper ceux qui croyaient
qu'il n'avait pas encore songé jusqu'alors à la
pesanteur de l'air comme à la cause des effets que
le vulgaire des philosophes avait toujours attribués
à l'horreur du vide. C'est une observation qu'il
avait faite longtemps auparavant, et même devant

Torricelli, par qui tous ces savants mathématiciens de Paris confessaient avoir été devancés dans cette opinion.

« Ce fut dans l'une de ces assemblées qui se tenait, ce jour-là, ni chez M. l'abbé Picot ni aux Minimes, mais chez une personne de marque, que M. de Roberval entreprit de pousser entièrement M. Descartes à bout sur tous les points de sa physique auxquels il était contraire. Quoiqu'il affectât de parler un langage tout à fait opposé à celui de l'École, il n'en était pas plus uni de sentiments avec M. Descartes. Il l'attaqua non seulement sur le vide et sur l'impossibilité du mouvement dans le plein, mais encore sur les atomes qu'il rejetait [1] et sur la matière qu'il supposait divisible à l'indéfini. Il l'entreprit d'un ton si magistral et si semblable à celui dont il avait coutume d'épouvanter les écoliers de sa classe, que M. Descartes qui n'était point venu en France pour disputer, en parut étourdi ; et la crainte de retrouver un second Voëtius dans ce professeur, fit qu'il aima mieux se taire que de lui laisser prendre pied sur ce qu'il pourrait lui dire

1. Pour ce qui est des atomes, il faut entendre en quel sens Descartes les rejetait. « A l'égard de la divisibilité de la matière, écrivait-il, bien que je ne puisse compter toutes les parties en quoi elle est divisible, et que, par conséquent, je dise que leur nombre est indéfini, cependant je ne saurais assurer que Dieu ne puisse jamais terminer cette division, parce que Dieu peut faire plus que je ne saurais comprendre. » (*Lettre* 143.)

pour l'embarquer dans des contestations. Il témoigna néanmoins à la compagnie qu'il ne s'abstenait de répondre à M. de Roberval que pour l'obliger de mettre ses difficultés par écrit, et qu'il s'offrait dans ce cas-là de le satisfaire. — M. de Roberval ne voulut pas se soumettre à une condition si juste; et il ne fut pas plutôt sorti de l'assemblée que, s'imaginant pouvoir prendre droit sur le silence de M. Descartes, il se vanta qu'au moins une fois en sa vie il avait su lui fermer la bouche. M. Descartes ne jugea point à propos de relever une si sotte vanité, et il crut devoir abandonner pour toujours M. de Roberval à sa propre complaisance [1]. »

1. Baillet, *La Vie de M. Descartes*, 2e partie, p. 344 et suiv. Cf. Foucher de Careil, *Nouvelles Lettres et Opuscules inédits de Leibniz*, Paris, 1857, in-8°, p. 37. *Remarques sur l'abrégé de la Vie de M. Descartes*. « Je crois que l'animosité qu'il y a eu entre M. Des Cartes et M. de Roberval, écrit Leibniz, venait d'une raison plus importante que de ce que M. Des Cartes avait omis de lui donner un exemplaire de ses Essais. La véritable raison a été sans doute que M. Des Cartes avait la coutume de parler des autres savants avec un grand mépris. Et Roberval était un homme fier, ardent et contentieux. M. Des Cartes sans doute était bien plus profond que lui et plus capable de faire des découvertes. Mais il était comme les méditatifs ont coutume d'être et comme un homme qui ayant beaucoup de grandes vues ne saurait avoir le loisir de se charger la mémoire des particularités de chaque matière. Mais M. Roberval n'ayant que les mathématiques en tête et faisant profession d'enseigner, avait sa science prête et pour ainsi dire au bout de la langue. Cela faisait que M. Des Cartes avait de la peine à lui tenir tête dans les conversations où le monde ne juge que par les dehors. M. Roberval me raconta à Paris que Des Cartes

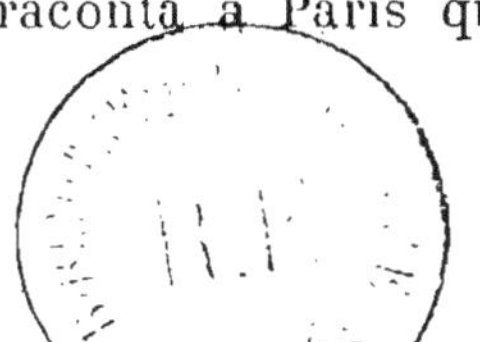

On le remarquera aisément, et le fait reste incontestable. Alors même que la personne de marque, chez laquelle Roberval entreprit de pousser entièrement Descartes à bout sur la physique, ne serait point Pascal, et quand même Pascal n'aurait point assisté à la dernière réunion que mentionne Baillet, il est impossible de ne pas admettre, d'après le récit de Baillet, que durant son troisième et dernier voyage en France, lequel précéda encore l'expérience décisive du puy de Dôme, Descartes n'ait eu mainte occasion de solliciter de nouveau Pascal de faire exécuter cette expérience, en lui expliquant plus amplement ses principes relativement au vide.

Ainsi, rien n'est plus net. Galilée, Torricelli croient d'abord au vide, et ce n'est qu'en 1643 que ce dernier entrevoit la véritable solution de l'ascension des liquides. « Galilée, écrit Montucla, n'ignorait cependant pas la pesanteur de l'air; il enseigne dans ses *Dialogues* deux manières de la démontrer et de la mesurer. Le pas était facile d'une découverte à l'autre ; mais l'histoire des sciences nous apprend à ne point nous étonner de voir d'excellents génies manquer des découvertes

paraissait écolier auprès de lui, et d'autres me l'ont confirmé. Il affectait de se trouver aux compagnies où M. Des Cartes venait pour avoir occasion de le harceler, et ce fut une des raisons qui fit quitter Paris à M. Des Cartes.

auxquelles ils touchaient. Torricelli en eut enfin l'idée heureuse [1]. »

Cette solution, Descartes, qui, aussi bien, a toujours professé le plein, Descartes la produit dès 1638, ou même dès 1631, dans des textes irréfragables. En septembre 1647, de passage à Paris, il suggère à Pascal des expériences qui vérifieront les principes que Pascal se refuse à admettre. Vers les derniers jours de la même année, en répondant à des objections de Pascal contre la matière subtile, il lui écrit de Hollande pour l'engager de nouveau à faire faire sur les plus hautes montagnes d'Auvergne les expériences que déjà il lui avait conseillées. Enfin, à partir de mai 1648, avant l'exécution de l'expérience du puy de Dôme, il revoyait Pascal et plus d'une fois, soit chez lui, soit dans des assemblées, où il était surtout question des expériences du vide. L'expérience du puy de Dôme ayant été faite au milieu de septembre 1648 et avec un plein succès, Descartes, en 1649 et à deux reprises, se plaint à Carcavi, ami des Pascal, de ce que Pascal ne l'a pas plus nommé dans sa relation de l'expérience du puy de Dôme, parue en

1. *Histoire des Mathématiques*, t. II, p. 203. Cf. Libri, *Histoire des sciences mathématiques en Italie depuis la renaissance des lettres jusqu'à la fin du XVII⁰ siècle*, 4 v. in-8. Paris, 1841, t. IV, p. 289. L'auteur y rappelle les procédés employés par Galilée pour déterminer le poids de l'air, *Discorsi e dimostrazioni matematiche*, p. 82, 83.

1648, que dans sa publication de 1647 intitulée :
Nouvelles expériences sur le vide. Cependant Descartes ne garde à Pascal nulle rancune. Ce qui
le prouve, c'est qu'à la veille même de son départ
pour la Suède, en 1649, il rappelle à Pascal, par
l'intermédiaire de Carcavi, qu'il attend toujours la
réfutation qu'il lui a promise de sa matière subtile.
Ce n'est pas tout; une fois établi en Suède, il prend
plaisir avec son ami Chanut, l'Auvergnat Chanut,
ambassadeur de France près de la cour de Stockolm [1]
à chercher dans de nouvelles expériences la confirmation des résultats obtenus par celles de M. Perier
et de Pascal [2]. En mars 1650, et dans deux lettres

1. Descartes, *OEuvres compl.*, t. IX, p. 408 et suiv. et t. X,
p. 1 et suiv. — Cf. *Mémoires de ce qui s'est passé en Suède
du temps de M. Chanut, dressés par Linage de Vauciennes*,
Cologne, 1677, in-12.

2. Cf. Bossut, *Discours sur la vie et les ouvrages de Pascal*,
à la suite de l'*Essai sur l'histoire générale des Mathématiques*,
t. II, p. 332. « On doit rapporter à peu près au même temps
les premières observations qu'on ait faites sur les variations
auxquelles la colonne mercurielle est sujette en un même
lieu, par les divers changements de temps. C'est de là que
le tube de Torricelli et les autres instruments destinés au
même usage, ont été appelés baromètres. M. Perier observa
ces variations à Clermont, pendant les années 1649, 1650, et
les trois premiers mois de l'année 1651. Il avait engagé
M. Chanut, ambassadeur en Suède, à faire de semblables
expériences à Stockolm. Descartes, qui se trouvait dans la
même ville sur la fin de 1649, prit part à ce travail ; et c'est
à cette occasion qu'il indiqua l'idée d'un baromètre double,
contenant du mercure et de l'eau, afin de rendre plus sensibles les variations du poids de l'air, en les mesurant par
celle de la colonne d'eau. »

qui nous ont été conservées, Chanut continuait encore à entretenir M. Perier des observations qu'il avait faites de concert avec Descartes, dont il lui mandait la mort arrivée le 11 février de la même année. « Je soupire encore, en vous l'écrivant, disait Chanut ; car sa doctrine et son esprit étaient encore au-dessous de sa grandeur, de sa bonté et de l'innocence de sa vie [1]. »

Voilà ce qui concerne Descartes. Voici ce qui concerne Pascal.

Dès le début et pendant longtemps, Pascal, partisan déclaré du vide, n'apporte quelque tempérament à son opinion qu'après avoir eu connaissance, sinon des principes de Descartes dans toute leur teneur, du moins des essais de Torricelli. Toutefois ses expériences de 1646, publiées en 1647, ne lui ont pas encore, à beaucoup près, donné la pesanteur de l'air. En septembre 1647, Descartes presse Pascal d'expérimenter de nouveau sur quelque haute montagne d'Auvergne. Toujours prévenu contre la matière subtile, ce n'est que le 15 novembre 1647 que Pascal pric M. Perier d'exécuter lui-même sur le puy de Dôme l'expérience du vide. « J'ai fait espérer, lui écrit-il, que vous m'accorderiez cette grâce, à tous nos curieux de Paris, et entre autres au R. P. Mersenne, qui s'est

---

1. Bossut, *OEuvres de B. Pascal*, t. IV, p. 369. *Lettre écrite par M. Chanut à M. Perier*, de Stockolm le 28 mars 1650.

déjà engagé par les lettres qu'il a écrites en Italie, en Pologne, en Suède, en Hollande, etc., d'en faire part aux amis qu'il s'est acquis par son mérite [1]. » De Descartes, d'ailleurs, par un mot. Cependant M. Perier ne se trouvait pas libre de déférer immédiatement au désir de Pascal. De là auprès de Pascal de nouvelles instances de la part de Descartes et aussi de la part des amis de Descartes. « Ne laissez pas de pousser le jeune M. Pascal à nous donner le corps dont il nous a fait voir le squelette, écrivait le 6 avril 1648 M. de Zuytlichem à Mersenne. Il faut tenir les mains à pénétrer tout ce mystère du vif-argent descendant au tuyau. Mais soyez persuadé qu'à la fin, il n'y aura que les phénomènes de M. Descartes qui en viendront nettement à bout. Tout autre principe m'est trop grossier depuis que j'ai goûté ses fondements [2]. » Descartes, de son côté, réitère certainement ses conseils, durant son dernier séjour à Paris, de mai à août 1648. Enfin, le 19 septembre 1648, M. Perier exécute avec autant d'exactitude que de succès, l'expérience si impatiemment attendue, et aussitôt Pascal se hâte d'en publier les résultats sous ce titre pompeux : *Récit de la grande expérience de l'équilibre des liqueurs projetée par le sieur B. Pascal, pour l'accomplissement du Traité qu'il a promis dans son Abrégé touchant le vide, et*

1. Bossut, *OEuvres de B. Pascal*, t. IV, p. 331.
2. Baillet, *La Vie de M. Descartes*, 2ᵉ partie, p. 380.

*faite par le sieur F. Perier, en une des plus hautes
montagnes d'Auvergne, appelée vulgairement le Puy
de Dôme* [1]. Croit-on que, dans ce récit, Pascal rende
à Descartes un hommage quelconque? Descartes n'y
est pas même mentionné. Pascal ne juge pas davantage à propos de lui adresser un exemplaire de son
récit. En vain, par l'intermédiaire de leur ami commun, Carcavi, Descartes fait-il parvenir à Pascal
l'expression d'un légitime regret. Chez Pascal, même
mutisme. Il y a plus. Déjà, en 1647, dans une lettre
à Le Pailleur, tandis qu'il prononçait avec respect
le nom « du grand Torricelli », Pascal n'avait cité
Descartes que pour rappeler que c'était précisément
à la matière subtile de ce philosophe, c'est-à-dire, suivant lui, à une chimère, qu'un de ses contradicteurs,
le P. Noël avait recours [2]. Descartes mort n'obtint
pas de lui plus de justice. Lisez en effet la lettre que
Pascal écrivit le 12 juillet 1651 à M. de Ribeyre, premier président de la Cour des Aides de Clermont-Ferrand, au sujet de ce qui fut dit dans le prologue des
thèses de philosophie soutenues en sa présence dans le
collége des Jésuites de Montferrand, le 25 juin 1651,
lettre que Pascal et son père donnèrent ordre à
M. Perier de publier. Pascal avait cru constater dans
le prologue de ces thèses dédiées à M. de Ribeyre,
qu'on l'accusait « de s'être voulu dire l'auteur d'une

1. Bossut, *OEuvres de B. Pascal*, t. IV, p. 345 et suiv.
2. *Id.*, *Ibid.*, t. IV, p. 167 et 169.

expérience qui n'était pas de son invention ». Aussi est-ce sur un ton presque tragique [1], ou du moins avec une âpreté singulière, que Pascal, tout en faisant à Galilée et une fois de plus « au grand Torricelli [2] » une juste part dans la détermination de la véritable cause des effets attribués à l'horreur du vide, s'empresse de revendiquer comme absolument sienne la découverte de la pesanteur de l'air. Il s'indigne d'ailleurs qu'on puisse imaginer qu'il en est en quoi que ce soit redevable à un Capucin milanais, le P. Valérien Magni, missionnaire apostolique en Pologne, qui avait, bien après lui, répété l'expérience de Torricelli, et sans y rien ajouter de nouveau. Quant à Descartes, dans cette

---

1. Cf. Bossut, *OEuvres de B. Pascal*, t. IV, p. 198 et suiv. Vainement M. de Ribeyre, dans sa réponse, ramena-t-il cette très petite affaire du Collège de Montferrand à ses véritables proportions, en exprimant le regret que Pascal et son père, par la publication de la lettre que Blaise Pascal lui avait adressée, eussent donné de l'éclat à un incident de soi sans importance. Pascal répliquait à M. de Ribeyre pour l'assurer du respect qu'il portait à sa personne, mais aussi pour maintenir énergiquement son droit et le devoir qu'il avait eu de protester.

2. « Le grand Torricelli ! » Cela n'empêche point Pascal (*Histoire de la Roulette*, 10 octobre 1658) de rappeler que Torricelli, peu de temps avant sa mort, eut le tort inexcusable de vouloir s'approprier une solution de la Roulette ou Cycloïde, due à Roberval. « Ce fut, écrit-il, un sujet de rire en France, de voir que Torricelli s'attribuait, en 1644, une invention qui était publiquement et sans contestation reconnue depuis huit ans pour être de M. de Roberval, et dont il y avait en outre une infinité de témoins vivants, des témoignages imprimés, etc. » Bossut, *Ouvr. cit.*, t. V, p. 167.

lettre, de même que dans toutes ses autres publica-
tions relatives à la question du vide, Pascal garde
obstinément à son endroit un absolu silence. « Il
est véritable, Monsieur, conclut-il en s'adressant
à M. de Ribeyre, il est véritable, et je vous le dis
hardiment, que cette expérience est de mon invention; et partant je puis dire que la nouvelle connaissance qu'elle nous a découverte, est entièrement de moi [1]. » La conclusion des deux traités
de *l'Équilibre des liqueurs* et *de la Pesanteur de la
masse de l'air*, n'est pas moins affirmative. « Que la
Nature ait une horreur invincible du vide, c'est ce
qu'on a cru avec tant de certitude, que les philosophes en ont fait un des plus grands principes de
leur science, et le fondement de leurs traités du
vide : on le dicte tous les jours dans les classes et
dans tous les lieux du monde, et depuis tous les
temps dont on a des écrits, tous les hommes
ensemble ont été fermes dans cette pensée, sans
que personne y ait contredit jusqu'à ce temps [2]. »
Et peu au courant de la distinction qu'il convient de
faire entre le vrai Péripatétisme et le Péripatétisme
corrompu, Pascal ne craint pas d'ajouter : « Que
tous les disciples d'Aristote assemblent tout ce qu'il
y a de fort dans les écrits de leur maître et de ses
commentateurs, pour rendre raison de ces choses par

1. Bossut, *OEuvres de B. Pascal*, t. IV. p. 213.
2. *Id., Ibid.*, t. IV, p. 322.

l'horreur du vide, s'ils le peuvent : sinon qu'ils reconnaissent que les expériences sont les véritables maîtres qu'il convient de suivre dans la physique ; que celle qui a été faite sur les montagnes a renversé cette croyance universelle du Monde que la Nature abhorre le vide, et ouvert cette connaissance qui ne saurait jamais plus périr, que la Nature n'a aucune horreur pour le vide, qu'elle ne fait aucune chose pour l'éviter, et que la pesanteur de la masse de l'air est la véritable cause de tous les effets qu'on avait jusqu'ici attribués à cette cause imaginaire [1]. »

A coup sûr, jamais revendication d'une découverte ne fut à la fois plus explicite et plus solennelle.

D'après Baillet, c'était même inutilement que, de retour en Hollande, Descartes, nous l'avons vu, avait réclamé de Pascal la réfutation de sa théorie de la

---

1. Bossut, *OEuvres de B. Pascal*, t. IV, p. 325. Pascal ne doute pas qu'il n'ait fondé la pneumatique, et c'est à ce qu'il appelle ses principes qu'il ramène l'explication de toutes les nouvelles expériences qu'on pourra tenter. Cf. Bossut, *Ouv. cit.*, t. IV, p. 372. *Nouvelles Expériences faites en Angleterre, expliquées par les principes établis dans les deux Traités précédents de l'Équilibre des Liqueurs et de la Pesanteur de la masse de l'Air.* « Outre les expériences qui ont été rapportées dans les Traités précédents, il peut s'en faire une infinité d'autres pareilles, dont on rendra toujours raison par le principe de la masse de l'air. Plusieurs personnes ont pris plaisir, depuis quinze ou vingt ans, d'en inventer de nouvelles ; et entre les autres, un gentilhomme Anglais, nommé M. Boyle, en a fait de fort curieuses dans un livre qu'il a composé en anglais, et qui a été depuis traduit en latin sous ce titre : *Nova experimenta Physico-Mechanica de aere.* »

matière subtile, lui faisant dire par Carcavi qu'il attendait toujours cette réfutation et qu'il la recevrait en très bonne part, comme il avait toujours reçu les objections qui lui avaient été faites sans calomnie. « Toutes ses honnêtetés n'eurent pas grand effet sur l'esprit de M. Pascal [1]. »

Cependant, même chez Pascal, avec les circonstances changent les dispositions. Effectivement, du jour où Descartes fut installé à la cour de Stockolm, qui d'ailleurs était si peu faite pour lui [2], Pascal, se détachant en quelque façon de Roberval, parut s'efforcer uniquement d'obtenir les bonnes grâces du philosophe attitré de la reine Christine. « Loin d'ac-

1. Baillet, *La Vie de M. Descartes*, 2ᵉ partie, p. 380.
2. Descartes arriva à Stockolm au commencement d'octobre 1649. Relativement à son séjour et à sa mort en Suède, voyez Baillet, *La Vie de M. Descartes*, 2ᵉ partie, p. 364 et suiv. et Arckenholtz, *Mémoires concernant Christine, reine de Suède,* 4 v. in-4°. Amsterdam et Leipzig, 1751-1760, t. I, p. 223 et suiv. Ce ne fut point sans les plus sinistres pressentiments et qui ne devaient que trop se vérifier, que Descartes, après bien des hésitations, quitta, pour se rendre à Stockolm, sa délicieuse solitude d'Egmond. Entretenir de philosophie, dès cinq heures du matin, en plein hiver et dans une bibliothèque glacée, une jeune femme bizarre ; afin d'être dispensé de danser dans les ballets, composer du moins des vers français pour les bals de la Cour ; être en butte aux basses intrigues de mille envieux, telle fut la nouvelle existence à laquelle tout d'abord Descartes se vit condamné et que termina promptement une pleurésie due au froid rigoureux de la Suède. L'espoir de servir les intérêts de la science, le désir d'assurer à la princesse Palatine Élisabeth, son élève chérie, une protection, et je ne sais quelle fascination de la grandeur, telles furent sans doute les causes qui finirent par décider Descartes à prendre sa funeste résolution.

corder à M. Descartes la réfutation qu'il lui avait fait espérer de sa matière subtile, écrit Baillet, M. Pascal ne voulut plus songer qu'aux moyens de mériter son amitié, comme avaient déjà fait M. son père nouvellement revenu de l'intendance de Rouen, et M. Perier, son beau-frère, par la médiation de l'ambassadeur de Suède, leur ami commun. » Or, il est à remarquer que c'est en 1650 que Pascal adressait à la reine Christine, avec une lettre d'une éloquence tout ensemble chevaleresque et hautaine [1], cette

1. Cf. Bossut, *Œuvres de B. Pascal*, t. IV, p. 25. « Si j'avais autant de santé que de zèle, j'irais moi-même présenter à Votre Majesté un ouvrage de plusieurs années, que j'ose lui offrir de si loin ; et je ne souffrirais pas que d'autres mains que les miennes eussent l'honneur de le porter aux pieds de la plus grande princesse du monde.... Je n'importunerai pas Votre Majesté du particulier de ce qui compose cette machine : si elle en a quelque curiosité, elle pourra se contenter dans un discours que j'ai adressé à M. de Bourdelot : j'y ai touché en peu de mots toute l'histoire de cet ouvrage... Les mêmes degrés se rencontrent entre les génies qu'entre les conditions, et le pouvoir des rois sur leurs sujets n'est, ce me semble, qu'une image du pouvoir des esprits sur les esprits qui leur sont inférieurs... Ce second empire me paraît même d'un ordre d'autant plus élevé, que les esprits sont d'un ordre plus élevé que les corps, et d'autant plus équitable, qu'il ne peut être départi et conservé que par le mérite, au lieu que l'autre peut l'être par la naissance et par la fortune... Quelque puissant que soit un monarque, il manque quelque chose à sa gloire, s'il n'a la prééminence de l'esprit ; et quelque éclairé que soit un sujet, sa condition est toujours rabaissée par sa dépendance. Les hommes qui désirent naturellement ce qui est le plus parfait, avaient jusqu'ici continuellement aspiré à rencontrer ce souverain par excellence. Tous les rois et tous les savants en étaient des ébauches, qui ne remplissaient

machine arithmétique surprenante, mais restée inutile, malgré les perfectionnements qu'y apporta
Leibniz [1], machine qui lui avait demandé tant de

qu'à demi leur attente ; ce chef-d'œuvre était réservé à notre
siècle. Et afin que cette grande merveille parût accom-
pagnée de tous les sujets possibles d'étonnement, le degré
où les hommes n'avaient pu atteindre est rempli par une
jeune reine, dans laquelle se rencontrent ensemble l'avantage de l'expérience avec la tendresse de l'âge, le loisir de
l'étude avec l'occupation d'une royale naissance, et l'émi-
nence de la science avec la faiblesse du sexe.... Régnez
donc, incomparable princesse, d'une façon toute nouvelle ;
que votre génie vous assujettisse tout ce qui n'est pas
soumis à vos armes ; régnez par le droit de la naissance,
par une longue suite d'années, sur tant de triomphantes pro-
vinces, mais régnez toujours par la force de votre mérite
sur toute l'étendue de la terre. Pour moi, n'étant pas né
sous le premier de vos empires, je veux que tout le monde
sache que je fais gloire de vivre sous le second, et c'est
pour le témoigner, que j'ose lever les yeux jusqu'à ma
Reine, en lui donnant cette première preuve de ma dépendance. »

1. *Opera omnia Leibnitii*, Ed. Dutens, t. VI, pars. 1, p. 59.
Leibnitius Placcio, 1695. « *Jam viginti et amplius anni sunt,
quod Galli Anglique videre meum instrumentum arithmeticum,
sine exemplo novum, et a Neperiana rhabdologia, a Pascha-
liana machina pariter et a Morlandiana toto cœlo diversum.* »
Cf. *Ibid.*, p. 248, *Lettre V à Thomas Burnet*, 1697. Leibniz y
revient avec complaisance sur son invention, et en prend
occasion, malgré des protestations de modestie, de se comparer avantageusement à Pascal, que d'ailleurs il connaît
assez mal. Car après l'avoir accusé (*Ibid.*, p. 304) « d'être
scrupuleux jusqu'à la folie », il reproche à l'auteur des *Provinciales* « d'avoir eu l'esprit plein des préjugés du parti de
Rome ». Son langage mérite d'être cité. « Pour moi, écrit-
il, qui n'ai pas la vanité de faire comparaison avec cet
homme célèbre (Pascal), et qui n'ai pas cette opinion de
moi que je puisse faire des choses où d'autres ne puissent
arriver, je n'ai pas laissé d'avoir le bonheur de faire quel-

soins, coûté tant de frais, et pour laquelle, aussi bien, il ne cessait, semble-t-il, de solliciter les applaudissements. Pascal si sensible à la gloire, Pascal aurait eu, selon toute apparence, regret que Descartes n'eût pas donné à Christine une assez haute idée de son caractère et de son génie. Car lui

ques découvertes, qui ont cela de bon, qu'elles ouvrent le chemin pour aller plus loin et qu'elles augmentent le nombre des méthodes qui font partie de l'art d'inventer. J'ai encore eu le bonheur de produire une machine arithmétique infiniment différente de celle de M. Pascal, puisque la mienne fait les grandes multiplications et divisions en un moment, et sans additions ou soustractions auxiliaires ; au lieu que celle de M. Pascal, dont on parlait comme d'une chose merveilleuse (et non pas sans raison) n'était proprement que pour les additions et soustractions, qu'on pouvait combiner avec les bâtons de Neper, comme a fait depuis M. Moreland ; c'est pourquoi MM. Arnaud, Huygens, et même MM. Perier, neveux de M. Pascal, quand ils ont vu mon échantillon à Paris, avouèrent qu'il n'y avait pas de comparaison entre celle de M. Pascal et la mienne... Ainsi, si les belles productions de M. Pascal dans les sciences devaient donner du poids aux pensées qu'il promettait sur la vérité du Christianisme, j'oserai dire que ce que j'ai eu le bonheur de découvrir dans la même science ne ferait point de tort à des méditations, que j'ai encore sur la religion ; d'autant que mes méditations sont le fruit d'une application bien plus grande et bien plus longue que celle que M. Pascal avait donnée à ces matières relevées de théologie ; outre qu'il avait l'esprit plein des préjugés du parti de Rome, comme ses pensées posthumes le font connaître, et qu'il n'avoit pas étudié l'histoire ni la jurisprudence avec autant de soin que j'ai fait. Et cependant l'une et l'autre est requise pour établir certaines vérités de la religion chrétienne... Il est vrai que son génie extraordinaire suppléait à tout ; mais souvent l'application et l'information est aussi nécessaire que le génie. »

aussi avait cédé aux prestiges que sa jeunesse plus
encore que son esprit valait à la fille fantasque de
Gustave-Adolphe.

Et pourtant, comment aussi ne pas le noter? Que
Descartes fût vivant ou qu'il vînt de mourir (et il
est probable que Descartes n'était déjà plus), ici
encore, ce n'est ni de son compatriote Chanut,
l'ami de Descartes, ni surtout de Descartes lui-
même, que Pascal se réclame; c'est d'un person-
nage équivoque, mais influent, du médecin de la
reine, M. de Bourdelot [1].

1. Cf. Arckenholtz, *Ouvr. cit.*, t. I, p. 237 et suiv. « Cet
homme s'appelait proprement Michon, fils d'un barbier de
Sens, qui avait appris la profession d'apothicaire et était
Bourguignon. Son oncle Bourdelot était médecin, et comme
il avait de la réputation parmi les gens de lettres, notre
Michon adopta son nom... Quelque aventure le fit passer en
Italie, et, de retour de là, non seulement il se fit appeler
médecin partout, mais il poussa l'effronterie jusqu'à débiter
qu'il en avait exercé la charge auprès d'Urbain VIII...
Recommandé par son compatriote Saumaise, Bourdelot
s'étant insinué dans les bonnes grâces de Christine par ses
étourderies, par de bons mots et des traits satiriques,
qu'il savait lâcher à propos, fit sa principale étude, dès son
entrée à la Cour, de connaître à fond l'humeur et le caractère de la reine. Il n'y avait ni ruses ni souplesses qu'il ne
mît en œuvre pour se mettre seul dans la confiance auprès
d'elle, et il employa si bien ses tours de charlatan que
Christine s'en infatua, et qu'il passa dans son esprit pour
un homme universel, tel que Saumaise le lui avait dépeint.
Il savait chanter de petits airs, il jouait de la guitare ; il
s'entendait à toute sorte de parfums, il n'ignorait pas même
la cuisine. Mais pour ce qui était des belles-lettres et des
sciences solides, il n'en avait presque point de teinture.
Convaincu en lui-même de son ignorance dans la littéra-

Quoi qu'il en soit, en fait, il reste établi que Pascal, trop peu admiré à ses débuts par Descartes, éprouva pour Descartes et sa philosophie, en raison de cette froideur même, de l'éloignement; que sa

ture, son premier soin fut d'éloigner de la Reine tous les hommes solidement savants, et, pour cet effet, de les mettre mal dans son esprit. Naudé, Vossius, Bochart, Heinsius, Courtin furent les premiers qu'il détruisit... Le sieur Vauciennes ajoute qu'à mesure que Bourdelot se rendait maître de l'esprit et de la faveur de la reine jusqu'au point qu'elle faisait peu de choses sans les lui communiquer, il écartait d'elle tous ceux de sa nation, qui pouvaient lui faire tant soit peu d'ombrage. » Cf. Feller, *Otium Hanoveranum sive Miscellanea ex ore et schedis Leibnitii. Lipsiæ*, 1737, in-12, p. 201. « *Regina Christina cum adolesceret, ut erat cata adjunxit sibi homines nihili eosque fecit senatores, ut inter cæcos lusca regnaret. Hi erant juvenes nuper forte ex Gallia reduces, saltatoribus quam senatoribus aptiores. At senior Oxestirnius et alii magni viri, spreti in aula lasciviente, plerique in sua prædia rustica sua recessere. Regina læta voluptatibus indulget. Interim spreti senatores parochos locorum tota provincia sibi familiares reddunt... reginæ cum Pontificiis, imprimis vero cum Piementello, legato Hispanico, Bourdelotio, medico Gallo, sub specie linguæ docendæ, familiaritatem, ad religionis veræ contemtum spectantem, exaggerant.* » Ce n'est pas que Bourdelot ne s'entremît auprès de la reine en faveur de ceux de ses compatriotes qu'il savait devoir rester à distance. C'est ainsi, par exemple, qu'auprès de Christine il servit d'intermédiaire à Gassendi, dont la réputation avait attiré l'attention de la Reine et qui s'était empressé, à son tour, de prodiguer à cette princesse ses adorations. Voyez [*Vie de Pierre Gassendi*, par le P. Bougerel. Paris, 1737, in-12, p. 359 et Arckenholtz, t. I, p. 256] la lettre que Christine écrivait à ce rival et contradicteur de Descartes. « Je reste, disait-elle, infiniment obligée à celui (Bourdelot) qui vous a fait connaître une partie des sentiments que j'ai pour vous, et je le suis d'autant plus, puisque ce bon office est un surcroît des autres services

liaison, jusque dans les derniers temps, étroite avec
Roberval, adversaire médiocre et jaloux de Descartes, ne fit qu'accroître pour Descartes sa propre
antipathie; qu'enfin son amour-propre d'inventeur
l'empêcha de reconnaître que Descartes avait, avant

qu'il m'a rendus. Et encore que je confesse lui devoir la
restitution de ma santé et de ma vie, et qu'il semble
qu'après cela il ne puisse rien ajouter à ce que je lui dois;
néanmoins j'avoue que l'obligation de m'avoir procuré ces
assurances de votre estime égale tous les autres services
dont je lui suis redevable... Puisqu'il ne m'est pas permis
d'espérer le bien de pouvoir en votre présence vous professer mon estime et ma bienveillance, permettez au moins
que mes lettres vous assurent des sentiments avantageux que
je conserverai toute ma vie pour vous, et que les vôtres me
puissent donner les confirmations de votre bonne volonté.
Souffrez que mes lettres interrompent quelquefois vos méditations et votre loisir. Je vous consulterai comme l'oracle
de la vérité pour m'éclaircir de mes doutes, et si vous
voulez prendre la peine d'instruire mon ignorance, vous ne
ferez autre chose, sinon augmenter le nombre de ceux qui
savent vous estimer dignement. Je vous prie de croire que
j'observerai vos préceptes aussi religieusement que l'on est
accoutumé d'observer les dogmes des plus célèbres législateurs. » Cette lettre est du 27 septembre 1652. Quel éclectisme
que celui de Christine, et comme Descartes est vite par elle
oublié! Bourdelot, qui finit pas s'aliéner Christine, chercha
à remédier à sa fortune, en se faisant abbé à son retour en
France, et quel abbé! Avant de devenir médecin de la reine
de Suède, il avait été celui du grand Condé. M. Cousin
(*Jacqueline Pascal*, p. 400), en transcrivant la réponse que
fit Bourdelot à la lettre que Pascal lui avait adressée à luimême pour le prier de remettre sa dédicace à la reine,
ajoute : « Dans cette réponse, sous des éloges très mérités
de Pascal se cache plus d'un trait contre Descartes qui
venait de mourir, et qui, après comme avant sa mort, a
toujours eu l'honneur de réunir contre lui les esprits
médiocres de tous les temps. »

lui, affirmé la pesanteur de l'air, ou, du moins, que c'était en partie, en grande partie, à ses suggestions pressantes qu'il devait d'avoir réalisé les expériences qui assuraient à cette vérité la consécration d'une démonstration définitive.

IV

La question de la pesanteur de l'air et la question du vide sont deux questions qu'il faut se garder de confondre. En effet, quoique connexes, ces deux problèmes restent distincts et n'appellent point nécessairement la même solution. On peut affirmer la pesanteur de l'air et nier le vide. On peut, au contraire, affirmer le vide tout en affirmant la pesanteur de l'air. C'est précisément cette diversité de vues qui se rencontre chez Descartes et chez Pascal. Descartes, qui, de très bonne heure, a reconnu la pesanteur de l'air, a, de tout temps, rejeté le vide. Pour lui tout est plein; ce qui semble vide est rempli d'une matière qu'il appelle matière subtile; c'est dans le plein que le mouvement se produit circulairement. Il est permis sans doute de critiquer la théorie Cartésienne du mouvement et du plein, c'est-à-dire la doctrine de Descartes sur la matière. « Je ne puis goûter l'idée que Descartes s'est faite de la matière, remarquait Huyghens; elle équivaut pour moi à l'idée du vide. » Et ce n'était point de la part de Leibniz une illusion, que de prétendre réformer la philosophie première, *de primæ philosophiæ emendatione*, en y rectifiant l'idée de substance, parce que, dans l'idée même de substance qui est matière, il introduisait l'idée de force [1]. Néanmoins il est hors de conteste que Descartes a toujours considéré comme un puéril non-sens cet adage si accrédité, que la nature a horreur du vide. Encore un coup, dans son système, tout est plein, et c'est par le mouvement, par la pression, par le refoulement dans le plein, qu'il explique l'ascension des liquides.

Telle n'est pas l'opinion de Pascal. Et d'abord, ce n'est que par degrés et peu à peu que Pascal est parvenu à se déprendre de cette maxime, que la nature a horreur du vide. Lui-même, dans sa relation de l'expérience du puy de Dôme, en fait l'aveu et y indique très clairement la succession des progrès de sa pensée. « Mon cher lecteur, écrit-il, le consentement universel des peuples et la foule des philosophes concourent à l'établissement de ce principe, que la Nature souffrirait plutôt sa destruction propre, que le moindre espace vide. Quelques esprits des plus élevés en ont pris un plus modéré : car encore qu'ils aient cru que la Nature

1. *De primæ philosophiæ emendatione et de notione substantiæ*, Leibn., Opp. ed. Dutens, t. XI, pars 1, p. 18.

a de l'horreur pour le vide, ils ont néanmoins estimé que cette répugnance avait des limites, et qu'elle pouvait être surmontée par quelque violence ; mais il ne s'est encore trouvé personne qui ait avancé ce troisième : que la Nature n'a aucune répugnance pour le vide, qu'elle ne fait aucun effort pour l'éviter, et qu'elle l'admet sans peine et sans résistance [1]. »

En 1648, Pascal ne craint donc pas d'affirmer que personne jusque-là ne s'est encore rencontré, qui ait refusé d'admettre que la nature eût une répugnance quelconque pour le vide. C'est par conséquent à lui et à lui seul, qu'on devra rapporter tout l'honneur de cette découverte. « Les expériences que je vous ai données dans mon Abrégé, ajoute-t-il, détruisent, à mon jugement, le premier de ces principes (la Nature a horreur du vide), et je ne vois pas que le second (cette répugnance de la Nature pour le vide a des limites) puisse résister à celle que je vous donne maintenant : de sorte que je ne fais plus de difficulté de prendre ce troisième, que la Nature n'a aucune répugnance pour le vide ; qu'elle ne fait aucun effort pour l'éviter ; que tous les effets qu'on a attribués à cette horreur, procèdent de la pesanteur et pression de l'air ; qu'elle en est la seule et véritable cause, et que, manque de la connaître, on avait inventé exprès

1. Bossut, *OEuvres de B. Pascal*, t. IV, p. 361.

cette horreur imaginaire du vide, pour en rendre raison [1]. » Et Pascal ajoute ces paroles vraiment étranges sous la plume de l'écrivain superbe qui s'élèvera avec tant d'éloquence contre le respect superstitieux que trop souvent on accorde aux anciens [2] : « Ce n'est pas toutefois sans regret que je me dépars de ces opinions si généralement reçues; je ne le fais qu'en cédant à la force de la vérité qui m'y contraint. J'ai résisté à ces sentiments nouveaux, tant que j'ai eu quelque prétexte pour suivre les anciens; les maximes que j'ai employées en mon Abrégé le témoignent assez. Mais, enfin, l'évidence des expériences me force de quitter les opinions où le respect de l'antiquité m'avait retenu. Aussi je ne les ai quittées que peu à peu, et je ne m'en suis éloigné que par degrés; car, du premier de ces trois principes, que la Nature a pour le vide une horreur invincible, j'ai passé à ce second, qu'elle en a de l'horreur, mais non pas invincible; et de là je suis enfin arrivé à la croyance du troisième, que la Nature n'a aucune horreur pour le vide [3]. »

En 1648, après l'expérience du puy de Dôme,

1. Bossut, *Œuvres de B. Pascal*, t. IV, p. 361.
2. P. Faugère, *Pensées de Pascal*, t. I, p. 91 et suiv. *Préface sur le traité du vide.* « Partageons avec plus de justice notre crédulité et notre défiance, et bornons ce respect que nous avons pour les anciens. Comme la raison le fait naître, elle doit aussi le mesurer, etc. »
3. Bossut, *Œuvres de Pascal*, t. IV, p. 363. Au fond, Pascal est donc beaucoup moins qu'il ne le prétend, dégagé de

Pascal proclame donc que tous les effets qu'on a attribués à l'horreur de la nature pour le vide, procèdent de la pesanteur et de la pression de l'air.

C'est ce qu'il professe plus explicitement encore, s'il est possible, dans ses deux traités *de l'Équilibre des liqueurs* et *de la Pesanteur de la masse de l'air*. Il y a plus; de ce fait enfin reconnu, que l'air est pesant, il déduit immédiatement, avec une sagacité merveilleuse, les plus utiles conséquences. C'est ainsi que la hauteur du mercure dans le baromètre lui semble une indication de l'état de l'atmosphère, « sans comparaison plus certaine que le thermomètre, ou tout autre artifice, cette connaissance pouvant être utile aux laboureurs , aux voya-

superstition en ce qui concerne les opinions des anciens. C'est également en raison de son attachement aux opinions des anciens, et non point sans doute, comme Descartes, par une crainte pusillanime, qu'il n'admet pas explicitement le mouvement de la terre. A la vérité, dans la 18ᵉ *Provinciale*, s'adressant aux Jésuites : « Ce fut en vain, observait-il, que vous obtîntes contre Galilée un décret de Rome, qui condamnait son opinion touchant le mouvement de la terre. Ce ne sera pas cela qui prouvera qu'elle demeure en repos, et si l'on avait des observations constantes qui prouvassent que c'est elle qui tourne, tous les hommes ensemble ne l'empêcheraient pas de tourner et ne s'empêcheraient pas de tourner aussi avec elle. » Mais dans les *Pensées*, « la terre lui paraît comme un point, au prix du vaste tour que le soleil décrit ». C'est ainsi encore que sans se prononcer décidément lui-même sur la valeur du système de Copernic, il dira : « Je trouve bon qu'on n'approfondisse pas l'opinion de Copernic, mais ceci : Il importe à toute la vie de savoir si l'âme est mortelle ou immortelle. » Voyez, sur ce point, E. Havet, *Pensées de Pascal*, t. II, p. 128-131.

geurs, etc., pour connaître l'état présent du temps et le temps qui suivra immédiatement ». De même, « comme nous voyons qu'en tous les lieux qui sont à même niveau, l'eau s'élève à pareille hauteur, et qu'elle s'élève moins en ceux qui sont les plus élevés ; aussi, par le contraire, si nous voyons que l'eau s'élève à pareille hauteur en deux lieux différents, on peut conclure qu'ils sont à même niveau, et si elle ne s'y élève pas à même hauteur, on peut juger par cette différence combien l'un est plus élevé que l'autre : ce qui est un moyen de niveler les lieux, quelque éloignés qu'ils soient, assez exactement et bien facilement, quand même ils seraient Antipodes [1]. » — « Je laisse, continue Pascal avec tout le dédain d'un grand seigneur qui ne compte plus ses richesses, je laisse un grand nombre d'autres conséquences qui s'ensuivent de ces nouvelles connaissances [2]. » Cependant, il le faut ajouter. C'est aussi du fait de la pesanteur de l'air que Pascal a su déduire et les principes de l'hydrostatique et l'invention de la presse hydraulique. Effectivement, écoutez-le. « Si un vaisseau, plein d'eau, clos de toutes parts, a deux ouvertures, l'une centuple de l'autre, en mettant à chacune un piston qui lui soit juste, un homme poussant le petit piston égalera la force de cent hommes qui pousseront

1. Bossut, *OEuvres de B. Pascal,* t. IV, p. 306 et suiv.
2. *Id., ibid.,* p. 367.

celui qui est cent fois plus large, et en surmon-
tera quatre-vingt-dix-neuf. Et quelque proportion
qu'aient ces ouvertures, si les forces qu'on mettra
sur les pistons sont comme les ouvertures, elles
seront en équilibre. D'où il paraît qu'un vaisseau
plein d'eau est un nouveau principe de mécanique,
et une machine nouvelle pour multiplier les forces
à tel degré qu'on voudra, puisqu'un homme par ce
moyen pourra enlever tel fardeau qu'on lui pro-
posera. Et l'on doit admirer qu'il se rencontre en
cette machine nouvelle cet ordre constant qui se
trouve en toutes les anciennes, savoir : le levier, le
tour, la vis sans fin, etc., qui est que le chemin est
augmenté en même proportion que la force [1]. »
Rapprochement d'ailleurs vraiment curieux ! Pascal,
pour faire comprendre en quelle manière l'air est
pesant, se sert exactement de la même comparaison
qu'avait à cet effet employée Descartes dans sa *Lettre*
de 1631. Il compare l'air à de la laine. « Comme il
arriverait en un grand amas de laine, si on en avait
assemblé de la hauteur de vingt ou trente toises,
que cette masse se comprimerait elle-même par son
propre poids, et que celle qui serait au fond serait
bien plus comprimée que celle qui serait au milieu,
ou près du haut, parce qu'elle serait pressée d'une
plus grande quantité de laine; ainsi la masse de

1. Bossut. *OEuvres de B. Pascal,* t. IV, p. 226 et suiv.

l'air, qui est un corps compressible et pesant aussi
bien que la laine, se comprime elle-même par son
propre poids; et l'air, qui est en bas, c'est-à-dire
dans les lieux profonds, est bien plus comprimé que
celui qui est plus haut, comme au sommet des montagnes, parce qu'il est chargé d'une plus grande
quantité d'air. Comme il arriverait en cette masse
de laine, que si l'on en prenait une poignée de celle
qui est dans le fond, dans l'état pressé où on la
trouve, et qu'on la portât, en la tenant toujours
pressée de la même sorte, au milieu de cette masse,
elle s'élargirait d'elle-même, étant plus proche du
haut, parce qu'elle aurait une moindre quantité de
laine à supporter en ce lieu-là; ainsi si l'on portait
de l'air, tel qu'il est ici-bas et comprimé comme il y
est, sur le sommet d'une montagne, par quelque
artifice que ce soit, il devrait s'élargir lui-même, et
devenir au même état que celui qui l'environnerait
sur cette montagne, parce qu'il serait chargé de
moins d'air en cet endroit-là, qu'il n'était au bas;
et, par conséquent, si on prenait un ballon à demi
plein d'air seulement, et non pas tout enflé comme
ils le sont d'ordinaire, et qu'on le portât sur une
montagne, il devrait arriver qu'il serait plus enflé
au haut de la montagne, et qu'il devrait s'élargir à
proportion qu'il serait moins chargé; et la différence devrait en être visible, si la quantité d'air qui
est le long de la montagne, et de laquelle il est

déchargé, a un poids assez considérable pour causer un effet et une différence sensible [1]. » On se le demande : entre les paroles de Pascal et celles de Descartes, n'y a-t-il donc qu'une simple coïncidence ? Est-ce uniquement par hasard qu'ils se sont l'un et l'autre avisés de comparer l'air à de la laine ? Ou plutôt, n'est-il pas fort raisonnable de trouver dans le langage de Pascal comme un écho de ses entretiens avec Descartes, et dans la comparaison à laquelle Pascal a recours, comme une réminiscence d'une comparaison familière à Descartes, et qu'il avait sans doute employée pour persuader Pascal lui-même que l'air est pesant. Plus on y regarde de près et plus on se convainc, en dépit de revendications altières et d'assertions tranchantes, que c'est à Descartes notamment, à Descartes plus qu'à tout autre, que Pascal est redevable de sa découverte de la pesanteur de l'air.

Toutefois, de ce que Pascal en est venu à reconnaître que l'air est pesant et a tiré de ce fait les plus fécondes conséquences, s'ensuit-il qu'il conclue également qu'il n'y a pas de vide ? Pas le moins du monde. Sans doute plus tard il écrira : « Qu'y a-t-il de plus absurde que de dire que des corps inanimés ont des passions, des craintes, des horreurs, que des corps insensibles, sans vie et même incapables

1. Bossut, *Œuvres de B. Pascal*, t. IV, p. 257 et suiv.

de vie, aient des passions, qui présupposent une
âme au moins sensitive pour les ressentir; de plus,
que l'objet de cette horreur fût le vide? Qu'y a-t-il
dans le vide qui puisse leur faire peur? Qu'y a-t-il
de plus bas et de plus ridicule. Ce n'est pas tout
qu'ils aient en eux-mêmes un principe de mouvement pour éviter le vide? Ont-ils des bras, des jambes, des muscles, des nerfs [1]? » Néanmoins, même
alors, Pascal ne niera pas le vide, non plus qu'il ne
le nie en 1648. Car, tandis que Descartes parle uniquement de la matière, Pascal parle encore de la
Nature. Tandis que Descartes, en affirmant la pesanteur de l'air affirme le plein, Pascal, en reconnaissant que l'air est pesant, continue, avec Galilée,
avec Torricelli, d'affirmer le vide. Il n'a pas assez
de moqueries pour la matière subtile de Descartes,
quelles que soient les explications que celui-ci ait pu
lui fournir. Il tient invariablement qu'il y a du vide,
et en 1648, comme apparemment plus tard et toujours, son opinion relativement au vide reste telle
qu'il l'a exposée en 1647 dans la publication intitulée : *Nouvelles expériences touchant le vide*, ou
encore : *Expériences touchant le vide, faites dans des
tuyaux, seringues, soufflets et siphons de plusieurs
longueurs et figures; avec diverses liqueurs, comme vif-
argent, eau, vin, huile, air, etc.; avec un discours sur*

____

1. *Les Pensées de Blaise Pascal*, édit. Molinier, t. II, p. 150.

le même sujet, où est montré qu'un vaisseau si grand qu'on pourra le faire, peut être rendu vide de toutes les matières connues en la Nature, et qui tombent sous nos sens, et quelle force est nécessaire pour faire admettre ce vide. — Dédié à M. Pascal, Conseiller du roi en ses Conseils d'État et privé, par le sieur B. Pascal, son fils, le tout réduit en abrégé et donné par avance d'un plus grand Traité sur le même sujet [1].

Dans cette publication, dont il importait de rapporter le titre, malgré sa prolixité, Pascal professe manifestement le vide. Quelle est donc la valeur de cette opinion? Comment Pascal l'a-t-il défendue? Et, en définitive, doit-on être avec Pascal pour le vide, ou, avec Descartes, pour le plein?

Pascal commence par rappeler qu'après avoir renouvelé l'expérience de Torricelli, « faisant réflexion en lui-même sur les conséquences de cette expérience, elle le confirma dans la pensée où il avait toujours été, que le vide n'était pas une chose impossible dans la Nature, et qu'elle ne le fuyait pas avec tant d'horreur que plusieurs se l'imaginent. » Pascal, d'autre part, termine tout son discours par la conclusion suivante, dans laquelle il exprime son sentiment définitif. « Après avoir démontré, écrit-

---

1. Ce grand *Traité* projeté semble s'être réduit aux petits *Traités de l'Équilibre des liqueurs* et *de la Pesanteur de la masse de l'air*, qui, composés en 1653, ne parurent qu'en 1663, un an après la mort de Pascal; Paris, Guill. Desprez, in-12, Cf. Bossut, *OEuvres de B. Pascal*, t. IV, p. 51 et 222, et notes.

il, qu'aucune des matières qui tombent sous nos sens et dont nous avons connaissance, ne remplissent cet espace vide en apparence, mon sentiment sera jusqu'à ce qu'on m'ait montré l'existence de quelque matière qui le remplisse, qu'il est véritablement vide et destitué de toute matière [1]. » On ne saurait par conséquent soutenir d'une façon plus décidée qu'il y a du vide.

En produisant un tel sentiment, Pascal appelait donc, défiait même, ce semble, la contradiction. Aussi, dès 1647, fut-il attaqué, notamment dans une lettre que lui écrivit un Jésuite, le P. Étienne Noël, recteur à Paris du Collège de Clermont [2]. Une réponse de Pascal amena une réplique du P. Noël [3], laquelle laissa, paraît-il, Pascal mal satisfait. C'est pourquoi, dans des explications qu'il crut devoir, cette même année 1647, adresser à Le Pailleur et qu'il publia, Pascal exposait les motifs qui le déterminaient à interrompre le commerce de lettres, où le R. P. Noël « lui avait fait l'honneur de l'engager [4] ». Celui-ci, de son côté, en physique du moins, Cartésien d'intention [5] presque

1. Bossut, *OEuvres de B. Pascal*, t. IV, p. 66.
2. *Id., ibid.*, p. 69 et suiv.
3. *Id., ibid.*, p. 91 et suiv.
4. *Id., ibid.*, p. 137 et suiv.
5. Tout en admettant la pesanteur de l'air, le P. Noël imaginait qu'une matière subtile semblable à celle de Descartes pénétrait les pores du tuyau de verre où l'on avait fait le vide et y rétablissait le plein.

autant que Péripatéticien, sans rien céder de son opinion favorable au plein, prenait le parti de ne plus argumenter directement et uniquement contre Pascal. En 1648, dans un nouvel écrit qu'il dédiait au prince de Conti et qu'il intitulait *le Plein du Vide*, tout en s'appliquant à démontrer que les partisans du vide sont inévitablement conduits à affirmer le plein, il affectait de s'en prendre non plus seulement à Pascal, mais aussi et tout d'abord à ce Capucin, qui avait tenté de s'approprier les expériences de Torricelli, au P. Valérien Magni [1]. Un tel biais était sans doute assez gauche. Rien pourtant n'obligeait Pascal à rompre le silence et son débat avec le P. Noël semblait être clos. Aussi bien, Pascal ne pouvait-il pas considérer sa lettre publique à Le Pailleur comme une réfutation suffisante et de la réplique du P. Noël et, par anticipation, de sa dissertation dédiée au prince de Conti [2]?

1. C. Bossut, *OEuvres de B. Pascal*, t. IV, p. 108 et suiv. « Tout ce discours, concluait le P. Noël, est une confirmation de l'opinion commune, que dans le monde il n'y a point de vide. »

2. *Id., ibid.*, p. 170. « Comme j'écrivais ces dernières lignes, disait Pascal à Le Pailleur, le P. Noël m'a fait l'honneur de m'envoyer son livre, qu'il intitule *le Plein du Vide;* il a donné charge à celui qui a pris la peine de l'apporter, de m'assurer qu'il n'y avait rien contre moi, et que toutes les paroles qui paraissaient aigres, ne s'adressaient pas à moi, mais au R. P. *Valerianus Magnus*, Capucin; et la raison qu'il m'en a donnée est que ce Père soutient affirmativement le vide, au lieu que je fais seulement profession de m'op-

Mais les choses ne se passèrent point ainsi.

A la vérité, ce ne fut pas Blaise Pascal qui prit la parole, ce fut Étienne Pascal, auquel les *Nouvelles expériences* étaient dédiées. Blessé au vif dans son orgueil de père, Étienne Pascal, en effet, n'hésita point à venger ce qu'il estimait un outrage, et, sollicité par son fils même « de faire entendre au P. Noël sa juste plainte de l'avoir, sans occasion quelconque, provoqué », il lui adressa de Rouen en 1648 une fulminante épître. « Le véritable sujet de la plainte que mon fils fait de votre procédé, lui disait-il, consiste, mon Père, en ce que, par le titre de votre livret, par la lettre dédicatoire à Son Altesse, vous avez usé d'une façon d'écrire tellement injurieuse, qu'il n'y a que vos seuls ennemis capables de l'approuver, pour vous accoutumer peu à peu à l'usage d'un style impropre à toutes choses, sinon à causer des déplaisirs sans nombre. Et certainement, mon Père, quoique je ne sois pas assez heureux pour avoir le bien de votre connaissance, je ne puis vous dissimuler que vous l'avez été beaucoup, d'avoir entrepris, à si bon marché, de vous commettre en style d'injures contre un jeune homme, qui, se voyant provoqué sans sujet, je dis sans aucun sujet, pouvait, par l'amertume de

poser à ceux qui décident sur ce sujet. Mais le P. Noël m'en aurait mieux déchargé, s'il avait rendu ce témoignage aussi public que le soupçon qu'il en a donné. »

l'injure et par la témérité de l'âge, se porter à repousser vos invectives, de soi très mal établies, en termes capables de vous causer un éternel repentir. Vous me direz peut-être que vous n'eussiez pas demeuré sans répartie. Mais estimez-vous qu'il fût de sa part demeuré dans le silence? Et ainsi où eût été le bout de ce beau combat? Vous n'avez donc pas été malheureux d'avoir eu affaire à un jeune homme, lequel, par une modération de nature, qui ne s'accorde pas toujours avec cet âge, au lieu d'en venir à ces extrémités désavantageuses à l'un et à l'autre, mais beaucoup plus à vous, a pris une autre voie pour vous faire entendre sa plainte. C'est par la juste condescendance que j'ai rendue à sa prière que je vous la porte; mais sans injure, sans invective, sans user des termes de *faussetés, d'impostures, d'expériences mal reconnues et encore plus mal avérées*, etc. [1]. »

Né en 1623, Blaise Pascal n'avait pas moins de vingt-cinq ans, lorsque Étienne Pascal son père, prenant sa défense, se chargeait d'exprimer de la

1. Bossut, *OEuvres de B. Pascal*, t. IV, p. 177 et suiv. Particularité piquante! Dans cette lettre où il reproche avec la dernière vivacité au P. Noël le titre même de son livret qu'il appelle « un abrégé de dérision », Étienne Pascal se déclare mal convaincu de la réalité des effets produits par la pesanteur de l'air. « Je veux, écrit-il, proposer à mon fils quelques difficultés qui m'empêchent d'acquiescer, comme il semble le faire, à l'opinion touchant la suspension du vif argent dans le tube par la pesanteur de la colonne d'air. »

sorte son ressentiment. Il est impossible de ne pas le remarquer. En représentant au P. Noël que Blaise Pascal aurait pu repousser ses invectives « en termes capables de lui causer un éternel repentir », Étienne Pascal n'annonce-t-il pas les *Provinciales* [1]? Et n'est-il pas aisé de s'expliquer, en partie, l'indignation que les *Petites Lettres* déverseront à pleins bords, si l'on songe aux rancunes qu'avaient pu accumuler dans l'âme du jeune Blaise et les procédés du P. Noël et ceux des Jésuites de Montferrand [2]. Évidemment, lorsque commença leur lutte contre la Compagnie de Jésus, Arnauld et ses amis devaient trouver en Pascal un auxiliaire tout disposé à les seconder.

Cependant, des récriminations, non plus que des injures, ne prouvent rien. Qui donc avait raison du P. Noël [3] qui défendait la théorie Carté-

---

1. M. Sainte-Beuve a vu lui-même dans ce passage une sorte de prophétie des *Provinciales*. (*Histoire de Port-Royal*, t. II, p. 468.)

2. Si Pascal n'a pas été heureux avec les Jésuites, les Jésuites non plus n'ont pas été heureux avec Pascal. Ainsi lisez les pages ironiques et véhémentes que Pascal a écrites sur le P. Lallouère, Jésuite de Toulouse, à propos de la Roulette. On croit lire les *Provinciales*. Bossut, *Œuvres de B. Pascal*, t. V, p. 163 et suiv. *Histoire de la Roulette, appelée autrement Trochoïde, ou Cycloïde. — Suite de l'Histoire de la Roulette,* « où l'on voit le procédé d'une personne, qui avait voulu s'attribuer l'invention des problèmes proposés sur ce sujet. »

3. Sur le P. Noël, voyez Baillet, *Ouvr. cit.*, 2ᵉ partie, p. 285. « Le P. Noël, Lorrain de naissance, survéquit plus de neuf ans à Descartes. Ils s'étaient apparemment connus à la Flèche, où le P. Noël avait régenté, avant que d'y être recteur. »

sienne du plein, ou de Pascal qui soutenait le vide.

A y réfléchir, on en conviendra : les arguments sur lesquels se fonde Pascal pour affirmer le vide ne présentent pas une grande force. Car tous ces arguments reviennent à dire qu'un espace est véritablement vide, tant qu'il est destitué de toutes les matières qui tombent sous nos sens et dont nous avons connaissance. Mais quoi! s'il y a des corps qui tombent sous les sens et dont les propriétés sont organoleptiques, n'y a-t-il pas des corps qui ne tombent point sous les sens et dont les propriétés sont inorganoleptiques? « Je considère, remarquait très bien Descartes, plusieurs parties en chaque corps, qui sont si petites qu'elle ne peuvent être senties, et je sais bien que cela ne sera pas approuvé par ceux qui prennent leurs sens pour la nature des choses qui se peuvent connaître. Mais, c'est, ce me semble, faire grand tort au raisonnement humain, que de ne pas vouloir qu'il aille plus loin que les yeux; il n'y a personne qui puisse douter qu'il n'y ait des corps qui sont si petits, qu'il ne peuvent être aperçus par aucun de nos sens [1]. » Qu'eût pu répondre Pascal à de semblables paroles? Pascal du moins pouvait-il judicieusement prétendre « que nous trouvons plus de sujet de nier l'existence d'une matière (qui ne tombe pas sous nos sens), parce qu'on ne peut pas

---

1. *OEuvres compl.*, t. III, p. 149, *Principes*, 2ᵉ partie.

la prouver, que de la croire, par la seule raison
qu'on ne peut montrer qu'elle n'est pas [1] ? » Notre
connaissance est-elle donc, en tout, la mesure de
l'existence ou de la non-existence des corps? « Combien les lunettes, observait Pascal lui-même, nous
ont-elles découvert d'astres qui n'étaient point pour
nos philosophes d'auparavant [2] ! » Combien, remarquerons-nous aussi, à notre tour, la physique, la
chimie et la micrographie nous ont-elles découvert
de corps qu'antérieurement la science n'avait aucunement soupçonnés! D'ailleurs, est-il possible de
concevoir cet espace vide dont parle Pascal? Assurément, la physique du P. Noël laisse beaucoup à
désirer, et c'est à bon droit que Pascal a pu se
moquer de ce que son adversaire dit de la lumière,
qu'il définit « un mouvement luminaire des rayons,

1. Bossut, *OEuvres de B. Pascal*, t. IV, p. 83 et 163. « Mais,
monsieur, écrivait Pascal à Le Pailleur, je vous laisse à
juger, lorsqu'on ne voit rien et que les sens n'aperçoivent
rien dans un lieu, lequel est mieux fondé, ou de celui qui
affirme qu'il y a quelque chose, quoiqu'il n'aperçoive rien,
ou de celui qui pense qu'il n'y a rien, parce qu'il ne voit
aucune chose ? »

2. *Les Pensées de Blaise Pascal*, édit. Molinier, t. I, p. 197.
Cf. *Id., ibid.*, p. 126. « Il y a des herbes sur la terre, nous les
voyons, de la lune on ne les verrait pas. Et sur ces herbes
des poils et dans ces poils de petits animaux, mais après
cela, plus rien. O présomptueux! Les insectes sont composés d'éléments, et les éléments, non. O présomptueux!
voici un trait délicat. Il ne faut pas dire qu'il y a ce qu'on
ne voit pas, il faut donc dire comme les autres, mais ne pas
penser comme eux. »

composés des corps lucides qui remplissent les corps transparents, et ne sont mus luminairement que par d'autres corps lucides [1]. » Toutefois, et dès le début, le P. Noël propose contre le vide une objection dont Pascal, malgré toutes les ressources de sa dialectique et toute la vigueur de son génie, ne parviendra point à se dégager. « J'ai lu vos *Expériences touchant le vide*, que j'estime fort belles et ingénieuses, écrivait le P. Noël à Pascal ; mais je n'entends pas ce vide apparent qui paraît dans le tube, après la descente, soit de l'eau, soit du vif-argent. Je dis que c'est un corps, puisqu'il a les actions d'un corps, qu'il transmet la lumière avec réfraction et réflexion, qu'il apporte du retardement au mouvement d'un autre corps, ainsi qu'on peut remarquer en la descente du vif-argent, quand le tube plein de ce vide par le haut est renversé ; c'est donc un corps qui prend la place du vif-argent. Il faut maintenant voir quel est ce corps [2]. » Et dans sa réplique, le P. Noël, en insistant, ajoutait : Quand je disais dans ma lettre que tout ce qui est espace est corps, je croyais dire une chose évidente

---

1. Bossut, *OEuvres de B. Pascal,* t. IV, p. 75. Cf. *Pensées,* édit. Faugère, t. I, p. 129. « J'en sais, écrivait Pascal qui n'avait point oublié le P. Noël, j'en sais qui ont défini la lumière en cette sorte : la lumière est un mouvement luminaire des corps lumineux, comme si on pouvait entendre les mots de luminaire et de lumineux sans celui de lumière. »
2. Bossut, *Œuvres de B. Pascal,* t. IV, p. 67.

ét convaincante d'elle-même en matière de vide apparent ou véritable, que je supposais comme chose
évidente n'être ni esprit ni accident d'aucun corps,
d'où il se déduit nécessairement qu'il est corps [1]. »

Descartes appelait ce corps la matière subtile, et
Pascal ne pouvait assez s'étonner « qu'il établît
dans tout l'univers une matière universelle, imperceptible et inouïe, de pareille substance que le ciel
et les éléments [2]. » Les chimistes contemporains
appellent cette matière l'éther [3] ; hier, après Faraday,
M. Crookes l'appelait matière radiante. Matière
subtile , éther , matière radiante , matière ga-
zeuse ou à l'état ultra-gazeux, c'est toujours un

---

1. Bossut, *OEuvres de B. Pascal*, t. IV, p. 93.
2. *Id., ibid.*, p. 90.
3. Wurtz, *La théorie atomique*, in-8, Paris, 1879, 2ᵉ édit.,
p. 225. « L'éther n'est point le vide : c'est un milieu formé
par une matière très raréfiée, élastique, agitée par des
vibrations perpétuelles qui se transmettent de la matière
atomique à l'éther et de l'éther à la matière atomique. Est-ce
un milieu homogène, continu? Est-il formé lui-même par
des atomes de second ordre, sortes de monades, qui forme-
raient, par leur agrégation, la matière pondérable elle-
même? C'est une question que l'on peut poser, mais qu'il
est impossible de résoudre. Poisson penchait vers l'hypothèse de la discontinuité de l'éther : il lui semblait difficile
d'admettre que les vibrations lumineuses pussent se propager transversalement dans un milieu continu. Tel qu'il
est, ce milieu insaisissable et impondérable a pourtant une
densité, et d'après une hypothèse renouvelée de Lesage,
celle des atomes transmondains, c'est l'effort de ce fluide
qui ferait graviter les uns vers les autres les astres du
monde visible. »

corps. Or, sait-on quelles sont les propriétés de
cette matière répandue dans des espaces réputés
vides?

« D'après les autorités les plus compétentes,
écrit M. Crookes, une boule de verre d'un dia-
mètre de 0 m. 135 renfermerait plus d'un septillion
de molécules, ou particules matérielles. Un septillion! c'est l'unité suivie de vingt-quatre zéros; et
si vous divisez cette quantité par un million, le quotient représentera le nombre de molécules d'air
contenues dans la boule dont il s'agit, après que
l'air aura été raréfié à un millionième d'atmosphère.
Ce quotient est un quintillion, c'est-à-dire l'unité
suivie de dix-huit zéros....

« Pour donner une idée de ce nombre énorme,
poursuit M. Crookes, je prends le ballon dans lequel
j'ai fait le vide (à un millionième d'atmosphère), et
je le perce avec l'étincelle de la bobine d'induction.
Cette étincelle produit une ouverture tout à fait
microscopique, mais qui est pourtant assez grande
pour permettre aux molécules gazeuses de pénétrer
dans le ballon et de détruire le vide... Supposons
que la petitesse des molécules soit telle, qu'il en
entre dans le ballon cent millions par seconde
(supposition bien au-dessous de la réalité). Combien de temps croit-on qu'il faille dans ces conditions pour que ce petit récipient se remplisse d'air
(à la tension ordinaire)? Sera-ce une heure, un

jour, une année, un siècle ? Il faudra presque une éternité, un temps si énorme que l'imagination elle-même est impuissante à le bien concevoir. Si l'on suppose qu'on ait fait le vide dans un ballon de cette grosseur, rendu indestructible, et que ce ballon ait été percé lors de la création du système solaire; si l'on suppose que ce ballon existât à l'époque où la terre était informe et sans habitants; si l'on suppose qu'il ait été témoin de tous les changements merveilleux qui se sont produits pendant toute la durée de tous les cycles des temps géologiques, qu'il ait vu apparaître le premier être vivant, et qu'il doive voir disparaître le dernier homme; si l'on suppose qu'il doive durer assez pour voir s'accomplir la prédiction des mathématiciens, d'après laquelle le soleil, source de toute énergie sur la terre, doit n'être plus qu'une cendre inerte quatre millions de siècles après sa formation, si l'on suppose tout cela, — avec la vitesse d'entrée que nous avons admise pour l'air, vitesse égale à cent millions de molécules par seconde, ce petit ballon aura à peine reçu un septillion de molécules. — Quand les nombres sont si considérables, ils cessent d'avoir un sens pour nous, et ces calculs sont aussi inutiles que s'il s'agissait de compter les gouttes d'eau contenues dans l'océan [1]. »

1. Crookes, *Revue scientifique*, t. XVII, p. 395.

Aussi bien, qu'est-ce donc, en dernière analyse, pour Pascal que le vide [1]? Car, après tout, il le faut définir, et Pascal le définit dans sa lettre à Le Pailleur.

« L'espace vide tient le milieu entre la matière et le néant; il diffère du néant par ses dimensions; son irrésistance et son immobilité le distinguent de la matière : tellement qu'il se maintient entre ces deux extrêmes, sans se confondre avec aucun des deux. — Il est vrai que l'espace n'est ni corps, ni esprit, mais il est espace; ainsi le temps n'est ni corps, ni esprit, mais il est temps, et comme le temps ne laisse pas d'être, quoiqu'il ne soit aucune de ces choses, ainsi l'espace peut bien être, sans être pour cela ni corps, ni esprit [2]. »

1. Cf. *Les Pensées*, etc., édit. Molinier, t. I, p. 81. « Parce, dit-on, que vous avez cru dès l'enfance qu'un coffre était vide lorsque vous n'y voyez rien, vous avez cru le vide possible. C'est une illusion de vos sens, fortifiée par la coutume, qu'il faut que la science corrige. Et les autres disent : Parce qu'on vous a dit dans l'École, qu'il n'y a point de vide, on a corrompu votre sens commun, qui le comprenait si nettement avant cette mauvaise impression, qu'il faut corriger en recourant à votre première nature. Qui a donc trompé, les sens ou l'instruction ? »

2. Bossut, *Œuvres de B. Pascal*, t. IV, p. 155 et suiv. Déjà, dans sa réponse au P. Noël, Pascal avait écrit : « La différence essentielle qui se trouve entre l'espace vide et le corps, qui a longueur, largeur et profondeur, est que l'un est immobile et l'autre mobile... d'où l'on peut voir qu'il y a autant de différence entre le néant et l'espace vide, qu'entre l'espace vide et le corps matériel ; et qu'ainsi l'espace vide tient le milieu entre la matière et le néant. » Serait-ce

Voilà quelles sont les définitions que donne Pascal du temps et de l'espace. De cette façon, afin de justifier une abstraction qu'il réalise, l'abstraction de l'espace ou du vide, Pascal réalise une autre abstraction, l'abstraction du temps. « Cette proposition qu'un espace est vide, prenant le vide pour une privation de tout corps, écrivait le P. Noël, non seulement répugne au sens commun, mais de plus se contredit manifestement; elle dit que ce vide est espace et ne l'est pas, ou présuppose qu'il est espace; or, s'il est espace, il n'est pas ce vide qui est privation de tout corps, puisque tout espace est nécessairement corps; qui entend ce qui est corps comme corps, entend un composé de parties les unes hors des autres... et ces différences ne s'attachent point au vide, pris pour une privation de tout corps, et par conséquent pour un néant dont Aristote parle quand il dit : *Non entis non sunt differentiæ* [1]. »

A notre tour, nous le demanderons à Pascal : qu'est-ce que l'espace ou le vide, sans quelque être qui soit étendu? Et qu'est-ce que le temps, sans quelque être qui dure? Newton et Clarke, d'un côté, et, d'un autre côté, Leibniz, qui sont entrés à propos de la nature du temps et de l'espace en de si savantes

donc dans ses entretiens avec le Chevalier de Méré que Pascal aurait puisé cette étrange doctrine? Voyez plus loin : *Pascal et le Chevalier de Méré.*

1. Bossut, *Œuvres de B. Pascal,* t. IV, p. 73 et suiv.

controverses [1], Newton, Clarke et Leibniz, tout en
professant sur la nature du temps et de l'espace les
opinions les plus différentes, s'accordaient du moins
à reconnaître que ni le temps ni l'espace ne sont
en eux-mêmes des réalités. En cela, Newton, Clarke
et Leibniz avaient raison. Le temps et l'espace sont
des manières d'être, ce ne sont pas des êtres.

Kant lui-même, sous certains rapports, ne se
trompait point, lorsqu'il ne voyait dans l'espace et
le temps que deux modes de la sensibilité [2]. Son
erreur a été de croire que ces modes sont comme des
moules intérieurs qui déterminent les objets, au lieu
que ce sont les objets qui déterminent en quelque
façon les moules intérieurs qui sont les modes. Il a
erré, en imaginant que ce sont les abstractions que
nous imposons aux réalités, tandis que ce sont les
réalités qui nous suggèrent les abstractions. Effectivement, si le temps et l'espace sont des abstractions, il n'y en a pas moins de l'objectif dans le temps
et dans l'espace. Car le temps et l'espace ne sont
des abstractions que parce qu'ils sont détachés de
certaines réalités. Ces réalités, pour ce qui est de
l'univers matériel, ce sont les corps. Le fait de l'existence des corps, ou la collection de leurs durées,

1. *Leibnitii Opera omnia*, t. II, pars 1, p. 105 et suiv. —
Qu'il me soit permis de renvoyer aussi à mon ouvrage intitulé : *La Philosophie de Leibniz*, Paris, 1861, in-8, p. 400
et suiv.
2. *Critique de la raison pure spéculative.*

voilà le temps. Leur essentielle manière d'être ou leur étendue, voilà l'espace. Mais, considérés en physique, indépendamment des corps, le temps et l'espace ne sont, encore un coup, que de purs abstraits.

Il est vrai qu'on a souvent reproché aux défenseurs de la théorie du plein, de se trouver hors d'état d'expliquer la possibilité du mouvement des corps dans le plein. Vainement les partisans du vide reconnaissent-ils que le mouvement d'une sphère sur son axe est possible dans le plein. Il n'en est pas de même, suivant eux, du mouvement direct et progressif. Ils soutiennent qu'un corps ne peut se mouvoir en ligne droite, s'il ne vient à occuper le lieu que remplissait un autre corps, et qu'en conséquence, quelque circulation qu'on imagine, le mouvement ne pourra jamais commencer, à moins que le corps qui doit le premier céder la place, ne rencontre un vide où il se jette, afin de ne plus empêcher les mouvements des autres corps qui le pressent. Cependant, comme l'a fort bien remarqué Gerdil dans son *Examen des principes de Locke*, il suffit de consulter l'expérience pour avoir facilement raison de cette objection. « L'eau, personne ne l'ignore, est composée de particules extrêmement ténues et si dures qu'elles paraissent absolument incapables d'être comprimées. Effectivement, qu'on remplisse d'eau une sphère creuse, formée d'une lame d'or très mince,

et qu'on la mette sous une machine à compression.
On s'assurera, ce qui a été depuis longtemps expé-
rimenté, qu'il est impossible de faire changer de
figure à cette sphère pendant qu'elle est exactement pleine d'eau, et qu'ainsi l'eau ne peut être
condensée. D'autre part, l'expérience démontre que
si, dans une bouteille remplie d'eau, on renferme
un corps solide et pesant, une balle de plomb par
exemple, et qu'ensuite, après l'avoir exactement
bouchée, on renverse la bouteille, la balle de
plomb ne laisse pas que de descendre et de tra-
verser l'eau aussi librement qu'elle le ferait si la
bouteille était ouverte. Or, quand cette balle commence à se mouvoir, et quelque chance d'erreur
qu'on suppose provenir de l'état de l'eau, on
demande où est l'espace vide assez considérable
pour que les particules d'eau puissent s'y jeter et
faire place à la balle? Le mouvement dans le plein
est donc possible en tous sens [1]. » Descartes, en
proposant sa théorie des tourbillons, n'avait point
hésité à affirmer le mouvement dans le plein. C'était
aussi le sentiment de Leibniz. « Locke, écrivait-il,
juge que le vide est nécessaire pour le mouvement,
parce qu'il croit que les petites parties de la ma-

---

1. *L'immortalité de l'âme démontrée contre M. Locke par
les mêmes principes, par lesquels ce philosophe démontre
l'existence et l'immatérialité de Dieu*, etc. Turin, 1747, in-4,
en deux parties, 1re partie, p. 87 et suiv.

tière sont raides... Ce sont là les atomes d'Épicure...
J'avoue que si la matière était composée de telles
parties, le mouvement dans le plein serait impossible, comme si une chambre était pleine de petits
cailloux, sans qu'il y eût la moindre place vide...
Mais, dans la vérité, il n'y a point de dureté originale; au contraire, la fluidité est originale, et les
corps se divisent suivant le besoin, puisqu'il n'y a
rien qui l'empêche... toutes les parties de la matière
sont divisibles et pliables [1]. » On aurait définitivement, croyons-nous, abandonné cette objection
surannée qui se tire de l'incompatibilité prétendue
du mouvement et du plein, si l'on s'était fait une
plus juste idée à la fois du mouvement et du plein,
du mouvement et du vide.

En effet, qu'est-ce que le vide? Répétons-le, un
pur néant. Qu'est-ce que le plein? L'être même des
corps. Qu'est-ce que le mouvement? Une propriété
des corps, propriété aussi réelle que la longueur,
la largeur et la profondeur; propriété qui se trans-
forme comme les autres propriétés des corps, et qui
devient tour à tour, à l'égal du Protée antique,
lumière, chaleur, électricité, magnétisme, affinité
chimique, pesanteur. A ce compte, loin qu'il y ait

---

1. *Nouveaux Essais, Avant-propos; Ibid.*, liv. II, ch. IV, § 4.
De la solidité, et ch. XIII, § 23, Des modes simples et pre-
mièrement de ceux de l'espace. — *Réflexions sur l'Essai de
l'entendement humain de M. Locke.*

entre le mouvement et le plein la moindre opposition, le mouvement ne peut pas plus se concevoir
sans le plein, que sans l'être la manière d'être. Il
n'y a de réel que le plein. La conception du vide ne
comprend rien de positif; elle n'est qu'une négation
de la conception du plein.

Sans doute les corps sont inertes, c'est-à-dire
indifférents au mouvement et au repos. Mais ce
serait se tromper grandement que d'entendre par
inertie la complète absence de mouvement dans
tous les corps, et non point uniquement la possibilité pour un corps d'éprouver certaines modifica-
tions qui ne viennent pas de lui, et que par lui-
même il ne peut détruire. Au fond, le concept du
repos, non plus que le concept du vide, n'est qu'un
concept négatif. Oui, tout est translation ou effort,
ou mieux encore, tout est simultanément effort et
translation. Le repos même pourrait être considéré
comme une certaine détermination du mouvement
des corps, comme un moindre mouvement ou plutôt
comme une action réelle par laquelle les corps résis-
tent à des mouvements égaux. Mais, avant d'être
impulsion et réaction, d'où résulte la translation,
le mouvement est effort ou action. Il est la manifestation d'une force interne de l'être, qui constitue
l'essence même de l'être. D'ailleurs, à parler exactement, ni le dedans ni le dehors n'existent, attendu
qu'indépendamment des corps, il n'y a pas de lieu

qui contienne les corps, tout corps étant à lui-même son propre lieu. Par cela même qu'il est et qu'il n'est pas seul, tout corps agit donc et réagit. Le système ou l'ensemble des corps constitue le plein. A le bien prendre, le mouvement n'est que la manifestation des forces qui sont inhérentes aux corps, la lutte perpétuelle et le continuel échange de ces forces dans le plein [1].

Ainsi s'évanouissent, sous le regard d'une raison sévère, les abstractions réalisées du vide ou de l'espace, du temps, du mouvement, fantômes obscurs de l'imagination. L'espace n'est pas, le mouvement n'est pas. Ce qui est, ce sont des êtres étendus, temporels, mobiles et mouvants. Et ce quelque chose qui est étendu, qui dure, qui est mû et qui se meut, c'est la matière.

En somme donc, dans cette question du plein et du vide, c'est le P. Noël, c'est-à-dire Descartes, qui semble contre Pascal avoir raison. Le vide n'est, en définitive, que le *Plein du Vide*.

Toutefois et au fond, l'idée que Descartes se faisait de la matière est l'idée même que s'en fait Pascal, et la physique de Pascal reste, malgré tout, la physique même de Descartes.

1. Cf. F. de Boucheporn, *Du principe général de la philosophie naturelle*, Paris, 1853, in-8, p. 20, 23. « Tous les corps attirants ou attirés que nous connaissons sont à l'état de mouvement dans l'espace... (c'est-à-dire dans l'éther résistant). Le vide de Newton n'existe point, la physique moderne l'a démontré. »

« Quand on dit que le chaud n'est que le mouvement de quelques globules, et la lumière le *conatus
recedendi* que nous sentons, cela nous étonne, écrivait Pascal. Quoi! que le plaisir ne soit autre chose
que le ballet des esprits! Nous en avons conçu une
si différente idée et ces sentiments-là nous semblent
si éloignés de ces autres que nous disons être les
mêmes que ceux que nous leur comparons! Le sentiment du feu, cette chaleur qui nous affecte d'une
manière tout autre que l'attouchement, la réception du son et de la lumière, tout cela nous semble
mystérieux, et cependant tout cela est grossier
comme un coup de pierre. Il est vrai que la petitesse des esprits qui entrent dans les pores touche
d'autres nerfs; mais ce sont toujours des nerfs
touchés [1]. »

Pascal écrit encore : « Monde automate, où tout
se fait par figures et mouvements; les corps ne sentent point, n'ont point la puissance de se mouvoir. »
Ce n'est pas, en effet, seulement en physique, mais
aussi et quoi qu'il en ait, en métaphysique, que
Pascal relève de Descartes, tout en le surpassant par
l'accent et le dépassant par l'élan. De qui, en effet,
sinon de Descartes, Pascal a-t-il reçu ces maximes
« que la matière est dans une incapacité invincible
de penser », au lieu que « c'est la pensée qui fait

---

1. *Les Pensées de Blaise Pascal,* édit. Molinier, t. II, p. 149.

l'être de l'homme, et sans quoi on ne peut le concevoir? » Mais c'est Pascal et non Descartes, qui
dira « que tous les corps, le firmament, les étoiles,
la terre et ses royaumes ne valent pas le moindre
des esprits. Car il connaît tout cela et soi, et les
corps rien [1] ». D'autre part, tandis que Descartes
s'en tient au monde de l'esprit, n'est-ce pas vers le
monde de l'amour et de la grâce que tend irrésistiblement Pascal? « De tous les corps ensemble, on
ne saurait en faire réussir une petite pensée, cela est
impossible et d'un autre ordre [2]. » Voilà Descartes.
« De tous les corps et esprits, on n'en saurait tirer
un mouvement de vraie charité, cela est impossible
et d'un autre ordre surnaturel [3]. » Voilà Pascal.

1. *Les Pensées de Blaise Pascal,* édit. Molinier, t. II, p. 23.
2. *Ibid.*, p. 24.
3. *Ibid.*

PASCAL

ET

LE CHEVALIER DE MÉRÉ

Dans un de ses plus ingénieux ouvrages de mathématiques, le *Traité du triangle arithmétique* [1], Pascal, entre autres usages de ce triangle, signalait celui qu'on en pouvait faire *pour déterminer les partis entre deux joueurs qui jouent en plusieurs parties*. « Pour entendre la règle des partis, écrivait-il, la première chose qu'il faut considérer est que l'argent que les joueurs ont mis au jeu ne leur appartient plus, car ils en ont quitté la propriété; mais ils ont reçu, en revanche, le droit d'attendre ce que le hasard peut leur en donner, suivant les conditions dont ils sont convenus d'abord. Mais comme c'est une loi volontaire, ils peuvent la

---

1. *Traitez du triangle arithmétique avec quelques autres petits traitez sur la mesme matière*, à Paris, chez Guillaume Desprez, 1665, in-4.

rompre de gré à gré, et ainsi en quelque terme que
le jeu se trouve, ils peuvent le quitter et, au contraire
de ce qu'ils ont fait en y entrant, renoncer à l'attente
du hasard, et rentrer chacun en la propriété de
quelque chose ; et, en ce cas, le règlement de ce qui
doit leur appartenir doit être tellement proportionné
à ce qu'ils avaient droit d'espérer de la fortune, que
chacun d'eux trouve entièrement égal de prendre
ce qu'on lui assigne ou de continuer l'aventure du
jeu : et cette juste distribution s'appelle *le parti* [1]. »

Le parti, c'est-à-dire la répartition du gain en
proportion du calcul des chances, c'est là un mot
qui revient fréquemment chez Pascal, et avec les
applications les plus imprévues aussi bien que les
plus saisissantes.

Effectivement, écoutez-le :

« *Partis*. Il faut vivre autrement dans le monde
selon ces diverses suppositions : 1° si on pouvait y
être toujours ; 2° s'il est sûr qu'on n'y sera pas longtemps, et incertain si on y sera une heure. Cette
dernière supposition est la nôtre [2]. »

« Que me promettez-vous enfin, sinon dix ans
d'amour-propre à bien essayer de plaire sans y
réussir, outre les peines certaines ? Car dix ans, c'est
le parti [3]. »

1. Bossut, *OEuvres de B. Pascal*, t. V, p. 32.
2. *Les Pensées de Blaise Pascal*, édit. Molinier, t. I, p. 153.
3. *Ibid.*, p. 154.

« On doit travailler pour l'incertain, par la règle des partis qui est démontrée [1]. »

« Par les partis, vous devez vous mettre en peine de rechercher la vérité : car si vous mourez sans adorer le vrai principe, vous êtes perdu [2]. »

Et encore :

« Examinons donc ce point, et disons : Dieu est ou il n'est pas. Mais de quel côté pencherons-nous? La raison n'y peut rien déterminer. Il y a un chaos infini qui nous sépare. Il se joue un jeu, à l'extrémité de cette distance infinie, où il arrivera croix ou pile. Que gagerez-vous? Par raison, vous ne pouvez faire ni l'un ni l'autre; par raison, vous ne pouvez défendre nul des deux... Le juste est de ne point parier...

« Oui, mais il faut parier. Cela n'est pas volontaire, vous êtes embarqué. Lequel prendrez-vous donc? Voyons... Votre raison n'est pas plus blessée en choisissant l'un que l'autre, puisqu'il faut nécessairement choisir. Voilà un point vidé, mais votre béatitude? Pesons le gain et la perte en prenant croix, que Dieu est. Estimons ces deux cas : Si vous gagnez, vous gagnez tout; si vous perdez, vous ne perdez rien. Gagez donc qu'il est, sans hésiter...

1. *Les Pensées de Blaise Pascal*, édit. Molinier, t. 1, p. 121. « Saint Augustin a vu qu'on travaille pour l'incertain, sur mer, en bataille, etc., mais il n'a pas vu la règle des partis, qui démontre qu'on le doit. »
2. *Ibid.*, p. 153.

Cela est admirable. Oui, il faut gager, mais je gage peut-être trop. Voyons : il y a ici une infinité de vie infiniment heureuse à gagner, un hasard de gain contre un nombre fini de hasards de perte, et ce que vous jouez est fini. Cela est tout parti [1]. »

La règle des partis, qu'il appellera aussi parfois la règle des paris ou des parties, devient ainsi pour Pascal, qu'il en fasse de justes ou d'indiscrètes applications, une règle souveraine qui nous assure, à défaut de certitude, une décisive probabilité. Et de son propre aveu, c'est en examinant des questions de jeu, qu'il est arrivé d'abord à la concevoir.

Coïncidence vraiment curieuse et que personne néanmoins ne paraît avoir encore signalée ! A peu près vers la même époque, quoique quelques années plus tard, Spinoza, ce méditatif, qui, malgré tant de différences essentielles, offre avec Pascal plus d'un trait de ressemblance [2], Spinoza s'appliquait, de

1. *Les Pensées de Blaise Pascal*, édit. Molinier, t. I, p. 48 et s.
2. Sur les rapports de Spinoza et de Pascal, qu'il me soit permis de renvoyer à mon ouvrage intitulé : *Spinoza et le Naturalisme contemporain*, 1 v. in-12, Paris, 1866, p. 61 et suiv. « Je ne puis m'empêcher, en parlant de Benoît Spinoza, de songer par contraste à Blaise Pascal. Tous les deux mourant à la fleur de l'âge, tous les deux uniquement dévoués au vrai, tous les deux géomètres et mettant au service de leurs croyances la géométrie, ces deux jeunes hommes finissent avec une incomparable douceur. Cependant, sans parler des disparates de leurs natures, l'une précautionnée autant que l'autre est impétueuse, ni de la diversité de leurs talents, l'un si purement logique, l'autre si littéraire, dans leur fin même, quelle différence ! Chez

son côté, à formuler une règle des partis [1]. Il est vrai que ce promoteur absolu d'un panthéisme absolu, et c'est là qu'entre Spinoza et Pascal éclate particulièrement le contraste ; il est vrai que Spinoza ne songeait aucunement à déterminer, à son tour, par la règle des partis, les chances de notre destinée. Pour lui, en effet, la personne humaine n'existe pas, ou, du moins, combinaison inexpliquée et temporaire de la pensée divine et de la divine étendue, elle se dissout avec cette combinaison même.

Cependant, comment Pascal qu'absorbèrent, de si bonne heure, les méditations les plus graves, avait-il pu se trouver tout d'abord engagé dans des

Spinoza, c'est l'abolition de la conscience, et parmi la dissolution de la machine qui subitement se détraque, l'évanouissement de ce qu'on appelle l'âme, et sa dissipation dans ce qu'on appelle le grand tout. Espérance, amour, bonheur sont, dès lors, des termes vides de sens. Tout est consommé, et l'individu qui a disparu, qu'est-il autre chose que la molécule distincte un instant à la surface de l'insondable abîme ? Chez Pascal, c'est la permanence de la personne, vivant de sa propre vie, soutenue par des certitudes, confiante en la miséricorde du Très-Haut, franchissant avec allégresse le passage qui donne accès aux divines régions de la vérité, de la beauté et de la vertu », etc.

1. *B. de Spinoza Opera*, éd. Bruder, 3 vol. in-12. Lipsiæ, 1844, t. II. p. 271. *Epistola XLIII : Voorburgi*, 1 oct. 1666. *Ornatissimo viro I. v. M.* « *Ornatissime vir, dum hic solitarius in agro vitam ago, quæstionem, quam mihi proposuisti, mecum volvi, eamque simplicem valde deprehendi. Universalis demonstratio hoc nititur fundamento : quod is justus sit lusor, qui sua n lucrandi aut perdendi sortem seu expectationem cum adversarii sorte æqualem ponit,* » etc.

problèmes de jeu? C'est ce qu'il nous faut apprendre de Pascal lui-même.

En 1654, Pascal, qui déjà avait entamé avec Fermat, conseiller au parlement de Toulouse, une correspondance dont la meilleure partie est restée malheureusement égarée ou perdue[1], Pascal écrivait de Paris à Fermat : « Monsieur, l'impatience me prend aussi bien qu'à vous, et quoique je sois encore au lit, je ne puis m'empêcher de vous dire que je reçus hier au soir, de la part de M. de Carcavi, votre lettre sur les partis, que j'admire si fort que je ne puis vous le dire. Je n'ai pas le loisir de m'étendre; mais, en un mot, vous avez trouvé les deux partis des dés et des parties dans la parfaite justesse : j'en suis tout satisfait; car je ne doute plus maintenant que je ne sois dans la réalité, après la rencontre admi-

---

1. Les *Opera varia mathematica*, de Pierre Fermat, Toulouse, 1679, in-fol., publiés par Samuel Fermat, son fils, ne comprennent pas, à beaucoup près, tous les écrits mathématiques, ni surtout toutes les lettres non plus que les vers latins, français et espagnols (car Fermat était poète en même temps que littérateur et érudit) de l'illustre géomètre toulousain. *Le Précis des OEuvres mathématiques de Fermat*, édité par Brassinne, Toulouse, 1853, in-8, n'est qu'un maigre extrait de cette première publication. Aussi était-il extrêmement désirable que l'on songeât à combler une telle lacune. C'est ce qu'a compris le Parlement français, qui, reprenant un projet de 1843, vient, en 1882, de voter les fonds nécessaires pour l'impression des *OEuvres de Fermat*. Voyez *Journal des Savants*, septembre 1839, *Des manuscrits inédits de Fermat*, par G. Libri, qui déjà signalait la nécessité de cette publication et en indiquait des éléments importants qu'il déclarait avoir en sa possession.

rable où je me trouve avec vous. J'admire davantage la méthode des partis (*sic*) que celle des dés; j'avais vu plusieurs personnes trouver celle des dés, comme M. le Chevalier de Méré, qui est celui qui m'a proposé ces questions [1], et aussi M. de Roberval; mais M. de Méré n'avait jamais su trouver la juste valeur des partis, ni de biais pour y arriver : de sorte que je me trouvais seul qui eusse connu cette proportion. Votre méthode est très sûre, et c'est la première qui m'est venue à la pensée dans cette recherche. Mais parce que la peine des combinaisons est excessive, j'en ai trouvé un abrégé, et proprement une autre méthode bien plus courte et plus nette, que je voudrais pouvoir vous dire ici en peu de mots : car je voudrais désormais vous ouvrir mon cœur, s'il se pouvait, tant j'ai de joie de notre rencontre. Je vois bien que la vérité est la même à Toulouse et à Paris [2]. »

1. Cf. Bossut, *Essai sur l'histoire générale des Mathématiques*, t. II, p. 358, *Discours sur la vie et les ouvrages de Pascal.* « C'est encore à Pascal qu'on doit une nouvelle branche de l'analyse, qui a été très féconde dans la suite. Cette branche est le calcul des probabilités, dans la théorie des jeux de hasard. Le Chevalier de Méré, grand joueur, nullement géomètre, avait posé sur ce sujet deux problèmes à Pascal. L'un consistait à trouver en combien de coups on peut espérer d'amener sonnez avec deux dés; l'autre, à déterminer le sort de deux joueurs après un certain nombre de coups, c'est-à-dire à fixer la proportion suivant laquelle ils doivent partager l'enjeu, supposé qu'ils consentent à se séparer, sans achever la partie. »

2. Bossut, *Œuvres de B. Pascal*. t. IV, p. 412 et suiv.

Ainsi c'était le Chevalier de Méré qui, le premier, avait proposé à Pascal quelques-unes des questions que Fermat et lui s'appliquèrent à résoudre.

Qu'était-ce donc que le Chevalier de Méré? Comment Pascal était-il entré en relations avec lui? Et enfin quelle influence exerça, non pas seulement sur le géomètre illustre, mais encore sur l'auteur des *Pensées*, cette fréquentation?

I

« Le Chevalier de Méré était un homme d'esprit, qui avait fait des livres qui ne lui faisaient pas beaucoup d'honneur », notait Dangeau dans ses Mémoires, à l'occasion de la mort de Méré. Et de son côté, en 1679, Mme de Sévigné, que le Chevalier avait autrefois poursuivie de ses déclarations, Mme de Sévigné, comme si elle lui eût gardé rancune, écrivait : « Corbinelli abandonne le Chevalier de Méré et son chien de style et la ridicule critique qu'il a faite, en collet monté, d'un esprit libre, hardi, badin et charmant comme Voiture : tant pis pour ceux qui ne l'entendent pas. »

Peut-être ces jugements ont-ils quelque chose d'outré.

Antoine Gombaud, Chevalier de Méré [1], était

1. Un parent du Chevalier de Méré, le comte A. de Brémont d'Ars, justement soucieux des illustrations poitevines,

Poitevin. Il naquit en 1610 au château de Baussay, près de Niort, et y mourut le 24 décembre 1684, en

auxquelles il appartient lui-même par ses origines comme par son savoir, a bien voulu nous communiquer un Recueil de pièces de famille, qu'il s'est fait un devoir de réunir, d'interpréter et de publier. De ce recueil intitulé : *Le Chevalier de Méré, son véritable nom patronymique, sa famille. Études biographiques accompagnées d'une généalogie inédite de la maison de Gombaud,* etc. Niort, 1869, in-8, il résulte que le Chevalier de Méré s'appelait Antoine Gombaud, et non, comme on l'a presque toujours écrit, George Brossin. Aussi bien, était-ce sous les initiales d'Antoine Gombaud et non de George Brossin, M. A. G. C. S. D. M. (Messire Antoine Gombaud, Chevalier Seigneur de Méré) que l'on imprimait en 1690 à Lyon son *Discours sur l'Esprit.* M. d'Auriac a remarqué que, bien auparavant, le privilège du roi, délivré le 4 novembre 1676 pour les *Discours de l'Esprit, de l'Éloquence et des Agréments,* était également accordé à M. A. G. C. S. D. M. — Antoine Gombaud était le troisième fils de Benoît Gombaud, Seigneur de Baussay en Poitou et de Méré en Angoumois, et de Françoise de Latour-Landry. Il naquit très probablement au château de Baussay, où il mourut célibataire. Son frère aîné, Charles Gombaud, Chevalier Seigneur de Méré, puis de Baussay, mourut vers 1673, lui-même célibataire. Enfin son second frère, Josias Gombaud, Écuyer, Seigneur de Plassac, qui publia en 1648 un volume intitulé : *Lettres de M. de Plassac,* mourut en 1650, également célibataire. Heureusement, cette lignée de célibataires comptait encore quatre sœurs qui ne suivirent pas toutes leur exemple. Ajoutons que l'ancienne maison des Gombaud, Gombauld ou Gombault, était originaire de Saintonge, et que c'était à une branche établie en Poitou qu'appartenait le Chevalier de Méré. Il ne serait donc pas déraisonnable de rapporter à la même famille le poète Jean Ogier de Gombauld, l'un des premiers membres de l'Académie française, né en 1576 à St-Just-de-Lussac (Saintonge), mort en 1666, et un des hôtes les plus assidus de l'hôtel de Rambouillet. On s'étonne néanmoins que Méré n'ait jamais mentionné un contemporain et probablement un parent pourtant fort en vue.

assez mauvais termes, paraît-il, avec ses créanciers. Après avoir servi quelque temps sur terre tour à tour et sur mer, il s'était adonné tout entier à ce qu'on pourrait appeler la carrière du courtisan et du bel esprit.

Courtisan, assurément il l'était, quoiqu'il se dît « un peu solitaire et se plaisant à rêver ». Mais lui-même avouait que, « comme la diversité des bonnes choses délasse, après avoir rêvé quelque temps dans les bois, il était bien aise de revoir la Cour, » et, devançant La Bruyère, il se plaisait à en peindre les hôtes habitués. « Tous les courtisans, disait-il, sont comme autant d'enfants de tribu, qui ne se souviennent ni de leurs parents ni du lieu de leur naissance. Ces sortes de gens, charmés de la Cour, ne pensent qu'à satisfaire à leur ambition. Et s'il arrive qu'on les éloigne, et qu'ils soient contraints de retourner chez eux, l'abord de leur maison leur fait plus de dépit qu'Ulysse n'eut de plaisir à revoir la sienne. Pour moi, comme vous savez que je ne suis point villageois dans les villages, je puis vous dire aussi que la Cour ne me rend point courtisan, et que plus je vois le monde, plus j'en connais la juste valeur. » Que Méré eut, d'autre part, toutes les prétentions du bel esprit, c'est ce que ses œuvres attestent d'un bout à l'autre [1].

1. Il faut lire sur Méré bel esprit (*Revue des Deux-Mondes,* 1er janvier 1848) un article de M. Sainte-Beuve, qui rap-

Elles se composent de trois volumes, dont le dernier ne parut qu'après sa mort [1]. Ce sont, en même

proche très justement du *Cortegiano* de Balthasar Castiglione, la dissertation de Méré sur l'honnête homme. D'autres écrits de Méré, son *Discours de l'Esprit* et son *Discours des Agréments*, par exemple, rappellent aussi parfois l'Espagnol Balthasar Gracian, et peut-être le Chevalier n'est-il pas sans lui devoir quelque chose. Voyez notamment, de ce Gongoriste, l'*Art de penser et d'écrire avec esprit*.

1. *Les OEuvres de M. le Chevalier de Méré*, Amsterdam, 1692, 2 v. in-12 ; *OEuvres posthumes de M. le Chevalier de Méré*, La Haye, 1701, 1 v. in-12. — Brunet, *Manuel du Libraire*, 5ᵉ édit. Paris, 1862, à l'article MÉRÉ, écrit : « Gabr. Martin a attribué au Chevalier de Méré deux ouvrages qui ne sont peut-être pas de lui : 1° *Maximes, sentences et réflexions morales et politiques, par M. le Chevalier de M.*, Paris, Du Castin et Cavelier, 1687, in-12 ; 2° *Les Avantures de Renaud et d'Armide*, Paris, Barbin, 1678, in-12. — Dreux du Radier (*Biblioth. hist. du Poitou*) se borne également à dire, en mentionnant les *Maximes*, etc., qu'on les attribue au Chevalier de Méré. La dédicace des *Maximes*, etc., adressée au marquis de Seignelay, est en effet signée L. C. D. M. (le Chevalier de Méré), et c'est également à M. le Chevalier de M. qu'est attribué l'ouvrage dans le privilège accordé en 1687 à Du Castin et cédé pour moitié par celui-ci à Cavelier. Le contexte du livre ne dément pas cette attribution. A la vérité, on s'étonne d'y rencontrer quelques réflexions pieuses, qui ne cadrent guère avec le caractère connu de Méré. « L'on s'approche de Dieu à mesure qu'on s'éloigne du monde. » « Plus notre croix paraît grande, plus elle s'approche du ciel. » Mais, outre que l'âge a pu modifier les dispositions du Chevalier, nombre de maximes répondent en perfection à ce que nous savons de sa condition, de ses préférences, et du tour de ses idées. « Le mariage est un jardin où il croît tant d'épines et si peu de fleurs, tant de fruits amers et si peu de doux, qu'on a raison de lier ceux à qui l'on permet d'y entrer pour cueillir ces fleurs et goûter ces fruits; s'ils n'étaient liés comme ils le sont, le dégoût qu'ils y trouvent en ferait sortir la plupart presque aussitôt qu'ils y sont entrés. » Ne voilà-t-il pas le célibataire

temps qu'un *Recueil de Lettres*, des *Discours sur l'Esprit, les Agréments, la Justesse*, et autres pièces du même genre, entre lesquelles il faut surtout citer les *Conversations avec le maréchal de Clérambaud*. Quant aux œuvres posthumes, Nadal, leur éditeur, en résume la substance, en nous avertissant « qu'elles traitent de toutes les qualités du cœur et de l'esprit qui peuvent former un honnête homme dans l'idée la plus noble et la plus étendue ». « M. le Chevalier de Méré, observait Ménage, croyait qu'il n'y avait que lui qui écrivît bien. Il est rempli de

endurci ? « Le premier pas de la fortune est ordinairement la dissimulation. » Ne voilà-t-il pas le courtisan ? « Si l'on dépeint l'amour tout nu, c'est pour montrer qu'il met en chemise ceux qui le suivent. » Ne voilà-t-il pas le bel esprit ? « Il faut aimer comme si l'on devait haïr, et haïr comme si l'on devait aimer. » Ne voilà-t-il pas l'érudit qui a lu les Grecs ? Parfois même, ce ne sont pas seulement les anciens que Méré reproduit littéralement, soit par réminiscence, soit par coïncidence, mais aussi les modernes. Au début de son *Discours de la Méthode*, Descartes écrivait : « Le bon sens est la chose du monde la mieux partagée, car chacun pense en être si bien pourvu que ceux même qui sont les plus difficiles à contenter en toute autre chose n'ont point coutume d'en désirer plus qu'ils n'en ont. » Méré, de son côté, écrira : « Le jugement est la chose du monde la mieux partagée ; les plus difficiles à se contenter n'ont pas coutume d'en désirer davantage. » Enfin, comment ne pas reconnaître Méré à cette seule réflexion : « Rien n'est plus noble que la qualité d'honnête homme ; ce titre est bien plus glorieux que celui que la fortune peut donner. » En somme, sans qu'il faille les placer au premier rang des écrits de ce genre, les *Maximes* de Méré ne méritent pas non plus d'être laissées complètement en oubli. Le point intéressant consisterait d'ailleurs à savoir quels rapports elles peuvent avoir avec les *Pensées* de

beaucoup de paroles dans ses lettres. » Et il ajoutait : « M. de Plassac Méré, son frère aîné, a fait un *Traité de l'honnêteté* et un autre de la *Délicatesse*, qui n'ont pas été trop bien reçus du public [1]. » Si le xviie siècle avait ses *Précieuses*, il avait aussi, on le voit, ses familles de *Précieux* [2]. Le Chevalier de Méré en fut, à coup sûr, un remarquable échantillon.

D'une culture peu commune de son temps « aux personnes de qualités », doué pour les langues, écrivait Nadal, « d'une facilité merveilleuse qui lui avait

Pascal. Celui-ci étant mort en 1662 et Méré lui ayant ainsi survécu environ vingt-deux ans, il serait sans doute permis de se demander si, au lieu que l'auteur des *Pensées* ait profité des *Maximes*, de son vivant inédites, ce ne serait pas, au contraire, l'auteur des *Maximes* qui aurait mis à contribution les *Pensées*, dont la première édition avait paru dès 1670. Cette dernière hypothèse ne paraît pas, malgré tout, la plus probable. Quoi qu'il en soit, lorsqu'ils parlent, et chacun dans le style qui lui est propre, de la réputation et de l'honneur, de la raison et de l'emploi du temps, de la vanité que recèle le cœur et des tristesses qui remplissent la vie, Pascal et Méré ne sont pas sans offrir des analogies frappantes. Il arrive même qu'ils se rencontrent presque dans l'expression. Par exemple, Pascal dira : « Il y a une éloquence de silence qui pénètre plus avant que la langue ne saurait faire ; » et Méré : « Il y a une éloquence dans le silence, qui a quelquefois plus de force que l'éloquence des plus excellents orateurs. »

1. *Menagiana*, édit. de 1713, p. 184.

2. Voyez l'excellent livre intitulé : *Mémoires pour servir à l'Histoire de la société polie en France,* par P. L. Rœderer, Paris, 1835, in-8, p. 126 et suiv. Dans cet ouvrage plein de recherches, l'auteur n'accorde cependant pas même une mention au Chevalier de Méré.

rendu Homère, Platon, Plutarque aussi familiers
que nos auteurs mêmes [1] », d'une critique enfin qui
n'est ni sans originalité ni sans finesse, c'est en
quelque sorte sur le pied de l'égalité que Méré cor-
respond avec Conrart, avec Ménage, avec Balzac.
Aussi bien, est-ce par ses lettres et comme *épistolier*
de salon qu'il semble, quoiqu'il s'en défende, avoir
pris à tâche d'obtenir réputation et crédit. « Je ne
me suis pas mis dans l'esprit de me rendre fort
considérable par mes lettres, dira-t-il ; je n'en écris
guère que pour n'être pas incivil, ou parce que je
ne m'en saurais dédire [2]. » Et encore : « On a tort
de s'imaginer, mandait-il à Ménage, que je ne prends
d'ordinaire qu'un sujet dans mes lettres pour être
plus exact et plus régulier ; au moins je vous puis
assurer que je n'en écris que pour ceux auxquels
elles s'adressent, sans prétendre qu'elles me fassent
de l'honneur parmi les autres. Aussi, pour dire le
vrai, ce serait être bien imprudent que d'y songer
après ce qu'on a vu de ces deux excellents esprits
qui en ont fait une étude particulière, et qui, peut-
être, ont surpassé tout ce que la Grèce et l'Italie
nous ont donné de meilleur et de plus rare en
matière de lettres [3]. »

Cependant ce sont là de vaines protestations que

1. *Préface des Œuvres posthumes.*
2. *Œuvres de Méré*, t. II, p. 138.
3. *Ibid.*, p. 86.

démentent les faits, et si, par montre de modestie, Méré déclare ne point se poser en émule de Voiture et de Balzac, il n'en témoigne pas moins, dans cette même lettre à Ménage, qu'il s'applique à suivre leurs traces, de même qu'il commence par y relever, non sans quelque chatouillement d'amour-propre, les jugements qu'on porte de ses épîtres. « Vous me mandez qu'on lut dernièrement quelques-unes de mes lettres dans une compagnie où vous étiez, que la plupart en furent très satisfaits, et qu'il y eut néanmoins quelques gens qui dirent qu'elles sont trop ajustées, qu'on n'y remarque point la moindre négligence, même dans celles que j'écris à des procureurs, qu'il paraît assez par ce grand soin que je me voudrais toujours faire admirer; mais que je me devrais souvenir d'avoir écrit en quelque endroit que ce serait le moyen de se rendre insupportable. »

C'était à peu près aussi ce que, de son côté, Miton, un autre de ses amis, écrivait à Méré. « Je reçus hier votre lettre en bonne compagnie, lui disait-il; cinq ou six convives de grande réputation dînaient céans, et nous étions à table lorsqu'on me l'apporta; quoique nous fussions en cet endroit du repas, où l'on parle volontiers, quand on sut qu'elle était de vous, on me pria de la lire; et ce fut un grand silence. Je vous jure que jamais lettre ne fut plus hautement louée, et tout le monde s'écria qu'on ne pouvait rien voir de plus naturel et de plus galant [1] ».

Que devient, à ce compte, cette affirmation du Chevalier, qu'il n'écrit des lettres que pour ceux auxquels elles s'adressent? On ne doit pas davantage l'en croire sur parole, quand il affirme que « lorsqu'il lui arrive d'écrire, c'est toujours le plus aisément qu'il peut ». Sans doute, et c'est chose à noter chez un *précieux* de son espèce, il met tout son art et emploie toute son industrie à paraître naturel, quoiqu'il ne le soit assurément pas toujours. Mais son art est laborieux, son application incessante, et s'il admire qu'on puisse écrire de verve, son admiration en cela n'est pas exempte d'ironie. Ainsi parle-t-il, par exemple, d'une dame qui pourrait bien, malgré tout, être Mme de Sévigné? « Je songe, observe-t-il, je songe à cette dame qui n'y fait pas plus de façon que de passer les mains sur ses yeux, et de dire : Allons, ma plume. Aussitôt, comme si c'était un charme, elle écrit d'une vitesse incompréhensible une belle lettre que nous admirons. » A la bonne heure. Mais lisez la suite. « J'avais reçu d'elle une lettre fort brillante et qui jetait partout des éclairs, et parce qu'elle était un peu confuse, je lui demandai ce qu'elle avait voulu dire en quelque endroit qui n'était pas

1. *OEuvres de Méré*, t. II, p. 236.

bien démêlé. Elle en chercha le sens et, ne le pouvant trouver, elle me répondit assez plaisamment qu'elle s'entendait fort bien dans le moment qu'elle écrivait, mais qu'il y avait déjà quelques jours, et qu'elle ne s'en souvenait plus [1]. » « Quand donc on écrit à tour de bras, et qu'on ne retouche rien, que peut-on faire qui mérite d'être regardé? » Suivant Méré, qui mesure à son propre talent le génie, plus de façon est nécessaire à quiconque prétend bien écrire : et surtout lorsque c'est à des femmes qu'on écrit, c'est-à-dire « aux personnes les plus délicates du monde », il estime « qu'il ne faut pas s'épargner quand on songe à leur dire je ne sais quoi qui leur plaise, et qui leur paraisse de bon air [2] ».

Toutefois ce n'est point assez pour Méré que de se faire valoir par les charmes apprêtés de ses compositions épistolaires et de mériter ainsi des dames, en particulier, un public applaudissement. Maître juré en matière de belles manières et de convenances, il va jusqu'à prétendre être leur précepteur et se pique même d'avoir formé à la politesse plusieurs d'entre elles et des plus qualifiées, telles que Mme de Clairambaud et la duchesse de Lesdiguières. Mais, dans le nombre, il en est une qui exige naturellement qu'on s'y arrête. Les lettres du Chevalier (malheureusement toujours sans date) la désignent

1. Œuvres de Méré, t. II, p. 88.
2. Ibid., p. 263.

diversement, selon les temps ou son humeur, sous le nom de Mme de Maintenon, de Mme Scarron, ou de la jeune Indienne. L'importance de la personne justifiera sans doute cette digression, et, aussi bien, à connaître dans le détail les relations de Méré, on connaîtra mieux aussi ce que fut Méré lui-même. Or, c'est ce qu'en général on ignore, à ce point qu'un récent éditeur des *Pensées* n'hésite point à appeler Méré « un des meilleurs mathématiciens du temps [1] ».

Apparentée aux familles les plus qualifiées de la Saintonge et du Poitou et petite-fille de Théodore-Agrippa d'Aubigné, lequel se fit encore plus connaître par ses écrits que par sa turbulente influence dans le parti protestant, Françoise d'Aubigné avait eu pour père Constant d'Aubigné. Celui-ci, enfermé pour crime d'État, à Bordeaux, au Château-Trompette, y avait épousé en 1627 Jeanne de Cardilhac, fille de Pierre de Cardilhac, gouverneur de cette forteresse. C'était le second mariage de Constant qui, dans un accès de jalousie, avait tué sa première femme, Anne Marchant. Constant d'Aubigné ne devait d'ailleurs quitter le Château-Trompette que pour y être promptement renfermé de nouveau, et se voir ensuite, grâce aux sollicitations de Jeanne qui l'y avait suivi, transféré dans la prison du châ-

---

1. Molinier, *Les Pensées de Blaise Pascal*, t. 1, préface, p. xiv.

teau de Niort[1]. Ce fut là qu'en 1635 naquit Françoise d'Aubigné. — Elle avait dix ans, lorsque son père, rendu enfin à la liberté, demanda et obtint d'être envoyé à la Martinique, afin d'y occuper un emploi de la Compagnie des îles d'Amérique. Il y emmenait toute sa famille, et ne tardait guère à y terminer une vie de désordres et d'aventures.

Revenue en France en 1647, Françoise était remise par sa mère à une de ses tantes, Mme de Villette, qui déjà l'avait recueillie tout enfant dans son château de Mursay près de Niort. Elle avait été baptisée comme catholique. Mme de Villette, calviniste ardente, tout en lui prodiguant mille soins, ne l'en élevait pas moins dans la religion réformée. Sur une dénonciation, un ordre de la Cour intervint, qui obligea Jeanne de Cardilhac à confier sa fille à une parente catholique, Mme de Neuillant. Celle-ci qui habitait tour à tour le Poitou et Paris, ne montra que dureté envers sa pupille. « Je n'avais dans la maison que des sabots, racontait plus tard Mme de Maintenon, et passais une partie du jour à garder les dindons. » Bientôt même Françoise était confinée aux Ursulines de Niort, et finalement rendue à sa mère qui, misérablement installée à Paris, la

1. On montre encore aujourd'hui dans la partie du château appelée le donjon, *la Chambre de M. d'Aubigné,* vaste pièce, dont l'unique fenêtre, garnie de gros barreaux de fer, s'ouvre sur un paysage dont le riant aspect devait rendre, ce semble, plus sensibles les rigueurs de la captivité.

fit recevoir par charité aux Ursulines de la rue
Saint-Jacques. Là, après d'énergiques résistances et
maintes controverses, elle finit par abjurer. Elle ne
sortait bientôt de cet asile, momentanément ouvert
à sa pauvreté, que pour venir partager, rue des
Tournelles, la petite chambre où sa mère vivait du
travail de ses mains et d'une chétive pension de
deux cents livres. Mme de Neuillant, à laquelle il
avait bien fallu revenir, les avait présentées l'une
et l'autre à une célébrité du voisinage, chez qui se
donnaient rendez-vous, « ce qu'il y avait de plus poli
à la Cour et tous les beaux-esprits de Paris [1]. » C'était
Scarron, le poète et cul-de-jatte Scarron, dont la
médiocre fortune et les infirmités précoces n'étaient
point parvenues à altérer la joyeuse humeur. Habitué
à la société des Coulanges, des d'Albret, des Saint-
Évremond, des Sévigné, des Scudéri, des Ninon,
Scarron se plaisait à entendre Mme d'Aubigné et sa
fille parler de la Martinique, où il avait conçu
l'étrange dessein d'aller s'établir, dans l'espoir d'y
refaire sa santé. Mais d'autres et plus puissants motifs
l'attachèrent bientôt aux nobles indigentes qu'il
avait accueillies. Belle, remplie d'agréments, avec
cette sûreté d'esprit qui déjà étonnait, et presque
sous des haillons avec un port de reine, la vue de
Françoise d'Aubigné n'avait pas laissé que de remuer

1. *Mémoires* de Segrais, p. 85.

le cœur du pauvre perclus. Aussi, lorsqu'à la mort de Jeanne de Cardilhac, sa fille se trouva, à quatorze ans, complètement remise aux mains de Mme de Neuillant, son intérêt pour la touchante orpheline n'en devint-il que plus vif. Il lui adressait même à Niort, pendant les séjours qu'elle était forcée d'y faire, des lettres et des vers, où il se plaint d'être privé de sa vue et tâche de presser son retour. Résolu enfin de l'arracher au dur régime que lui imposait sa tante et de soustraire sa beauté aux périls qui l'environnaient, il s'offrit soit à payer sa dot dans un couvent, soit à l'épouser, quoiqu'il fût obligé, en se mariant, de renoncer au canonicat dont il était pourvu et qu'il ne possédât pour toute fortune, outre le produit de ses ouvrages, qu'une pension de 1,500 livres, comme « malade de la reine-mère ».

Françoise n'hésita pas; elle déclara « aimer mieux Scarron qu'un couvent ». Conséquemment, en mai 1652, elle devenait sa compagne, sinon sa femme, et, l'entourant des attentions les plus délicates, introduisit peu à peu la décence dans son intérieur, sans en bannir la gaieté [1]. Cette union, qui ne devait pas durer moins de huit années, ne fut même point, paraît-il, sans douceur [2]. Toutefois, avec

---

1. *Segresiana*, p. 59 : « Au bout de trois ans de mariage, elle l'avait corrigé de bien des choses. »

2. Cf. Suard, *Mme de Maintenon peinte par elle-même*, Paris, 1810, in-8. — Théophile Lavallée, *La famille d'Aubigné et l'enfance de Mme de Maintenon*, suivi des *Mémoires de*

quelle résignation douloureuse Mlle d'Aubigné avait accepté cette alliance, on le devine aisément. C'est pourquoi en 1660, témoin de l'entrée de Louis XIV à Paris après son mariage, et frappée de son air de grandeur, elle ne pouvait s'empêcher d'écrire en se repliant sur elle-même, mais assurément sans prévoir un fabuleux avenir : « La reine dut se coucher hier au soir assez contente du mari qu'elle a choisi. » Veuve cette année même, Scarron la laissa, à vingt-cinq ans, sans autres ressources que celles qu'il lui avait reconnues par contrat : « quatre louis de rente, deux grands yeux fort mutins, un très beau corsage, une paire de belles mains et beaucoup d'esprit ». Il est vrai que comme le notaire lui avait demandé quel douaire il lui accordait : « l'immortalité, avait-il répondu ; les noms des femmes des rois meurent avec eux ; celui de la femme de Scarron vivra éternellement ». Un tel pronostic n'améliorait guère d'ailleurs la condition présente de la petite-fille d'Agrippa d'Aubigné. Car son état était bien voisin du dénuement. Françoise ne cessa pas néanmoins d'être une glorieuse, c'est-à-dire de s'appartenir, tout en continuant à vivre au milieu du plus grand.

Languet de Gergy, archevêque de Sens, sur Mme de Maintenon et la Cour de Louis XIV, Paris, 1863, in-8. — Honoré Bonhomme, *Mme de Maintenon et sa famille, lettres et documents inédits*, etc., Paris, 1863, in-12. Ces deux derniers ouvrages n'offrent pas trace du nom de Méré, tandis que le premier, au contraire, le mentionne avec à propos.

monde. Mais, en 1666, privée de la pension que la reine-mère faisait à son mari, elle se disposait à partir pour le Portugal avec la princesse de Nemours, qui allait épouser le roi don Alphonse, lorsque Mme de Thiange la présenta à sa sœur, Mme de Montespan. On sait comment l'altière et imprudente Wasthi prépara la fortune inouïe de la nouvelle Esther. Mme Scarron s'apprêtait à quitter la France, elle l'y retint. Les amis de Mme Scarron avaient en vain importuné Louis XIV de leurs requêtes qu'il rejetait invariablement, s'écriant avec impatience : « La veuve Scarron ! Entendrai-je toujours parler de la veuve Scarron ? » Mme de Montespan parvint à faire rétablir par Louis XIV la pension de Mme Scarron. Le roi continua et longtemps à n'éprouver pour l'intéressante veuve que de l'éloignement ; Mme de Montespan, par ses exigences mêmes, l'en rapprocha. — Ce ne fut pourtant qu'en 1674 et après la légitimation des bâtards, qu'admise enfin à la Cour, Mme Scarron s'appela Mme de Maintenon, du nom d'une terre qu'elle avait achetée, en grande partie, avec l'argent du roi.

Cependant, si on se reporte à cette circonstance que les premières années de Françoise d'Aubigné, Aubignette ou Bignette, comme on l'appelait dans le Poitou [1], s'étaient passées dans cette province et

1. Cf. Théophile Lavallée, *Mme de Maintenon et la maison royale de Saint-Cyr*, 2e édit., 1862, in-8, p. 9 et suiv. — Le duc

qu'elle y revint fréquemment jusqu'à l'époque de son mariage, on trouvera tout simple que Méré l'eût beaucoup connue, même tout enfant. Le château de Mursay où elle fut d'abord élevée chez Mme de Villette et celui de Baussay qu'habitait Méré, l'un et l'autre aux environs de Niort, offraient en effet toute facilité à de fréquentes et naturelles relations. Méré dut la rencontrer aussi plus tard soit chez Scarron, soit, durant son veuvage, dans les hôtels d'Albret et de Richelieu, où elle était fort recherchée. Mais ce fut surtout à Niort et chez Mme de Neuillant qu'il la fréquenta. Il semblerait même que le Chevalier, tout jeune qu'il fût encore lui-même, eût pris en quelque sorte la direction de l'aimable Bignette ; qu'il se fût imposé la douce tâche de former ses grâces naissantes, et que de ce commerce familier fussent nés en lui des sentiments qui, pour durables qu'ils se montrent, n'avaient assurément rien de paternel. C'est ainsi que pendant un des voyages de Françoise à Paris, Méré lui écrivait de Niort : « Je n'ose vous écrire, Mademoiselle, quoique vous ayez eu la bonté de me le permettre. Mais plus je vous ai vue, plus vous m'avez inspiré de respect. Il est bien malaisé de ne pas vous craindre, et je remarque en vous un mérite si pur

de Noailles, *Mme de Maintenon*, Paris, 1848-1858, 4 v. in-8 ; le quatrième volume ne va que jusqu'en 1697. Sur les rapports de Mme de Maintenon et de Méré, voyez t. I, p. 161 et suiv.

et si rare, que j'aurais de la peine à me persuader que le plus honnête homme qui parût jamais, fût digne de vous [1]. » C'était, ce semble, assez ouvertement se déclarer. Scarron lui-même, tout épris qu'il fût pour son propre compte, n'hésitait pas à se faire auprès de Mlle d'Aubigné comme l'écho des tristesses du Chevalier. « Je ne saurais mieux connaître et considérer, lui écrivait-il, que j'en ai plus qu'il ne m'en faut d'être estropié depuis les pieds jusqu'à la tête, sans avoir encore ce mal qu'on appelle l'impatience de vous voir; c'est une mauvaise maladie. Ne vois-je pas bien comme il en prend au pauvre Méré de ce qu'il ne vous voit pas aussi souvent qu'il voudrait, encore qu'il vous voie tous les jours? Il nous en écrit en désespéré, et je vous le garantis âme damnée à l'heure que je vous parle, non pas à cause qu'il est hérétique, mais parce qu'il vous aime, et c'est tout dire. »

Toutefois les hommages et les regrets de Méré laissaient assez insensible celle qu'il adorait. Voici effectivement ce que Françoise mandait à son tour de Niort à une de ses amies, pour lors à Paris, Mlle de Saint-Harmand : « Vous m'écrivez des choses trop flatteuses, Mademoiselle; cependant je suis plus touchée de vos louanges que de celles de M. de Méré. Les siennes sentent la passion, les

---

1. *OEuvres de Méré*, t. II, p. 112.

vôtres n'expriment que votre tendresse : aussi me
méfierais-je bien d'un amant qui saurait entrer dans
mon cœur avec la même adresse que vous... Quand
je veux vous écrire, je ne suis contente ni de mes
pensées, ni de mes expressions, si je ne me sers de
vos plumes et de votre papier. Vous l'aurez tout
rempli de ma main, quand j'aurai autant d'esprit
que M. Scarron [1]. » Néanmoins Méré ne se décou-
rageait point. On a même le regret de le constater :
à toute époque, il ne tint pas à lui que la séduisante
et pauvre jeune fille, que l'épouse mal assortie, que
la charmante veuve, si esseulée quoique si entourée,
ne s'écartât de cette conduite irréprochable qu'elle
considérait à bon droit comme la plus grande
habileté. Aussi Françoise d'Aubigné, qui souvent
avait laissé pour Plutarque les dialogues et les
contes qu'à son intention composait le Chevalier,
Françoise d'Aubigné ne témoigna-t-elle pas garder
un souvenir fort reconnaissant des leçons de son
instituteur, non plus qu'elle ne s'était jamais sentie
très touchée de ses effusions de respect admiratif.

C'est ce qui résulte d'une lettre que lui adressait
Méré, alors qu'elle était devenue Mme de Maintenon. Tout en lui recommandant « un très honnête
homme », M. de Vieux-Fourneau [2], Méré ne craint

1. *Mme de Maintenon peinte par elle-même*, p. 11.
2. Étienne Savignac, seigneur de Vieux-Fourneau, échevin
et capitaine en chef du régiment royal de Niort.

pas en effet « de l'avertir qu'on s'imagine que ses anciens amis ne tiennent pas en sa bienveillance une place fort assurée ».

Et pourtant, quel autre y aurait plus de droit que lui? « Je pense, écrit-il, avoir été le premier qui vous ai donné de bonnes leçons, et je puis dire, sans vous flatter, que jamais enfance ne m'a paru plus aimable que la vôtre, tant pour le charme de votre personne que pour avoir le meilleur cœur du monde et l'esprit le plus éclairé. Je me souviens que je vous instruisais à vous rendre aimable, et que dès lors vous ne l'étiez que trop pour moi; de sorte que si l'on ne vous regardait aujourd'hui comme une dame parfaitement accomplie, il ne s'en faudrait prendre qu'à moi, si ce n'est peut-être que la Cour vous eût gâtée. Aussi, Madame, en quelque lieu que je sois, je ne fais rien avec tant de plaisir que de parler de vous, et je ne sais si c'est par estime ou par inclination, ou même par intérêt que je vous mets au-dessus de toutes les autres. Si cela vous paraît peu vraisemblable à cause que vous m'avez extrêmement négligé, je vous apprends qu'entre vos merveilleuses qualités qui font tant de bruit, vous en avez une que je regarde comme un enchantement : c'est que les gens de bon goût qui vous ont bien connue ne vous sauraient quitter, de quelque adresse que vous usiez pour vous en défaire, et j'en suis un fidèle témoin. »

Entraîné par ces souvenirs, Méré ira même plus loin, presque aussi loin qu'on peut aller. « Ceci, conclut-il, me remet dans l'esprit un sentiment que je vous ai vu, et dont vous devriez vous désabuser. Car il n'est pas vrai qu'on se lasse de tout à continuer, et la défiance que vous avez de pouvoir conserver celui qui vous aurait plu pour le mariage est très mal fondée. Qu'elle ne vous en détourne point sur ma parole. Je vous jure que de tant de belles personnes que j'ai pratiquées, vous êtes celle qui le devez le moins craindre, et je vous conseille d'en prendre le hasard. Car, encore que votre abord gagne aisément ceux qui vous voient, vos attraits les plus piquants ne se montrent pas si vite, et plus on aura goûté de vos bonnes grâces, plus on en sera charmé. Ne dirait-on pas que je vous veux disposer à recevoir les services d'un galant homme : mais je n'en sache pas de si digne de vous que moi, et je sens bien que si la fantaisie de me prendre vous était venue, je me laisserais vaincre, et que je vous aimerais toujours. Il me semble, Madame, que si vous étiez un peu plus enjouée, et qu'on pût espérer de vous plaire en badinant, vous en seriez plus saine et plus heureuse. Aussi bien, le monde est si peu de chose, que c'est être bien fou que d'être si sage [1]. Mais, sérieusement, puisque vous êtes si

1. Pascal devait écrire de son côté : « Les hommes sont si nécessairement fous que ce serait être fou par un autre

sérieuse, celui que vous auriez choisi ne serait-il pas au plus haut point de bonheur qu'on pût désirer, de passer sa vie auprès de la plus agréable personne du monde, auprès de vous, Madame, qui donnez tant d'admiration qu'il faudrait avoir votre génie et vos délicatesses pour vous louer d'aussi bon air que vous le méritez [1]. »

Était-ce donc là, de la part de Méré, un pur badinage, et comme une plaisanterie qu'il croyait de bon goût? Ou bien Méré, qui devait vivre juste assez pour savoir Louis XIV uni à Mme de Maintenon (1684), mais qui, alors, apparemment, ne soupçonnait guère que le galant homme était prêt, dont Mme de Maintenon accepterait les services; Méré ne continuait-il pas à nourrir au fond du cœur une passion véritable pour celle que Scarron avait épousée et dont si volontiers lui-même, autrefois, il eût fait sa femme ou plutôt sa maîtresse? C'est ce que donnent évidemment à penser d'autres passages de sa correspondance. Qu'on en juge.

Mme de Maintenon, qui conduisait aux eaux de Barèges le duc du Maine, devait, en passant, s'arrêter dans le Poitou. Ce pays ne lui rappelait-il pas, en effet, en même temps que d'autres et mélancoliques souvenirs de famille, ses douces années d'enfance

tour de folie de n'être pas fou. » *Les Pensées, etc.,* édit. Molinier, t. I, p. 118.

1. *OEuvres de Méré,* t. I, p. 123.

chez sa tante de Villette? Or, informé de ce dessein, voici ce que Méré mandait à M. de Marillac, intendant de la province. « Il n'y a point d'humeur si sauvage qui puisse tenir contre une lettre si galante qu'est celle que vous me faites l'honneur de m'écrire. Aussi, Monsieur, quoique je sois enchanté, comme vous dites, le long des ruisseaux, je me souviens toujours agréablement du plaisir que j'avais après de vous sur le rivage de la mer, et ce charme l'emporte sur celui de ma solitude. Je me prépare donc à vous aller rendre mes respects, et je suis bien aise que vous ayez à gouverner trois ou quatre jours Mme de Maintenon ; mais je la crains presque autant que je la souhaite. Elle m'a fait passer de fâcheuses nuits, et si je la revoyais souvent, cela me pourrait bien encore arriver. J'ai été le premier à l'instruire et, quand elle voudrait rougir d'avoir eu un si mauvais maître, je n'ai pas peu contribué à ces manières si délicates et à ces grâces si piquantes que vous admirez en elle. J'espère de lui faire avouer en votre présence qu'elle m'en est obligée, et vous jugez bien que ce ne sera pas tant par reproche que par vanité [1]. » Aussi bien, il y avait longtemps que Méré s'était posé en protecteur et en protecteur attitré de Mme Scarron. C'est ainsi qu'antérieurement il écrivait à un autre inten-

1. *OEuvres de Méré*, t. II, p. 179.

dant du Poitou, M. Pelot : « Une belle dame, et d'un mérite extraordinaire, m'ordonne de vous employer ; je sais que vous n'aimez rien tant qu'à faire plaisir et que jamais homme ne s'y est pris de meilleure grâce. Mais ce qui vous doit sensiblement toucher, c'est Mme Scarron, qui veut bien vous être obligée, et je puis vous assurer qu'elle ne fait cet honneur qu'à très peu de gens, quoique les mieux faits de la Cour s'empressent fort auprès d'elle. Je ne sais ce que souhaite de vous une si aimable personne, et vous l'apprendrez par une lettre qu'elle vous en écrit. Mais je vous prédis que si vous êtes si heureux que de la pouvoir servir, vous me remercierez à quelque heure de vous en avoir prié [1]. » Une autre lettre adressée par Méré à une dame qu'il ne nomme pas, mais que La Beaumelle prétend, non sans vraisemblance, être Mme Scarron elle-même, nous montre le Chevalier honoré par elle d'une faveur singulière.

Après s'être mise secrètement au service de Louis XIV et de Mme de Montespan, Mme Scarron, pour s'acquitter plus sûrement de sa tâche, s'était confinée dans une maison de la rue de Vaugirard. Là, elle vivait comme cloîtrée avec les enfants commis à sa garde, car, sur les sept bâtards que le roi eut de la marquise de Montespan, Mme Scarron

1. *Œuvres de Méré*, t. II, p. 59.

en éleva cinq. Aussi fermait-elle étroitement sa porte aux simples visiteurs, et si, par instants, elle s'échappait de sa retraite, ce n'était que pour donner le change aux sociétés que d'ordinaire elle fréquentait, soit à l'hôtel d'Albret, soit à l'hôtel de Richelieu. Encore, précaution étrange ! lui arrivait-il quelquefois de se faire saigner, de peur que la rougeur de son visage ne trahît ses émotions. « Nous soupâmes hier avec Mme Scarron et l'abbé Testu chez Mme de Coulanges, écrivait le 4 décembre 1673 à sa fille Mme de Sévigné ; nous causâmes fort ; vous n'êtes jamais oubliée. Nous trouvâmes plaisant de l'aller ramener à minuit au fond du faubourg Saint-Germain, quasi auprès de Vaugirard, dans la campagne : une belle et grande maison, où l'on n'entre point ; il y a un beau jardin, de beaux et grands appartements. » Or, c'était dans cette belle et grande maison où l'on n'entrait point, que Mme Scarron aurait pourtant admis le Chevalier. Un jour, paraît-il, Colbert, comme s'il eût voulu surprendre le secret de ce mystérieux asile, s'y présentait à l'improviste. On ne pouvait l'éconduire [1]. Méré aurait-il donc été le

---

1. Cf. Théoph. Lavallée, *Ouvr. cit. Mémoires de Languet de Gergy,* p. 127 et suiv. « M. Colbert, qui alors faisait bien du progrès dans la confiance du roi, chercha une fois un prétexte pour venir voir Mme Scarron, soit pour épier ce qui se passait chez elle, soit pour la tenter sur son secret ; quoiqu'il la surprît en arrivant à l'improviste, à une heure propre à réussir à son dessein, il ne vit rien. Un de ces petits, qui auraient pu tomber sous ses yeux, fut emporté

témoin de cette entrevue? La lettre du Chevalier rendrait presque plausible une pareille conjecture. Ou peut-être' aussi a-t-il voulu désigner Louvois, qui, en sa qualité de confident du roi, eut bientôt accès rue de Vaugirard. « Je ne crois pas, écrivait Méré à Mme Scarron, je ne crois pas avoir été de ma vie si ébloui que je le fus hier, Madame, en me promenant dans votre jardin, lorsque vous me fîtes signe de monter dans votre chambre. Et si, de loin, vous me parûtes belle et brillante, je fus encore plus surpris de votre abord et de vos façons, quoique je ne le dusse pas être. Car qui sait mieux que moi et qui l'a plus profondément senti, qu'en tout ce qui peut plaire vous ne le cédez en rien aux plus aimables de la Cour. Mais, sans mentir, Madame, vous aviez, dans ces moments, des grâces bien particulières qui m'étaient inconnues. Comme

négligemment par une femme de chambre, comme un paquet de linge sale, et la dame de la maison, tranquille comme si elle n'eût été chargée de rien, ne fut ni étonnée ni indiscrète. M. Colbert sortit comme il était entré, sans avoir ni rien vu ni rien gagné. » Nécessairement, d'ailleurs, la maison de la rue de Vaugirard s'ouvrait soit aux familiers les plus intimes du roi, soit au roi lui-même, que finit par y attirer un charme irrésistible. « Je vois tous les soirs votre gros cousin (M. de Louvois), écrivait Mme Scarron à Mme de Coulanges ; il me dit quelque chose de son maître, et puis il s'en va, car je ne voudrais pas causer longtemps avec lui. Ce maître vient quelquefois chez moi, et s'en retourne désespéré sans être rebuté. Vous pensez bien qu'à son retour chez lui, il trouve à qui parler. » Il avait fallu que Louis XIV comptât avec celle qu'il devait appeler : *Votre Solidité.*

vous n'êtes visible que pour fort peu de gens, je pensais que vous seriez seule ; c'est seule qu'on vous souhaite le plus. Je fus néanmoins bien aise de m'être trompé. La bonne mine de Monsieur..., qui vous tenait compagnie, les excellentes choses qu'il disait et la manière de s'expliquer, me donnèrent de l'admiration et me firent connaître que le bonheur ne se peut limiter. En effet, Madame, je m'étais toujours cru parfaitement heureux du seul plaisir de vous regarder et de vous écouter, et je vous avoue pourtant que cet homme ne s'en fût pas plutôt allé, que je le trouvai beaucoup à dire. Ce n'est donc pas une chose bien étrange, si vous l'avez quelquefois auprès de vous malgré votre humeur solitaire, et je ne m'étonne pas non plus s'il quitte souvent la Cour, pour venir goûter les charmes de votre conversation. Aussi, Madame, je suis persuadé qu'il aurait moins de plaisir à prendre la conduite d'un si beau royaume, sous le plus grand prince du monde, qu'à gouverner une aussi belle dame. Ces deux charges méritent bien d'être briguées et celui qui discourait avec vous me semble assez habile homme pour espérer l'une, et même assez honnête homme pour aspirer à l'autre [1] ».

D'autres fois même, entre Mme Scarron et Méré, l'intimité paraît encore plus étroite. « Obligez-moi

____

1. *OEuvres de Méré*, t. II, p. 359.

d'aller voir Mme Scarron, écrivait du Poitou le Chevalier au comte de Sourdis, et de lui dire le plus galamment que vous pourrez que, malgré l'absence, je me souviens tendrement de notre amitié, et que, de crainte qu'elle ne m'oublie, je vous ai chargé de l'embrasser de ma part. J'espère qu'elle me voudra bien faire cette grâce en votre personne, quoiqu'elle me l'ait souvent refusée à moi-même. Mais si elle vous le permet plus d'une fois, ne doutez pas que vous ne vous y soyez pris de bon air [1]. »

Voilà bien le libertin ! Ou plutôt, voilà bien le fat ! Ce qui, en somme, est certain, c'est qu'il n'a pas tenu à Méré et à ses pareils que Mme Scarron ne se trouvât de très bonne heure mise à mal. « Je ne ferai point de sottises à ma femme, aurait dit Scarron à l'un de ses amis, quelques jours avant son mariage, mais je lui en apprendrai beaucoup. » Au fond, et malgré tout, les dispositions de Scarron valaient mieux que celles de la plupart des personnes de son entourage, quelque distinguées qu'elles pussent être par la naissance ou par l'esprit. C'est ce que prouve jusqu'à l'évidence une dernière lettre que nous citerons de Méré, lettre instructive et curieuse autant qu'honorable pour la femme rare qui en est l'objet [2]. Ninon de Lenclos

1. *OEuvres de Méré*, t. II, p. 132.
2. M. Th. Lavallée, dans son édition de la *Correspondance générale de Mme de Maintenon* (4 vol. in-12, Paris, 1865,

répétait de Mme Scarron : « Dans sa jeunesse, elle était vertueuse par faiblesse d'esprit. J'aurais voulu l'en guérir, mais elle craignait trop Dieu. » Méré, de même, avoue sans détour « que ce qui le fâche de Mme Scarron, c'est qu'elle s'attache trop à son devoir, malgré tous ceux qui tâchent de l'en corriger. » Et, cependant, le frivole Chevalier ne peut s'empêcher de rendre hommage, sinon à sa vertu, du moins à ses attraits enchanteurs. Sa lettre est adressée à la duchesse de Lesdiguières. « Vous voulez, lui écrivait-il, que je vous parle de cette jeune Indienne que vous appelez mon écolière, et je vous dirai, Madame, que c'est une des personnes que je connaisse qui mérite autant qu'on lui donne de bonnes leçons. Je souhaiterais fort qu'elle fût aussi votre écolière, et qu'elle eût devant ses yeux ce qu'on ne peut lui montrer en votre absence que par une faible idée. Si vous l'eussiez menée avec vous de la sorte que vous l'aviez résolu, et comme elle s'y attendait, si son mari eût pu se passer d'elle si longtemps, elle fût revenue tout autre, et c'eût été un chef-d'œuvre. Je vous assure aussi, Madame, que votre voyage en eût été plus agréable ; car, outre qu'elle est fort belle et d'une beauté qui

t. I, p. 62), a pris justement texte de cette lettre pour venger Mme de Maintenon de toutes les calomnies répandues sur les années de sa jeunesse et l'époque de sa vie antérieure à son mariage avec Louis XIV.

plaît toujours, elle est douce, reconnaissante, secrète, fidèle, modeste, intelligente et, pour comble d'agréments, elle n'use de son esprit que pour se divertir ou pour se faire aimer. Et ce que j'admire d'une si jeune personne, c'est que tous les galants ne sont bien reçus auprès d'elle qu'autant qu'ils sont honnêtes gens, et, suivant cette règle, il me semble qu'elle n'est pas en grand danger; cependant les mieux faits de la Cour et les plus puissants dans les finances l'attaquent de tous côtés. Mais, comme je la connais, elle soutiendra bien des assauts avant que de se rendre, et ce qu'on la voit si libre, et qui engage beaucoup de gens auprès d'elle, ne leur doit pas faire espérer d'en venir à bout; car ce n'est qu'une marque de sa confiance, et qu'elle sait bien à quoi s'en tenir. Ce qui me fâche d'elle, je vous l'avoue, c'est qu'elle s'attache trop à son devoir, malgré tous ceux qui tâchent de l'en corriger. Je m'aperçus qu'elle avait cet horrible défaut dernièrement que son mari, qui ne peut se tourner d'un côté de son lit à l'autre, se mit en fantaisie d'aller aux Indes, s'imaginant que le séjour de ce pays-là le remettrait dans sa première santé. Je vis l'heure qu'il allait partir, et cette jeune femme qui se devait plaire en France, était prête de l'accompagner, et de voir encore une fois l'Amérique. Je trouve par là qu'une grande Reine qui parle toujours avec beaucoup d'esprit et juge si bien de tout, ne l'avait pourtant pas bien connue, quand elle dit à ce malade que sa femme était le meuble le plus inutile de sa maison [1]. »

A coup sûr, nous voilà bien loin des commérages de Ninon sur la fameuse chambre jaune, qu'elle aurait tant de fois prêtée à Mme Scarron et à Villarceaux. « Je ne sçais, écrivait Montaigne, si les exploits de César et d'Alexandre surpassent en rudesse la résolution d'une belle jeune femme, nourrie en nostre façon, à la lumière et commerce du monde, battue de tant d'exemples contraires, et se maintenant entière au milieu de mille continuelles et fortes poursuites [2]. » Toute déclamation à part, c'est un éloge que Mme de Maintenon semblerait avoir mérité.

En définitive, Méré lui-même dut en faire son deuil. Il lui fut impossible, aussi bien qu'à Fouquet, de compter Mme de Maintenon au nombre de ses conquêtes et d'ajouter son nom « à ceux de tant de belles personnes qu'il avait pratiquées ». Mais, indubitablement, d'autres belles personnes l'en consolèrent, comme aussi il dut s'en consoler par le jeu. « De la manière dont vous parlez, lui écrivait Miton, je croirais bien que le jeu et les dames vous consolent aisément de mon absence [3]. »

1. *OEuvres de Méré,* t. II, p. 156.
2. *Essais,* liv. III, ch. v.
3. *OEuvres de Méré,* t. II, p. 236.

Le jeu et les dames, telles furent effectivement, avec les préoccupations du bel esprit, les deux passions dominantes et constantes de Méré. Ainsi, c'était en jouant au piquet avec une de ses nièces, qu'il devait mourir. Parfois même, de son propre aveu, le jeu lui faisait tort auprès des dames, en lui ôtant le loisir nécessaire à l'élaboration des épîtres raffinées dont il se plaisait à leur offrir le régal. « Présentement je ne pense rien qui vous convienne, écrivait-il à Mme de la Bazinière, et je ne trouve pas un mot dont je sois satisfait. Je suis étourdi d'avoir joué tout le jour, et je vois bien qu'un autre qui saurait mieux se ménager prendrait mieux son temps [1]. » D'autre part, au jeu, comme en toutes choses où il daignait paraître, Méré se piquait d'exceller. Beau joueur et joueur habile, il était devenu, dans les coups douteux, comme il nous l'apprend lui-même, un arbitre souvent consulté. « Nos seigneurs les maréchaux de France, écrivait-il assez plaisamment, ont besoin de divertissement pour se donner du relâche et se remettre de leurs occupations laborieuses, de sorte qu'ils passent la meilleure partie du jour et de la nuit à jouer... Or vous savez qu'il y a des coups douteux dans le jeu qui causeraient à toute heure de fâcheuses disputes, si l'on n'y mettait ordre. Quand

____

1. *OEuvres de Méré,* t. II, p. 88.

il en arrive à ces grands hommes, ils m'appellent volontiers pour les accorder si je suis présent, m'exposent le fait dont il est question, et me disent leurs raisons de part et d'autre. Je les écoute, je leur rends justice, et les juge souverainement [1]. » Au demeurant, le Chevalier de Méré le prenait incontestablement de très haut et de trop haut, quand il osait bien écrire au duc de Mazarin « que son nom s'étendait plus loin que celui de son pays, et que, s'il sortait de France, il serait reçu avec des sentiments de joie en toutes les Cours de l'Europe [2]. » C'était s'exagérer presque jusqu'au ridicule le sentiment de son importance. Toutefois, avec ses qualités et ses défauts, sa préciosité et sa littérature, ses relations dans le grand monde et son commerce avec les esprits les plus délicats de son temps, Méré aurait sans doute encore quelque droit à n'être pas complètement oublié, alors même que son nom ne se rattacherait point d'une manière, du reste inattendue, à l'histoire même du génie de Pascal. Car on est fort tenté ici de le redire :

> Quelqu'un aurait-il jamais cru
> Qu'un lion d'un rat eût affaire [3]?

1. *OEuvres de Méré*, t. II, p. 229.
2. *Ibid.*, p. 112.
3. La Fontaine, *Fables*, l. XI, fabl. XI.

II

Compatriote de Balzac, avec lequel on le voit échanger de fréquentes lettres [1], il ne se pouvait guère que Méré, qui appartenait à une des familles les plus considérables du Poitou, ne se trouvât également en rapports avec le duc de Roannez, gouverneur de cette province. Ce fut par lui qu'il connut Pascal.

On a souvent rappelé, en effet, de quelle intime amitié Pascal se trouvait lié avec Roannez et comment il en était venu à diriger en quelque sorte son esprit, témoin les trois Discours qu'il adressa au duc sur la condition des Grands [2]. Personne n'ignore non plus avec quelle ardeur de piété Pascal poussa vers le cloître la sœur de son noble ami, comme déjà il y avait dirigé sa propre sœur Jacqueline. Enfin tout le monde sait quelles éloquentes

---

1. Cf. *OEuvres de Méré*, t. II, p. 6, 14 et suiv.

2. Cf. P. Faugère, *Pensées*, etc., t. I, p. 339 et suiv. *Discours sur la condition des Grands*, 1652 et 1653. Cf. *Les Pensées de Blaise Pascal*, édit. Molinier, t. II, p. 152 et 153. « Un vrai ami est une chose si avantageuse, même pour les plus grands seigneurs, afin qu'il dise du bien d'eux et qu'il les soutienne en leur absence même, qu'ils doivent tout faire pour en avoir. Mais qu'ils choisissent bien, car s'ils font tous leurs efforts pour des sots, cela leur sera inutile, quelque bien qu'ils disent d'eux, et même ils n'en diront pas de bien s'ils se trouvent les plus faibles, car ils n'ont pas d'autorité. Et ainsi ils en médiront par compagnie. » Roannez avait bien choisi.

lettres il lui adressa, lettres saintement héroïques, d'où l'on devait extraire plus d'un passage des *Pensées* [1], mais qui ne parvinrent point à conjurer le triste sort de celle qu'attendaient, devenue en 1667 et au sortir de Port-Royal, duchesse de La Feuillade, les plus cruelles épreuves domestiques [2].

1. Cf. P. Faugère, *Pensées*, etc., t. I, p. 35, *Extraits de quelques lettres à Mademoiselle de Roannez.*

2. Les langueurs d'une santé chancelante, la perte de plusieurs enfants et la douleur de voir maléficiés ceux qui lui restaient, ce furent là notamment les maux qu'eut à endurer la duchesse de La Feuillade. On a parfois attribué à Pascal des sentiments plus profanes pour Mlle de Roannez. A la vérité, le *Discours sur les passions de l'amour* n'est pas pour démentir une telle conjecture. On n'a pas manqué non plus de se prévaloir de ce qu'a écrit Fléchier dans ses *Mémoires sur les grands jours d'Auvergne en 1639* (Paris, 1856, in-8, p. 79). « Une demoiselle qui est la Sapho de ce pays, est assurément l'esprit le plus fin et le plus vif qu'il y ait dans la ville. Elle était aimée par tout ce qu'il y avait de beaux esprits. Les esprits ont leurs liaisons qui font bien souvent celles des corps. M. Pascal, qui s'est depuis acquis tant de réputation, et un autre savant, étaient continuellement auprès de cette belle savante. » Cependant, d'une part, en ce qui concerne Pascal, quelle créance accorder à Fléchier, qui lui donne pour mère (*Mémoires*, p. 30) « une dame âgée de quatre-vingts ans, du nom de Jeanne Enjobert », quand il est constant que Jeanne Enjobert était sa grand'tante et que sa mère, appelée Antoinette Begon, mourut très prématurément, en le laissant en bas âge ? D'un autre côté, comment s'étonner que Pascal se fût, dans sa jeunesse, montré sensible aux attraits de l'esprit et de la beauté ? Et alors même que Mlle de Roannez eût, en outre, gagné son cœur par le prestige de la naissance, comment méconnaître que ce furent surtout des sentiments d'une haute et presque violente piété que Pascal s'appliqua à faire naître et à entretenir dans cette âme d'élite ?

« M. le duc de Roannez, écrivait Marguerite Perier, fit connaissance (je ne sais pas bien à quel âge) avec M. Pascal, qui était son voisin ; il goûta fort son esprit et le mena même une ou deux fois en Poitou avec lui, ne pouvant se passer de le voir [1]. » En 1660, consumé par la maladie qui peu après devait l'emporter, Pascal projetait en Poitou et chez le duc de Roannez, un dernier séjour [2].

Ce fut pendant un de ses voyages en Poitou, que Pascal dut se rencontrer avec Méré. Ce n'est même pas là une simple hypothèse : c'est un fait avéré et que Méré lui-même a consigné d'une façon bizarre dans un passage de son *Discours de l'Esprit*, qu'a, le premier, ce semble, signalé M. François Collet [3]. Voici effectivement en quels termes s'exprime Méré :

1. Cf. P. Faugère, *Pensées*, etc., t. I, p. 381 et suiv. *Extrait de la notice de Marguerite Perier sur Monsieur et Mademoiselle de Roannez*. Tel fut l'ascendant qu'exerçait Pascal sur le duc de Roannez, qu'on s'en prit à lui du refus que fit le duc, au grand déplaisir de sa famille, d'épouser Mlle de Menus. « M. Pascal demeurait alors chez M. de Roannez, écrit Marguerite Perier ; il lui avait donné une chambre, où il allait de temps en temps, quoiqu'il eût une maison dans Paris... La résolution du duc se répandit à l'hôtel de Roannez, où M. Pascal était encore ; en sorte que la concierge de la maison alla un matin, sur les huit heures, avec un poignard pour le tuer ; heureusement elle ne le trouva point, il était sorti ce jour-là, contre son ordinaire, de grand matin. Il fut averti de cette aventure et n'y retourna plus. »

2. Cf. Bossut, *Œuvres de B. Pascal*, t. IV, p. 447.

3. *Fait inédit de la vie de Pascal* (*Liberté de penser*, février 1848). Sur les rapports de Pascal et de Méré, voyez aussi M. E. Havet, *Pensées de Pascal*, introduction, p. 104 et suiv.

« Je fis un voyage avec le D. D. R., qui parle d'un sens juste et profond, et que je trouve de fort bon commerce. M. M., que vous connaissez et qui plaît à toute la Cour, était de la partie ; et parce que c'était plutôt une promenade qu'un voyage, nous ne songions qu'à nous réjouir, et nous discourions de tout. Le D. D. R. a l'esprit mathématique et, pour ne pas s'ennuyer sur le chemin, il avait fait provision d'un homme entre deux âges, qui n'était alors que fort peu connu, mais qui depuis a bien fait parler de lui. C'était un grand mathématicien, qui ne savait que cela. Ces sciences ne donnent pas les agréments du monde ; et cet homme, qui n'avait ni goût ni sentiment, ne laissait pas de se mêler en tout ce que nous disions, mais il nous surprenait presque toujours et nous faisait souvent rire. Il admirait l'esprit et l'éloquence de M. du Vair, et nous rapportait les bons mots du lieutenant criminel d'O. ; nous ne pensions à rien moins qu'à le désabuser : cependant nous lui parlions de bonne foi. Deux ou trois jours s'étant écoulés de la sorte, il eut quelque défiance de ses sentiments, et ne faisant plus qu'écouter ou qu'interroger, pour s'éclaircir sur les sujets qui se présentaient, il avait des tablettes qu'il tirait de temps en temps, où il mettait quelque observation. Cela fut bien remarquable qu'avant que nous fussions arrivés à P... il ne disait presque rien qui ne fût bon, et que nous n'eussions voulu dire, et sans mentir, c'était être revenu de bien loin. Aussi, pour dire le vrai, la joie qu'il nous témoignait d'avoir pris un tout autre esprit était si visible, que je ne crois pas qu'on en puisse sentir une plus grande; il nous la faisait connaître d'une manière enveloppée et mystérieuse :

« Quel subit changement du sort qui me conduit !
J'étais en ces climats où la neige et la glace
Font à la terre une horrible surface,
Pendant cinq ou six mois d'une profonde nuit ;
Après, quand le soleil y revient à son tour,
Il se montre si bas, et si pâle et si sombre,
Que c'est plutôt son fantôme ou son ombre,
Que l'aimable soleil qui ramène le jour.
Dans un triste silence et comme en un tombeau,
Je cherchais à me plaire, où l'extrême froidure
Ensevelit au sein de la nature
Par un nuage épais ce qu'elle a de plus beau. »

« Cependant, continuait cet homme, je ne laissais pas d'aimer des choses qui ne me pouvaient donner que de tristes plaisirs, et je les aimais parce que j'étais persuadé que les autres ne pouvaient connaître que ce que j'avais connu. Mais enfin je suis sorti de ces lieux sauvages, me voilà sous un ciel pur et serein. Et je vous avoue que d'abord, n'étant pas fait au grand jour, j'ai été fort ébloui d'une lumière si vive, et je vous en voulais un peu de mal; mais, à cette heure que j'y suis accoutumé, elle me plaît, elle m'enchante, et, quoique je regrette

le temps que j'ai perdu, je suis beaucoup plus aise
de celui que je gagne. Je passais ma vie en exil, et
vous m'avez ramené dans ma patrie. Aussi vous ne
sauriez croire combien je vous suis obligé. »

« Depuis ce voyage, il ne songea plus aux mathématiques, qui l'avaient toujours occupé, et ce fut là
comme son abjuration [1]. »

Ce morceau abonde sans doute en choquantes
disparates. Car le moyen de soupçonner Pascal, je
ne dis pas dans « cet homme entre deux âges »
(des infirmités précoces avaient dû prématurément
vieillir l'inventeur de la machine arithmétique),
mais dans « cet homme qui n'avait ni goût ni sentiment, et se mêlant en tout ce que l'on disait, faisait souvent rire ses interlocuteurs? » Et, encore, que
croire de cette illumination soudaine qui ouvre les
yeux de Pascal aux clartés d'un ciel pur et serein,
et de l'exil le ramène dans sa patrie? Il y a là certainement, pour le besoin de la mise en scène, des
traits sans ressemblance, et toute cette prose de
rhétorique appartient, non à Pascal, mais à Méré,
aussi bien que les vers de mirliton qu'il lui a plu d'y
intercaler. Néanmoins, dans cet écrit qui ne parut
qu'en 1677 et où l'auteur, par conséquent, a pu se
donner toute licence, il est bien difficile de ne pas
constater, avec M. Collet, que d'autres énonciations

---

1. *OEuvres de Méré,* t. I, p. 38.

se rapportent expressément à Pascal, de même que
par les initiales (D. D. R. — P. — M. M.) dont se
sert Méré, ce sont évidemment le duc de Roannez,
Poitiers, et probablement Miton, qu'il a voulu désigner. Quel autre, en effet, que Pascal serait ce grand
mathématicien, alors fort peu connu, mais qui
depuis a bien fait parler de lui? M. Collet l'a judicieusement observé. Il suffit de placer la date de ce
voyage un peu avant celle des *Provinciales* (1656),
pour que l'on puisse écrire exactement de Pascal,
que tout célèbre et célébré qu'il fût dans son entourage ou dans le monde des physiciens et des géomètres, son nom n'acquit une véritable notoriété
publique qu'après le bruit que firent les *Petites
Lettres*. Ajoutons une remarque qui, croyons-nous,
n'a pas été faite. N'était-ce pas précisément de ce
voyage que se souvenait Pascal lorsqu'il écrivait :
« J'aurai aussi mes pensées de derrière la tête. Je
prendrai garde à chaque voyage [1]. » Mais ce sont
surtout les dernières lignes du fragment qui deviennent péremptoires. « Depuis ce voyage, conclut
Méré, il ne songea plus aux mathématiques, qui
l'avaient toujours occupé, et ce fut là son abjuration. » Or ces mots se relient d'une manière
étroite, presque immédiate, à la correspondance
que Méré, quelles qu'aient été l'époque et l'ori-

1. *Les Pensées de Blaise Pascal,* édit. Molinier, t. I, p. 19.

gine de sa liaison avec Pascal, entretint avec lui.

Ce n'est pas que cette correspondance ait été fort active et soutenue ; car, bien que Pascal certainement ait écrit à Méré, nous n'avons point de lettre de Pascal à Méré, et ce n'est qu'incidemment que l'on rencontre chez l'illustre géomètre le nom du Chevalier. D'un autre côté, c'est à tort que Nadal, dans la préface qu'il a mise aux œuvres posthumes de Méré, parle « des lettres de Méré à M. Pascal sur les mathématiques ». Le volumineux recueil des lettres de Méré n'en renferme, en effet, qu'une seule, par lui adressée à Pascal, laquelle, comme à l'ordinaire, ne porte d'ailleurs aucune mention de date ni de lieu. Mais, en réalité, cette lettre en vaut plusieurs, car elle est très longue et confond véritablement le lecteur par les sujets dont il y est question, aussi bien que par le ton sur lequel ils y sont traités. Il est donc nécessaire de la transcrire *in extenso*.

« Vous souvenez-vous de m'avoir dit une fois, écrivait Méré à Pascal, que vous n'étiez plus si persuadé de l'excellence des mathématiques. Vous m'écrivez à cette heure que je vous en ai tout à fait désabusé, et que je vous ai découvert des choses que vous n'eussiez jamais vues si vous ne m'eussiez connu. Je ne sais pourtant, Monsieur, si vous m'êtes si obligé que vous pensez. Il vous reste encore une habitude que vous avez prise en cette science, à ne juger de quoi que ce soit que par vos démonstrations, qui le plus souvent sont fausses. Ces longs raisonnements, tirés de ligne en ligne, vous empêchent d'entrer d'abord en des connaissances plus hautes qui ne trompent jamais. Je vous avertis aussi que vous perdez par là un grand avantage dans le monde, car lorsqu'on a l'esprit vif et les yeux fins, on remarque, à la mine et à l'air des personnes qu'on voit, quantité de choses qui peuvent beaucoup servir; et si vous demandiez, selon votre coutume, à celui qui sait profiter de ces sortes d'observations, sur quel principe elles sont fondées, peut-être vous dirait-il qu'il n'en sait rien, et que ce ne sont des preuves que pour lui. Vous croyez, d'ailleurs, que, pour avoir l'esprit juste et ne pas faire un faux raisonnement, il vous suffit de suivre vos figures sans vous en éloigner, et je vous jure que ce n'est presque rien non plus que cet art de raisonner par les règles, dont les petits esprits et les demi-savants font tant de cas. Le plus difficile et le plus nécessaire pour cela dépend de pénétrer en quoi consistent les choses qui se présentent, soit qu'on veuille les opposer ou les comparer, ou les assembler, ou les séparer, et dans le discours en tirer des conséquences bien justes. Vos nombres ni ce raisonnement artificiel ne font pas connaître ce que les choses sont, il faut les étudier par une autre voie, mais vous demeurerez toujours dans les erreurs où les fausses démonstrations de la géométrie vous ont jeté, et je ne vous croirai point tout à fait guéri des mathématiques tant que vous soutiendrez que ces petits corps dont nous disputâmes l'autre jour se peuvent diviser jusques à l'infini.

« Ce que vous m'en écrivez me paraît encore plus éloigné du bon sens que tout ce que vous m'en dites dans notre dispute. Et que prétendez-vous conclure de cette ligne que vous coupez en deux également, de cette ligne chimérique dont vous coupez encore une des moitiés, et toujours de même jusqu'à l'éternité; mais qui vous a dit que vous pouvez ainsi diviser cette ligne, si ce qui la compose est inégal comme un nombre impair? Je vous apprends que dès qu'il entre tant soit peu d'infini dans une question, elle devient inexplicable, parce que l'esprit se trouble et se confond. De sorte qu'on en trouve mieux la vérité par le sentiment naturel que par vos démonstrations. Vous m'alléguez qu'on ne se peut figurer un corps si petit qu'on ne lui donne une circonférence, un côté droit, un côté gauche, un dans le haut, l'autre dans le bas, et qu'ainsi on le voit toujours divisible? Que voulez-vous conclure par là? Mais que dites-vous du globe, quand il tourne sur son centre qui demeure immobile? Est-ce quelque chose que ce centre, ou rien du tout? Si ce n'est rien, vos démonstrations se fondent sur une chimère, et vous n'y devez pas avoir beaucoup de foi. Que si c'est je ne sais quoi à sa mode, je n'ai pas plus de peine à me représenter ce je ne sais quoi rempli que vide; et néanmoins il faut que je me le figure indivisible si je veux qu'il soit fixe et sans mouvement quand le cercle tourne sur son point du milieu. Je crois que l'erreur où vous êtes vient principalement de ce que les géomètres n'ont pas pris garde qu'une chose peut bien être matérielle sans être un corps; car on entend sous ce mot de corps une matière composée de plusieurs parties, de sorte que la conséquence est bonne que ces parties se peuvent diviser les unes des autres, mais ce n'est pas à dire que chaque partie considérée en elle-même soit divisible? Et de fait, cette portion de matière qui n'occupe que le centre du globe, si elle avait des côtés ne serait pas immobile quand le globe tourne. Que si vous répondez qu'il n'y a que l'espace qui demeure fixe et sans mouvement au milieu du globe ou de la sphère, vous ne songez pas que vos premiers maîtres qui croyaient vous apprendre quelque chose en vous disant cela ne vous auraient pourtant rien dit, puisque de sa nature l'espace du lieu se trouve inébranlable, et qu'il demeure éternellement dans un même état, comme l'espace du temps ne s'arrête jamais.

« Vous savez que j'ai découvert dans les mathématiques des choses si rares que les plus savants des anciens n'en ont jamais rien dit, et desquelles les meilleurs mathématiciens de l'Europe ont été surpris ; vous avez écrit sur mes inventions aussi bien que Monsieur Huguens (*sic*), Monsieur de Fermac (*sic*) et tant d'autres qui les ont admirées. Vous devez juger par là que je ne conseille à personne de mépriser cette science, et, pour dire le vrai, elle peut servir pourvu qu'on ne s'y attache pas trop, car d'ordinaire ce qu'on y cherche si curieusement me paraît inutile, et le temps qu'on y donne pourrait être bien mieux employé. Il me semble aussi que les raisons qu'on trouve en cette science, pour peu qu'elles soient obscures ou contre le sentiment, doivent rendre les conséquences qu'on en tire fort suspectes, surtout comme j'ai dit quand il s'y mêle de l'infini.

« Une de nos reines se plaisait à faire disputer sur de pareils sujets où jamais on ne s'accordait, comme si l'oiseau était plus ancien que l'œuf, ou l'œuf que l'oiseau, et ses Mémoires témoignent bien qu'elle était savante, et qu'elle avait de l'esprit ; mais, supposé que l'oiseau ne puisse venir sans l'œuf, ni l'œuf sans l'oiseau, comment peut-on décider lequel des deux est le premier ? Les points et les moments sont imperceptibles, qui que ce soit n'en a l'idée bien distincte, et ne les voit bien clairement ; néanmoins on ne laisse pas de les vouloir rapporter les uns aux autres dans une extrême justesse, et d'en discourir bien ponctuellement. Nous ne comprenons les points et les moments que de cela seul qu'ils ne sont pas divisibles ; et croyez-vous que ce soit connaître une chose que de savoir seulement ce qu'elle n'est pas? Cette ignorance fait perdre du temps à chercher tant de fausses démonstrations, qui renversent le bon sens, comme de prouver par des conséquences qui paraissent vraisemblables que deux corps se peuvent toujours approcher sans jamais se joindre et tant d'autres de cette espèce. Mais il se faut souvenir que le bon sens ne se trompe guère, et qu'à la réserve des choses surnaturelles, tout ce qui le choque est faux.

« Je ne conçois pas, dites-vous, que rien de matériel soit indivisible; peut-être ne le conçois-je pas non plus que vous, et je vois pourtant bien que la conséquence que vous en tirez, qu'il s'y trouve une infinité de parties, n'est pas juste. Et que savez-vous si ce n'est pas le défaut de votre imagination? ou même celui de ce petit corps qui, pour sa petitesse, ne peut venir à la connaissance des sens? Ne conclurons-nous pas de la même sorte que tout ce que nous ne pouvons comprendre n'est qu'un songe? Et comprenez-vous bien une chose que vous êtes contraint d'avouer par vos principes, qu'un grain d'or suffirait à dorer tout l'argent, tout le cuivre, tout le plomb, tout le fer, tout le bois, et toutes les matières qui se peuvent dorer? Oui, me direz-vous, pourvu que ce grain fût bien ménagé. Mais comment ménager, quand il faut faire une dépense infinie? Et puis, à quoi bon ménager ce qui ne se peut épui-

ser? Il me semble qu'un grand esprit comme vous
devrait être au-dessus des arts et des sciences, bien
loin de s'y laisser empiéter et d'en être esclave.

« Je vous demande encore si vous comprenez distinctement qu'en la cent-millième partie d'un grain
de pavot, il y pût avoir un monde, non seulement
comme celui-ci, mais encore tous ceux qu'Épicure
a songés. Pouvez-vous comprendre dans un si petit
espace la différence des grandeurs, celle des mouvements et des distances, de combien le soleil est
plus grand que ce petit animal qui luit quelquefois
dans la nuit, et de combien la vive clarté de ce
grand astre surmonte cette faible lueur? Pouvez-
vous concevoir en ce petit espace de combien le
soleil va plus vite que Saturne, ou si le soleil est
immobile comme quelques-uns en sont persuadés.
Pourriez-vous supputer, ni vous, ni Archimède, en
un lieu si serré, de combien le mouvement du boulet
qui sort du canon surpasse l'allure d'une tortue? Trou-
verez-vous dans un coin si étroit les justes proportions des éloignements, de combien les étoiles sont
au-dessus de la terre au prix de la lune? Mais sans
aller si loin, vous pouvez-vous figurer dans ce petit
monde de votre façon la surface de la terre et de
la mer, tant de profonds abîmes dans l'une et dans
l'autre, tant de montagnes, tant de vallons, tant de
fontaines, de ruisseaux et de fleuves, tant de cam-
pagnes cultivées, tant de moissons qui se recueil-

lent, tant de forêts, dont les unes sont debout et les autres coupées, tant de villes, tant d'ouvriers dont les uns bâtissent, les autres démolissent, et quelques-uns font des lunettes d'approche qui ne laissent pas de servir parmi ces petits hommes, parce que leurs yeux et tous leurs sens sont proportionnés à ce petit monde? Quoi donc, tous ces voyages de long cours, ces grands et ces petits vaisseaux qui font le tour du monde, et dont les uns sont si bons voiliers qu'ils ne craignent point les corsaires ! Ce grand nombre de combats sur la terre et sur la mer ; la bataille d'Arbelles, où le roi de Perse fut vaincu au milieu de deux cent mille chevaux et de huit cent mille hommes de pied, sans compter tant de chariots armés ! Considérez aussi la bataille de Pharsale, où César mit Pompée en fuite ; et celle qu'Auguste donna sur la mer, où tant de vaisseaux furent brûlés et toutes les forces du Levant dissipées. La bataille de Lépante me semble encore plus considérable en ce petit monde, à cause du grand bruit de l'artillerie : et cet épouvantable combat des souris et des grenouilles qu'Homère a chanté d'un si haut ton ! En vérité, Monsieur, je ne crois pas qu'en votre petit monde on pût ranger dans une juste proportion tout ce qui se passe en celui-ci, et dans un ordre si réglé et sans embarras ; surtout en des villes si serrées, l'on devrait bien craindre, pour le danger des embrasements, de faire des feux de joie

et de fondre des canons et des cloches. Pensez aussi
qu'en cet univers de si peu d'étendue, il se trouverait des géomètres de votre sentiment qui feraient
un monde aussi petit auprès du leur, que l'est celui
que vous formez en comparaison du nôtre, et que
ces diminuations (*sic*) n'auraient pas de fin. Je vous
en laisse tirer la conséquence. Nous ignorons plusieurs choses dont nous ne devons parler que douteusement, comme nous en connaissons beaucoup
d'autres que nous pouvons décider; et, parmi les
personnes qu'on pratique, je ne trouve pas moins
incommode de ne pas dire ce qu'on sait que d'affirmer ce qu'on ne sait pas. Doutons si la lune cause
le flux et reflux de l'Océan, si c'est la terre ou le ciel
qui tourne, et si les plantes qu'on nomme sensitives
ont du sentiment; mais assurons que la neige nous
éblouit, que le soleil nous éclaire et nous échauffe,
et que l'esprit et l'honnêteté sont au-dessus de tout.

« Pour ce qui regarde le sujet de notre dispute,
je vous dirai franchement ce que j'en pense : il me
semble donc que toutes les parties matérielles dont
le monde est composé sont comptées. Leur créateur
en sait le nombre; elles ne croissent ni ne dimi-
nuent, puisque rien ne se peut créer ni se réduire
au néant, du moins selon l'ordre de la nature.
Chaque petite partie que Dieu voit en elle-même a
son être à part; et ce petit corps, pour subsister,
n'a que faire d'un autre corps, car rien ne subsis-

terait nécessairement, et tous les corps se pourraient
anéantir, puisqu'il n'y en a point qui ne se puisse
séparer. Le monde corporel est composé de ces
petits corps qui sont de différente nature, et, quoiqu'ils soient si petits qu'ils ne sont presque rien,
cependant, à les bien considérer, ce sont les seuls
dont l'être est réel et nécessaire. Car les composés,
comme un arbre, une fleur ou un fruit, ne subsistent que par hasard et pour un temps, parce que
ces petites parties qui les composent se séparent
comme elles s'assemblent, de sorte que, selon leur
diverse nature plus ou moins noble et leur proportion plus ou moins juste, nous trouvons ce qui s'en
compose plus ou moins parfait ; et de là vient, pour
ces sortes de choses, tout ce qu'on aime et qu'on
admire. Du reste, vous espérez connaître tout, à
force d'étudier le monde, je veux dire le monde
naturel, dans la simplicité qu'il a plu à Dieu de le
créer. Car, pour le monde artificiel, qui dépend des
institutions des hommes, vous le négligez à comparaison de l'autre, et je vous en sais bon gré. Aussi
je prends garde que les gens de ce monde artificiel
ne se mettent pas en peine de l'autre, et lorsqu'on
leur en parle, c'est un langage qui les surprend.
Mais je vous avertis qu'outre ce monde naturel qui
tombe sous la connaissance des sens, il y en a un
autre invisible, et que c'est dans celui-là que vous
pouvez atteindre à la plus haute science. Ceux qui

ne s'informent que du monde corporel jugent pour l'ordinaire fort mal, et toujours grossièrement, comme Descartes que vous estimez tant, qui ne connaissait l'espace des lieux que par les corps qui les occupaient, ni l'espace du temps que par la durée de chaque chose. Car il soutient que si l'on ôtait tous les corps qui sont entre Paris et Madrid, ces deux villes se toucheraient, et, chose étrange, qu'elles se toucheraient sans s'être approchées ; car elles se toucheraient, dit-il, puisqu'il n'y aurait rien qui les séparât, et se toucheraient sans s'être approchées, puisqu'elles seraient encore dans le même endroit. Mais, sans m'arrêter à le convaincre de cette erreur, sachez que c'est dans ce monde invisible et d'une étendue infinie qu'on peut découvrir les raisons et les principes des choses, les vérités les plus cachées, les convenances, les justesses, les proportions, les vrais originaux et les parfaites idées de tout ce que l'on cherche [1]. »

Après avoir lu cette prolixe épître, comment ne pas le reconnaître? Manifestement, dès les premiers mots, elle se rattache de la façon la plus directe au fragment du *Discours de l'Esprit*. « Vous souvenez-vous de m'avoir dit une fois, que vous n'étiez plus si persuadé de l'excellence des mathématiques? Vous m'écrivez à cette heure que je vous

1. *OEuvres de Méré*, t. II, p. 60.

en ai tout à fait désabusé, et que je vous ai découvert des choses que vous n'eussiez jamais vues si
vous ne m'aviez connu. » Ces paroles rappellent, à
ne s'y pas méprendre, comme l'a parfaitement noté
M. Collet, l'entretien et les interlocuteurs du voyage
de Poitiers. D'autre part, on ne saurait s'empêcher
non plus d'être surpris, dès le début, et comme
blessé de la suffisance avec laquelle un homme tel
que Méré se permet d'écrire à un homme tel que
Pascal. C'était aussi le sentiment qu'exprimait Leibniz, à propos de cette lettre, qui se répandit, paraît-
il, parmi les savants et attira leur attention.

« J'ai presque ri, écrivait Leibniz, des airs que
M. le Chevalier de Méré s'est donnés dans sa lettre
à M. Pascal. Mais je vois que le Chevalier savait
que ce grand génie avait ses inégalités, qui le ren-
daient quelquefois trop susceptible aux impressions
des spiritualistes outrés, et le dégoûtaient même,
par intervalles, des connaissances solides... M. de
Méré en profitait pour parler de haut en bas à
M. Pascal. Il semble qu'il se moque un peu, comme
font les gens du monde qui ont beaucoup d'esprit
et un savoir médiocre. Ils voudraient nous persuader
que ce qu'ils n'entendent pas assez, est peu de chose.
Il aurait fallu l'envoyer à l'école chez M. Roberval.
Il est vrai, cependant, que le Chevalier avait quelque
génie extraordinaire, même pour les mathématiques; et j'ai appris de M. Des Billettes, ami de

M. Pascal, excellent dans les mécaniques, ce que c'est que cette découverte, dont ce Chevalier se vante ici dans sa lettre. C'est, qu'étant grand joueur, il donna les premières ouvertures sur l'estime des paris ; ce qui fit naître les belles pensées *de Alea* de Messieurs Fermat, Pascal et Huygens, où M. Roberval ne pouvait ou ne voulait rien comprendre... Il se peut, cependant, que ce Chevalier ait encore eu quelque bon enthousiasme qui l'ait transporté dans ce monde invisible et dans cette étendue infinie dont il parle, et que je crois être celle des idées ou des formes dont ont parlé encore quelques Scolastiques, en mettant en question *utrum detur vacuum formarum*. Car il dit « qu'on peut y découvrir les « raisons et les principes des choses, les vérités les « plus cachées, les convenances, les justesses, les « proportions, les vrais originaux et les parfaites « idées de tout ce qu'on cherche. » Ce monde intellectuel, dont les Anciens ont fort parlé, est en Dieu, et en quelque façon, en nous aussi. Mais ce que la Lettre dit contre la division à l'infini fait bien voir que celui qui l'a écrite était encore trop étranger dans ce monde supérieur, et que les agréments du monde visible, dont il a écrit, ne lui laissaient pas le temps qu'il faut pour acquérir le droit de bourgeoisie dans l'autre [1]. »

1. *OEuvres de Leibniz*, édition Dutens. Genève, 6 vol. in-4°, 1768, t. II, 1ʳᵉ partie, p. 92 et suiv. *Réplique aux*

De même que Leibniz, Bayle n'a pas dédaigné non plus de s'occuper de cette lettre de Méré à Pascal. Comme Leibniz encore, quoique d'ailleurs moins sévère et pour cause, il estime que les objections du Chevalier sur la divisibilité infinie du continu sont « les unes assez bonnes et les autres très mauvaises, et sentent plutôt la plaisanterie que le raisonnement ». Il déclare donc « qu'il y a lieu de s'étonner qu'une même lettre soit mêlée de choses si inégales », et conclut, en outre, que l'auteur, « dont le but était de guérir entièrement Pascal de la passion des mathématiques, s'y est fort mal pris. Au lieu, en effet, de lui marquer un autre objet que celui de cette science, comme la source et le siège des vérités où nous aspirons, il lui décrit un objet qui ressemble fort à celui des mathématiques, car elles ne contemplent point ce monde qui tombe sous la connaissance des sens, mais ce monde invisible et d'une étendue infinie, où l'on peut découvrir la justesse et les proportions [1]. »

Cependant Pascal adressa-t-il lui-même une réponse à Méré? Nous ne saurions le dire. Pascal n'a pas laissé toutefois que de faire allusion à cette lettre dans sa correspondance avec ses amis. C'est

réflexions de M. Bayle, art. RORARIUS _sur le système de l'harmonie préétablie._ Cf. _Id._, t. V, p. 203. _Annotatio de quibusdam ludis._

1. _Dictionnaire historique_, article ZÉNON, note _D_.

ainsi qu'en juillet 1651, il écrivait à Fermat : « Le Chevalier de Méré a très bon esprit, mais il n'est pas géomètre; c'est, comme vous savez, un grand défaut; et même il ne comprend pas qu'une ligne mathématique soit divisible à l'infini, et croit fort bien entendre qu'elle est composée de points en nombre infini, et jamais je n'ai pu l'en tirer; si vous pouviez le faire, on le rendrait parfait [1]. »

Effectivement, et de toute évidence, Méré n'entend absolument rien à la théorie mathématique des infiniment petits. Néanmoins, a-t-il si grand tort d'observer « que dès qu'il entre tant soit peu d'infini dans une question, elle devient inexplicable, parce que l'esprit se trouble et se confond? » Et s'il distingue mal de l'infini l'indéfini, qui est susceptible d'être soumis au calcul, le doit-on absolument condamner pour avoir soutenu l'atomisme? Ou n'est-il point fondé à ne voir que d'éloquentes hyperboles dans tout ce que Pascal lui a sans doute déjà communiqué sur l'infiniment petit par opposition à l'infiniment grand? « Que l'homme étant revenu à soi, écrivait Pascal, considère ce qu'il est au prix de ce qui est; qu'il se regarde comme égaré dans ce canton détourné de la nature; et que, de ce petit cachot où il se trouve logé, j'entends l'univers, il apprenne à estimer la terre, les royaumes, les

1. Citation empruntée à M. E. Havet, *Pensées de Pascal*, t. II, p. 289, en note.

villes et soi-même son juste prix. Qu'est-ce qu'un homme dans l'infini? Mais, pour lui présenter un autre prodige aussi étonnant, qu'il recherche, dans ce qu'il connaît, les choses les plus délicates. Qu'un ciron lui offre, dans la petitesse de son corps, des parties incomparablement plus petites, des jambes avec des jointures, des veines dans ses jambes, du sang dans ses veines, des humeurs dans ce sang, des gouttes dans ses humeurs, des vapeurs dans ces gouttes; que, divisant encore ces dernières choses, il épuise ses forces en ces conceptions, et que le dernier objet auquel il peut arriver soit maintenant celui de notre discours. Il pensera peut être que c'est là l'extrême petitesse de la nature. Je veux lui faire voir là-dedans un abîme nouveau, je veux lui peindre non seulement l'univers visible, mais l'immensité qu'on peut concevoir de la nature, dans l'enceinte de ce raccourci d'atome, qu'il y voie une infinité d'univers, dont chacun a son firmament, ses planètes, sa terre, en la même proportion que le monde visible, dans cette terre des animaux et enfin des cirons, dans lesquels il retrouvera ce que les premiers ont donné et trouvant encore dans les autres la même chose, sans fin et sans repos, qu'il se perde dans ces merveilles, aussi étonnantes dans leur petitesse que les autres par leur étendue : car qui n'admirera que notre corps, qui tantôt n'était pas perceptible dans l'univers, imperceptible lui-même dans le sein du tout, soit à présent un colosse, un monde, ou plutôt un tout, à l'égard du néant où l'on ne peut arriver [1] ? » Sans doute l'infiniment grand a de quoi nous accabler par l'immensité qui échappe à nos prises, et l'infiniment petit de quoi nous stupéfier par son contraste avec l'infiniment grand. C'est ce que Pascal constate en nous émouvant parce qu'il est ému et en un style d'une éblouissante magnificence. Du système des cieux au système d'atomes qui composent une molécule, quel abîme ! Quel prodige que la vie se condense dans un ciron ! Et que de merveilles le télescope et le microscope ne nous révèlent-ils point, que l'œil nu ne nous laisse même pas soupçonner ! Pourtant le télescope et le microscope, non plus que l'imagination, qui est le plus puissant des télescopes et des microscopes, ne sauraient changer la nature des choses, et il faut se garder de confondre le réel et l'imaginaire. Or, Méré le démontre surabondamment et par une sorte de réduction à l'absurde *précieuse* et plus fatigante qu'agréable : c'est un pur jeu de l'imagination que de voir dans un ciron un monde, et dans ce monde d'autres cirons où les mêmes choses se retrouveraient sans fin et sans repos [2].

1. *Les Pensées de Blaise Pascal,* édit. Molinier, t. I, p. 26 et suiv.

2. C'est le même jugement qu'avait déjà porté M. E. Havet, *Pensées de Pascal,* t. I, p. 15 et suiv. *Remarques sur l'article premier.*

Quoi qu'il en soit et quelque déplaisants que puissent être les airs de supériorité qu'affecte Méré, on est conduit à se demander, ne fût-ce qu'à considérer l'unique lettre que nous possédions de Méré à Pascal, quelle a bien pu être sur Pascal l'influence réelle d'un homme tout ensemble si inférieur et d'un génie si différent, mais dont pourtant l'auteur des *Pensées* n'hésitait pas à déclarer « qu'il ne lui manquait que d'entendre la géométrie pour être parfait ».

III

Si l'on en croyait Bayle, ce serait, en réalité et en grande partie, Méré, qui serait parvenu à détacher Pascal de la géométrie. « Ce ne fut point par sa conversion à l'unique nécessaire, écrit-il, que Pascal se dégoûta des sciences qui l'avaient charmé. L'examen même de la chose et les réflexions qu'il fit sur le discours d'un homme du monde le guérirent de sa prévention. Nous serions trop simples, si nous nous imaginions que le Chevalier de Méré l'attaqua par des pensées pieuses; il n'employa sans doute que des considérations philosophiques [1]. »

Nous serions, à notre tour, trop simples, si nous nous imaginions que les seuls entretiens de Méré, si étranger, ce semble, à toute pensée pieuse, ont pu

1. *Dictionnaire historique*, article cité.

dégoûter Pascal des sciences qui l'avaient charmé. Ce serait oublier les traits les plus saillants de la vie de Pascal et comme tout l'enchaînement des diverses périodes de son existence. Effectivement, qu'on y songe! C'est en 1642 que Pascal invente la machine arithmétique, et en 1645 qu'il la livre au public. Ébranlé par ce grand effort, dont aussi bien il ne se remettra jamais, il se relâche alors de ses travaux scientifiques, en même temps qu'un accident arrivé à son père le tourne lui-même à la dévotion. C'est de 1646 à 1649 environ que dure ce qu'on a appelé sa première conversion, et c'est en 1648 que, par l'intermédiaire de Rabanis, disciple de Saint-Cyran, commencent avec Port-Royal ses rapports. Mais il s'en faut que Pascal ait dès lors absolument renoncé à la géométrie et à la physique. C'est, au contraire, vers cette époque, qu'il s'occupe le plus particulièrement de la question du vide. En 1649, son activité intellectuelle prend même un nouvel essor.

Vainement les médecins l'ont engagé, afin de raffermir sa santé chancelante, à laisser là toute étude et à se jeter dans les distractions du monde. Durant cette période d'apparente dissipation, Pascal continuera ses expériences du vide, perfectionnera sa machine arithmétique, inventera la brouette et le haquet, déterminera la règle des partis, et il faut arriver à l'année 1654, pour que s'accomplisse enfin, déterminée ou non par l'aventure mal attestée du pont de Neuilly [1], sa seconde et définitive conversion.

Ravi dans une espèce d'extase, pendant la nuit mémorable du 23 novembre 1654, Pascal consigne ses résolutions suprêmes sur ce morceau de parchemin, qu'on a calomnieusement appelé une amulette mystique et qu'il portera toujours cousu en double dans ses vêtements [2]. C'est seulement à partir de ce moment que, retiré à Port-Royal, quoiqu'il doive plus tard se défendre de lui appartenir, il rompt définitivement avec tout ce qui est profane. D'ailleurs, on le voit même alors apporter parmi les solitaires tout l'entrain de la bonne humeur. « Je ne sais, lui écrivait en janvier 1655 sa sœur Jacqueline, je ne sais comment M. de Saci s'accommode d'un pénitent si réjoui et qui prétend satisfaire aux vaines joies et aux divertissements du monde par des joies un peu plus raisonnables et par des jeux d'esprit plus permis, au lieu de les expier par des

1. Ni Mme Perier, ni sa fille Marguerite Perier n'ont parlé de cet événement, dont il est uniquement question dans un manuscrit des Pères de l'Oratoire de Clermont. Cf. P. Faugère, *Lettres, Opuscules*, etc., p. 470.

2. On regrette que le sincère et sagace M. Lélut ait prêté à cette légende de l'amulette, l'autorité de son grand savoir : *l'Amulette de Pascal, pour servir à l'histoire des hallucinations*. Paris, 1846, in-8. Il est également regrettable que l'éminent physiologiste ait accepté *de plano* les paroles de l'abbé Boileau (*Mémoires*, t. 1, lettre XXIX), affirmant « savoir d'original que Pascal croyait toujours voir un abîme à son côté gauche, et y faisait mettre une chaise pour se rassurer ». L'abbé Boileau est le seul qui ait mentionné une aussi étrange particularité.

larmes continuelles [1]. » Il faut que se produise le miracle de la Sainte Épine, où Pascal croit reconnaître en faveur de son parti un témoignage décisif, et en ce qui le concerne lui-même, un encouragement [2], pour que finalement, comme perdu en Dieu, il ne songe plus, en pratiquant en ascète la religion chrétienne, qu'à en composer une apologie. Non pas que ce bouillant génie ne doive encore se mêler, comme par échappées, aux luttes ardentes de la polémique, ou se livrer de nouveau aux recherches de la science. En 1656, cet homme, que ses détracteurs, Condorcet et Voltaire en tête, ont voulu faire passer pour fou depuis l'accident supposé de Neuilly, cet homme rédige *les Provinciales*, et, en 1658, résout les délicates difficultés de *la Cycloïde* ou de *la Roulette*.

L'histoire de ce dernier travail est vraiment curieuse. Afin de se distraire d'un mal de dents qui lui ôte tout sommeil, Pascal reprend des spéculations de géométrie depuis longtemps abandonnées. Or, il conçoit, à ce propos, des théorèmes si neufs et en découvre de si élégantes démonstrations, que ses amis émerveillés le pressent de mettre au concours les problèmes de *la Roulette*, que seul peut-être, et, en tout cas, le premier, il aura eu le mérite

1. P. Faugère, *Lettres, Opuscules*, etc., p. 354.
2. « Comme Dieu, écrivait Pascal en parlant des siens, à cette occasion; comme Dieu n'a pas rendu de famille plus heureuse, qu'il fasse aussi qu'il n'en trouve pas de plus reconnaissante. »

d'inventer à la fois et d'expliquer. Aussi bien, était-ce alors assez l'usage, parmi les mathématiciens, que de se proposer entre eux ces espèces de lutte. Et c'est ainsi que Fermat, par exemple, ne cessait de harceler les géomètres et particulièrement les Anglais, de ses défis [1]. De la sorte, les amis de Pascal espéraient publiquement établir qu'il est possible d'être à la fois chrétien convaincu et savant de premier ordre, et assurer par là une autorité indéniable au livre projeté, qui nous est parvenu sous le titre de *Pensées*. « Je vous raconterai, écrivait Leibniz à Burnet, une petite histoire de feu M. Pascal, que j'ai apprise de feu M. le duc de Roannez, qui avait été son ami particulier. Vous savez que M. Pascal (qui est mort trop tôt) s'était à la fin adonné à établir les vérités de la religion, et, comme il passait avec raison pour un excellent géomètre, ses amis, bien intentionnés pour la religion, étaient bien aises de son dessein, parce qu'ils jugeaient que cela serait avantageux à la religion même, quand on verrait, par son exemple, que des esprits forts et solides peuvent être bons chrétiens en même temps. Il

---

1. Cf. G. Libri. *Journal des Savants*, article cité. — Libri remarque que Fermat mettait même quelquefois de l'ironie dans ses provocations. Exemple : *Proponatur (si placet) Wallisio et reliquis Angliæ mathematicis, sequens quæstio numerica. — Has solutiones expectamus; quas si Anglia aut Gallia Belgica et Celtica non dederint, dabit Gallia Narbonensis, etc. Opera varia*, p. 188.

arriva que M. Pascal trouva quelques vérités profondes et extraordinaires en ce temps-là sur *la Cycloïde;* et, comme ses amis croyaient que d'autres auraient de la peine à y parvenir, parce qu'en effet ces méthodes étaient nouvelles alors, ils le poussèrent à les proposer, en forme de problèmes, à tous les géomètres du temps, parce qu'ils croyaient que cela servirait encore davantage à relever sa réputation, si d'autres n'y pouvaient point arriver. Mais M. Wallis, en Angleterre, le P. Laloubère (*sic*), en France, et encore d'autres, trouvèrent moyen de résoudre ces problèmes, et cela fit même quelque tort à M. Pascal, parce qu'on ne savait pas ses raisons [1]. »

Il le faut constater, quoi qu'il en coûte. Si Leibniz admire Pascal, s'il applaudit à la publication des *Pensées* et déclare même, à diverses reprises, avoir été désireux de contribuer à la publication de quelques opuscules mathématiques inédits du jeune géomètre des *Coniques* [2], il se montre néan-

1. *OEuvres de Leibniz*, t. VI, p. 247 et suiv. *Lettre V*, à Thomas Burnet, 1697.

2. *Ibid.*, p. 34, *Leibnitius Vagetio*, 1686. *Cum Parisiis essem, heredes Blasii Pascalis olim schedas quasdam geometricas, ad conicorum doctrinam illustrandam spectantes, fidei meæ crediderant, rogantes ut ordinarem, quemadmodum e re videretur : quod etiam præstiti, probavique, etsi integrum aliquid, quale a superstite potuisset dari, inde exculpi non posset; multas tamen præclaras propositiones interspergi, additis demonstrationibus, quæ sane merebantur non perire. Reddens ergo schedas, sententiam meam de editione et connexione scripto reliqui; sed ab eo tempore nihil de editione*

moins surtout comme jaloux de cette grande
mémoire. C'est ainsi que non seulement il se flatte
« d'avoir eu le bonheur de produire une machine
arithmétique avec laquelle celle de Pascal ne saurait entrer en comparaison », mais encore aux
méditations de Pascal sur la religion il oppose ses
propres méditations. « Elles sont, écrira-t-il, le
fruit d'une application bien plus grande et bien
plus longue que celle que M. Pascal avait donnée
à ces matières relevées de théologie, outre qu'il
avait l'esprit plein des préjugés du parti de Rome...
et qu'il n'avait pas étudié l'histoire ni la jurisprudence avec autant de soin que j'ai fait [1]. » Il y a
plus ! bien avant Voltaire, Leibniz insinuera que de
très bonne heure l'intelligence de Pascal s'était
dérangée. « C'est dommage, mandait-il en 1714
à Remond de Montmort, c'est dommage que
M. Pascal, esprit très mathématique et très métaphysique en même temps, se soit affaibli de trop
bonne heure, comme M. Huygens me l'a raconté
autrefois, par certains travaux trop opiniâtres et
par trop d'application à des ouvrages théologiques,
qui lui pouvaient procurer l'applaudissement d'un
grand parti, s'il les avait achevés. Il donna même

intellexi, vereorque ne culpa tot jacturarum in bibliopolas
et typographos conferenda, qui sæpe vel non intelligunt quid
publicari mereatur, vel non curant, dum lucrosas nugas orbi
obtrudere ipsis liceat. Hamburgi, 27 novemb. 1686.
1. Œuvres de Leibniz, t. VI, p. 248.

dans des austérités qui ne pouvaient être favorables aux méditations relevées et encore moins à sa santé [1]. » Leibniz ira même jusqu'à prétendre « que Pascal, en voulant approfondir les choses de la religion et les controverses, était devenu scrupuleux jusqu'à la folie [2]. » Lorsqu'il s'agit de Pascal, Leibniz se trouve donc un juge fort prévenu.

Mieux informé, comme aussi plus équitable envers Pascal, le philosophe de Hanovre aurait su et rappelé que si plusieurs concurrents approchèrent du prix, aucun d'eux n'y eut droit, non pas même Wallis, ni surtout le P. Lallouère, Jésuite de Toulouse. La gloire du concours demeura tout entière à celui qui l'avait ouvert, et Pascal resta le seul à fournir les solutions complètes des problèmes qu'il avait posés, en se servant du pseudonyme d'Amos Dettonville, anagramme de Louis de Montalte, autre pseudonyme, dont il avait signé les *Provinciales* [3].

Ce ne fut là, d'ailleurs, à dater de 1654, dans l'existence de Pascal, qu'un incident. Car, dès cette époque (nous en avons pour garantie son propre aveu),

1. *OEuvres de Leibniz*, t. V, p. 12.
2. *Ibid.*, p. 305, *Leibnitiana*.
3. *Lettres de A. Dettonville contenant quelques-unes de ses inventions de géométrie, savoir : La Résolution de tous les problèmes touchant la Roulette, qu'il avoit proposez publiquement au mois de juin 1658. — L'Égalité entre les lignes courbes de toutes sortes de Roulettes, et les lignes elliptiques. — L'Égalité entre les lignes spirale et parabolique, démontrée à la manière des anciens. — La Dimension d'un solide formé*

il avait renoncé, comme à un exercice fort inutile, à la pratique de la géométrie. C'est ce qui résulte de la noble réponse qu'il faisait en 1660 à une lettre de Fermat, lettre cordiale et touchante, qui honore à la fois et Pascal et Fermat. Ces deux pièces, trop peu connues, valent à coup sûr la peine d'être reproduites. Car elles montrent comment deux mathématiciens illustres, sans s'être jamais vus, mais attirés l'un vers l'autre par la candeur de leur caractère et les affinités de leur génie, pouvaient s'estimer et même s'aimer.

LETTRE DE FERMAT A PASCAL

Monsieur,

Dès que j'ai su que nous sommes plus proches l'un de l'autre que nous n'étions auparavant, je n'ai pu résister à un dessein d'amitié dont j'ai prié

par le moyen d'une spirale autour d'un cône. — La Dimension et le centre de gravité des triangles cylindriques. — La Dimension et le centre de gravité de l'escalier. — Un Traité des trilignes et de leurs onglets. — Un Traité des sinus et des arcs. — Un Traité des solides circulaires. Paris, Guillaume Desprez, 1659, in-4. — Relativement à l'histoire de *la Roulette,* on peut consulter aussi Bossut, *Ouvr. cité,* t. V, p. 135 et suiv., et notamment, p. 193 et suiv. *Récit de l'examen et du jugement des écrits envoyés pour les prix proposés publiquement sur le sujet de la Roulette, où l'on voit que ces prix n'ont pas été gagnés, parce que personne n'a donné la véritable solution des problèmes.* — Sur les pseudonymes de Pascal, voyez ci-après.

M. de Carcavi d'être le médiateur : en un mot, je prétends vous embrasser et converser quelques jours avec vous, mais parce que ma santé n'est guère plus forte que la vôtre, j'ose espérer qu'en cette considération vous me ferez la grâce de la moitié du chemin, et que vous m'obligerez de me marquer un lieu entre Clermont et Toulouse, où je ne manquerai pas de me rendre vers la fin de septembre ou le commencement d'octobre. Si vous ne prenez pas ce parti, vous courrez hasard de me voir chez vous et d'y avoir deux malades en même temps. J'attends de vos nouvelles avec impatience, et suis de tout mon cœur tout à vous.

FERMAT.

A Toulouse, le 25 juillet 1660.

Fermat mourait en 1665 et Pascal en 1662.

LETTRE DE PASCAL A FERMAT, EN RÉPONSE
A LA PRÉCÉDENTE

Monsieur,

Vous êtes le plus galant homme du monde, et je suis assurément un de ceux qui sais le mieux reconnaître ces qualités-là et les admirer infiniment, surtout quand elles sont jointes aux talents qui se trouvent singulièrement en vous : tout cela m'oblige à vous témoigner de ma main ma reconnaissance pour l'offre que vous me faites, quelque peine que j'aie encore d'écrire et de lire moi-même : mais l'honneur que vous me faites m'est si cher, que je ne puis trop me hâter d'y répondre. Je vous dirai donc, Monsieur, que si j'étais en santé, je serais volé à Toulouse, et que je n'aurais pas souffert qu'un homme comme vous eût fait un pas pour un homme comme moi. Je vous dirai aussi que, quoique vous soyez celui de toute l'Europe que je tiens pour le plus grand géomètre, ce ne serait pas cette qualité-là qui m'aurait attiré; mais que je me figure tant d'esprit et d'honnêteté en votre conversation, que c'est pour cela que je vous rechercherais. Car, pour vous parler franchement de la géométrie, je la trouve le plus haut exercice de l'esprit, mais en même temps, je la connais pour si inutile, que je fais peu de différence entre un homme qui n'est que géomètre et un habile artisan. Aussi je l'appelle le plus beau métier du monde ; mais enfin ce n'est qu'un métier; et j'ai dit souvent qu'elle est bonne pour faire l'essai, mais non pas l'emploi de notre force : de sorte que je ne ferais pas deux pas pour la géométrie, et je m'assure que vous êtes fort de mon humeur [1]. Mais

1. Il est curieux de noter combien les plus grands mathématiciens se sont souvent désenchantés des mathématiques. « Il y avait déjà longtemps, écrit Baillet dans sa *Vie de Des-*

il y a maintenant ceci de plus en moi, que je suis dans des études si éloignées de cet esprit-là, qu'à peine me souviens-je qu'il y en ait. Je m'y étais mis il y a un an ou deux, par une raison tout à fait singulière, à laquelle ayant satisfait, je suis au hasard de ne plus y penser, outre que ma santé n'est pas encore assez forte ; car je suis si faible, que je ne puis marcher sans bâton, ni me tenir à cheval. Je ne puis même faire que trois ou quatre lieues, au plus, en carrosse ; c'est ainsi que je suis venu de Paris ici en vingt-deux jours. Les médecins m'ordonnent les eaux de Bourbon pour le mois de septembre, et je suis engagé, autant que je puis l'être, depuis deux mois, d'aller de là en Poitou, par eau jusqu'à Saumur, pour demeurer, jusqu'à Noël, avec M. le duc de Roannès, gouverneur de Poitou,

cartes, année 1623, la vingt-huitième du philosophe, que sa propre expérience avait convaincu M. Descartes du peu d'utilité des mathématiques, surtout lorsqu'on ne les cultive que pour elles-mêmes, sans les appliquer à d'autres choses... Il ne voyait rien de moins solide que de s'occuper de nombres tout simples et de figures imaginaires, comme si l'on devait s'en tenir à ces *bagatelles*, sans porter sa vue au delà. Il y voyait même quelque chose de plus qu'inutile... Sa maxime était que cette application nous désaccoutume insensiblement de l'usage de notre raison et nous expose à perdre la route que sa lumière nous trace. — Dans une lettre au P. Mersenne, écrite en 1630, M. Descartes le fit souvenir « qu'il avait renoncé à l'étude des mathématiques depuis plusieurs années, et qu'il tâchait de ne plus perdre son temps à des opérations stériles de géométrie et d'arithmétique, dont la fin n'aboutissait à rien d'important. » *La Vie de M. Descartes*, 1re partie, p. 111-225.

qui a pour moi des sentiments que je ne vaux pas. Mais comme je passerai par Orléans en allant à Saumur par la rivière, si ma santé ne me permet pas de passer outre, j'irai de là à Paris. Voilà, Monsieur, tout l'état de ma vie présente, dont je suis obligé de vous rendre compte, pour vous assurer de l'impossibité où je suis de recevoir l'honneur que vous daignez m'offrir, et que je souhaite de tout mon cœur de pouvoir, un jour, reconnaître ou en vous ou en messieurs vos enfants, auxquels je suis tout dévoué, ayant une vénération particulière pour ceux qui portent le nom du premier homme du monde.

Je suis, etc.,

PASCAL.

De Bienassis, le 10 août 1660 [1].

1. Bossut, *OEuvres de B. Pascal*, t. IV, p. 445 et suiv. — Bienassis est une habitation des champs qu'avait fait bâtir M. Perier, non sans avoir été contrarié dans ses projets par les scrupules pieux de ses proches. C'est ainsi qu'en 1648, et alors qu'ils venaient en quelque sorte d'être touchés, tous les deux, par la grâce, Blaise et Jacqueline Pascal écrivaient à leur sœur Mme Perier : « Nous avons conseillé M. Perier de bâtir bien moins qu'il ne prétendait et rien que le simple nécessaire, quoique sur le même dessein, afin qu'il n'ait pas de quoi s'y engager et qu'il ne s'ôte pas aussi le moyen de le faire. Nous te prions d'y penser sérieusement, de t'en résoudre et de l'en conseiller, de peur qu'il arrive qu'il ait bien plus de prudence et qu'il donne bien plus de soin et de peine au bâtiment d'une maison qu'il n'est pas obligé de faire, qu'à celui de cette tour mystique, dont tu sais que saint Augustin parle dans une de ses lettres,

Cette réponse de Pascal à Fermat ne laisse subsister aucun doute.

Dès 1654 environ, Pascal « ne ferait pas deux pas pour la géométrie », et, en 1660, « il y a ceci de plus en lui, qu'il est dans des études si éloignées de cet esprit-là, qu'à peine se souvient-il qu'il y en ait et que s'il s'y était mis il y avait un an ou deux, c'était par une raison tout à fait singulière, à laquelle ayant satisfait, il est au hasard de n'y plus penser. »

qu'il s'est engagé d'achever dans ses entretiens. » P. Faugère, *Lettres, Opuscules,* etc., p. 331. — Pascal vint plus d'une fois chercher à Bienassis un repos réparateur, et cette espèce de castel, affecté aujourd'hui à un asile de vieillards, se voit encore aux portes de Clermont-Ferrand. Trop peu fière jusqu'à présent de son Pascal, la ville de Clermont a jugé enfin, dans ces derniers temps, le moment venu de lui ériger une statue publiquement et à grands frais. Malheureusement, l'exécution n'a guère répondu aux intentions. Sous prétexte de placer le monument en face du puy de Dôme (comme si à Clermont le puy de Dôme ne s'apercevait point de partout!), ce n'est ni près de la cathédrale et ainsi dans le voisinage de la maison même où naquit Pascal qu'on l'a érigé, ni sur la place de Jaude et près de l'église des Minimes, où Perier, lors de l'expérience du vide et avant de monter au puy de Dôme, fixa la première hauteur du mercure, ni enfin dans la cour du palais des Facultés, où il eût si merveilleusement figuré à la fois les sciences et les lettres ; c'est dans un bas fond et au milieu d'une place foraine convertie, il est vrai, en square, mais bordée de magasins et toute remplie du tracas du négoce. Quant à la statue, on regrette qu'en cherchant à représenter Pascal avec les traits qu'il devait avoir dans sa jeunesse, le sculpteur nous l'ait donné si peu ressemblant. Évidemment, il ne s'est inspiré ni du vivant crayon de Domat, ni de la belle gravure d'Edelinck, ni de l'excellent portrait peint par Quesnel, que possède le château de Bezance, ni de la statue de Ramey, qui orne la bibliothèque de Clermont,

Ainsi, contrairement à l'assertion de Bayle, ce fut bien « par sa conversion à l'unique nécessaire » que Pascal se désenchanta des sciences pour lesquelles il s'était d'abord si vivement passionné. La pensée de son salut, voilà le motif dominant qui le précipita dans cette dévotion qu'on a bien osé taxer « de ridicule et convulsive [1] » et qui, malgré quelques traits excessifs, offrit le spectacle sublime du génie le plus superbe ramené à la calme douceur et à la simple soumission d'un enfant. Une

ni de celle qui décore à Paris la tour de Saint-Jacques de la Boucherie, ni surtout de l'admirable biscuit de Sèvres que probablement a modelé Houdon, ni enfin de la tradition qui nous représente Pascal avec un regard d'aigle et un profil à la Condé. L'artiste qui essaierait de nouveau de reproduire les traits de l'auteur des *Provinciales* et des *Pensées,* aurait aussi à consulter un portrait à l'huile représentant Pascal dans sa pleine maturité, et dont M. Prosper Faugère, auquel on doit tant pour tout ce qui concerne Pascal, se trouve être l'heureux et digne possesseur. Cette œuvre magistrale, d'ailleurs non signée, serait-elle de Philippe de Champagne, comme se plaît à le supposer M. Faugère? Ce qui est certain, c'est que ce portrait offre une analogie frappante avec le Pascal, qu'a mêlé à un groupe de spectateurs le peintre attitré de Port-Royal, dans son tableau de *l'Invention des corps des saints Gervais et Protais*, qui orne aujourd'hui le musée de la ville de Lyon.

1. Cf. Cousin, *des Pensées de Pascal*. Paris, in-8, 1848. A ces expressions M. Cousin a substitué plus tard, p. 162, celles « de foi inquiète et malheureuse », en continuant d'ailleurs de soutenir ardemment la thèse, à beaucoup d'égards si fausse, du sombre et désolé scepticisme de Pascal. C'est en renchérissant sur cette thèse, que M. Renouvier, dans ses *Essais de critique générale* (Paris, 3 vol. in-12, 1875, t. II, p. 44 et suiv.), a pu écrire les pages qu'il a intitulées : *Pascal et la théorie du vertige moral.*

fois que l'idée de Dieu eut pris pleinement possession de son âme, le géomètre s'anéantit chez Pascal,
pour ne plus laisser place qu'à l'apologiste.

Cependant, on ne saurait le nier : ou il faut
oublier les relations de Pascal avec Méré et ne
tenir aucun compte de la fameuse lettre que Leibniz
et Bayle n'ont pas dédaigné de discuter, quoiqu'à
la hâte; ou l'on est obligé de reconnaître que le
Chevalier n'a pas été sans quelque influence sur les
dernières dispositions d'esprit auxquelles Pascal a
fini par en venir. Sans doute, comme Bayle l'observe
fort bien, ce ne fut point par des pensées pieuses
que Méré attaqua Pascal et il n'employa que des
considérations philosophiques. Toutefois, ces considérations philosophiques n'en devaient pas moins
porter coup. C'est ainsi que Méré s'efforce non seulement de guérir Pascal des mathématiques, mais
encore de le détacher de Descartes (ce qui, en
somme, a dû lui être facile), de Descartes « que
Pascal estime tant, qui ne connaissait l'espace des
lieux que par les corps qui les occupaient, ni l'espace du temps que par la durée de chaque chose ».
Il y a plus. « Il semble à Méré qu'un grand esprit
comme Pascal devrait être au-dessus des arts et des
sciences, bien loin de s'y laisser empiéter et d'en
être esclave. » A la vérité, « il lui sait bon gré de
négliger le monde artificiel qui dépend des institutions des hommes pour étudier le monde naturel,

dans la simplicité qu'il a plu à Dieu de le créer ». Mais il l'avertit « qu'outre ce monde naturel qui tombe sous la connaissance des sens, il y en a un autre invisible, et que c'est dans celui-là qu'il peut atteindre à la plus haute science ». Qu'est-ce à dire? Et quel sens convient-il d'attacher à ces paroles qu'on est bien enclin tout d'abord à prendre pour du verbiage?

Dans sa *Réponse aux Lettres Provinciales ou Entretiens de Cléandre et d'Eudoxe*, le P. Daniel écrivait à propos des *Provinciales*, ce livre aujourd'hui même, en général, si imparfaitement jugé : « On prétend que, quelque eût été le succès de la quatrième lettre, le Chevalier de Méré conseilla à Pascal de laisser absolument la matière de la grâce dont elle traitait encore, quoique par rapport à la morale, et de s'ouvrir une plus grande carrière [1]. »

1. *Entretiens*, etc., 1694, p. 18. Perrault, dans son *Parallèle des Anciens et des Modernes*, ayant mis les *Provinciales* au-dessus de tout ce que l'antiquité avait produit de plus parfait en ce genre, les Jésuites, piqués au jeu, chargèrent, mais en vain, le P. Daniel de le réfuter. « Je crois pouvoir dire, écrivait très bien Bayle (*Dictionnaire philosophique, article Pascal*), que quand même l'ouvrage du P. Daniel serait encore plus ingénieux et mieux raisonné qu'il ne l'est, il ne ferait pas revenir les admirateurs des *Provinciales*. Lisez là-dessus les paroles qu'un écrivain, qui était assez critique et assez porté naturellement à la censure la plus mordante, a insérées dans l'une de ses compilations. Il paraît depuis quelque temps, dit Richelet (*Les plus belles Lettres françaises*, etc., t. II, p. 322 et suiv.), une *Réponse aux Lettres Provinciales*, qui les bat entièrement en ruine et qui cependant

S'il en fut ainsi, Méré, en tacticien consommé, aurait donné à Pascal un excellent conseil. Transporter la polémique du terrain de la grâce sur celui de la probabilité, c'était en effet une manœuvre plus perfide peut-être que loyale, mais enfin c'était assurément une manœuvre très habile [1]. Car en attribuant à ses adversaires un probabilisme qui n'allait à rien moins qu'à ruiner, avec toute certi-

ne leur fera pas grand mal. Comment cela se peut-il faire? C'est que, quoique cette *Réponse* fasse voir évidemment les injustices outrées, les médisances atroces, les faussetés injurieuses répandues dans toutes ces *Lettres* contre une des plus célèbres Sociétés, qui soutiennent les intérêts de l'Église, il y a si longtemps qu'elles ont mis par leur tour plaisant et enjoué le parti des rieurs (grand et fort petit) de leur côté, qu'elles sont en possession d'une autorité et d'un crédit qu'il sera très difficile de leur ôter. Les Jésuites auront beau rendre des services considérables à l'Église et au public... bien des gens ne laisseront pas de lire avec un esprit de facile crédulité les *Lettres Provinciales*, et ne voudront pas seulement voir la *Réponse*, ni même en entendre parler. En vérité la prévention est, en cette occasion, un jugement bien injuste, bien cruel et bien opiniâtre, puisque (quoique ces *Lettres* aient été condamnées par les Papes, par les Évêques, par les Docteurs, et brûlées par la main du bourreau par des arrêts du Parlement et du Conseil d'État) elle s'est mise en une telle possession des esprits, qu'elle résiste à toutes ces puissances. »

1. Cf. Sainte-Beuve, *Histoire de Port-Royal*, t. II, p. 542 et suiv. « Parmi les dix-huit Lettres Provinciales, il n'y en a que cinq qui se rapportent à la question de Sorbonne et du Jansénisme proprement dit : les trois premières, la dix-septième et la dix-huitième. Les treize autres, depuis la quatrième qui fait transition, tournent contre la morale des Jésuites, et, au lieu de se tenir à la défensive, elles attaquent l'ennemi au cœur, jusque dans son camp. »

tude, toute loi morale, l'éloquence de Pascal, ironique tour à tour et indignée, ne pouvait manquer d'irriter la curiosité, d'émouvoir les passions, d'enlever tous les suffrages. Comme Pascal le remarquait lui-même en s'adressant aux Jésuites, « il faisait vraiment la guerre chez eux et à leurs dépens ». Faudrait-il donc admettre qu'après avoir contribué au succès des *Provinciales*, le Chevalier eût aussi comme dicté à Pascal le thème des *Pensées*?

On a pu relever dans les *Pensées* plus d'un passage [1], où c'est manifestement des discours de Méré que Pascal s'est souvenu. Et, aussi bien, Montaigne ne leur était-il pas à tous les deux une source commune? Lorsque Pascal écrit, par exemple, « qu'il faut que d'un homme on ne puisse dire : ni il est mathématicien, ni prédicateur, ni éloquent, mais il est honnête homme [2], » cette maxime et

---

1. Voyez M. F. Collet, *Article cité*, et M. E. Havet, *Pensées de Pascal*, passim ; Cf. *Id.*, *Ibid.*, *Introduction*, p. cvi. « M. Collet a montré que plusieurs des fragments de Pascal sur le bon goût, le bon langage, l'air d'honnête homme, sortaient des tablettes où Pascal prenait des notes pendant le voyage de Poitou, et j'ajoute que la lettre de Méré à Pascal, si extravagamment impertinente, a pourtant suggéré sans aucun doute les réflexions qu'on lit dans les *Pensées* sur la différence entre les esprits géométriques et les esprits fins. »

2. P. Faugère, *Pensées, etc.*, t. 1, p. 258 ; Cf. *Id.*, *Ibid.*, p. 195. « L'homme est plein de besoins : il n'aime que ceux qui peuvent les remplir tous. C'est un bon mathématicien, dira-t-on, mais je n'ai que faire de mathématiques ; il me

d'autres analogues, presque toutes relatives à l'honnête homme, appartiennent certainement à Pascal par le tour qu'il leur sait donner, mais, dans leur fond, viennent à coup sûr de Méré qui a tant disserté sur la vraie honnêteté [1]. Il suffit même de lire attentivement la lettre de Méré à Pascal, pour y reconnaître plus d'une pensée que Pascal s'est appropriée, mais comme il le pouvait faire, c'est-à-dire en écrivain original. Ainsi, lorsque Méré déclare que c'est se tromper que de croire « que pour avoir l'esprit juste et ne pas faire un faux raisonnement, il suffit de suivre les figures, sans s'en éloigner, et qu'il jure que ce n'est presque rien, non plus que cet art de raisonner par les règles, dont les petits esprits et les demi-savants font tant de cas; » lorsqu'il allègue « qu'on trouve mieux la vérité par le sentiment naturel que par les démonstrations, » ou quand il observe « que nous ignorons plusieurs choses dont nous ne devons parler que douteusement, comme nous en connaissons beaucoup d'autres, que nous pouvons décider; » ne

prendrait pour une proposition. C'est un bon guerrier : il me prendrait pour une place forte. Il faut donc un honnête homme qui puisse s'accommoder à tous mes besoins en général. »

1. C'est en effet Méré qui dira avant Pascal : « Je voudrais qu'on ne pût deviner le métier d'un homme à l'entendre parler, et qu'on fût enchanté de son éloquence sans pouvoir juger si c'est un don du ciel ou de la nature, ou du commerce du monde. » (*OEuvres*, t. II, p. 41.)

croyez-vous pas entendre Pascal nous enseigner, dans le langage qui lui appartient, « que ce n'est pas *barbara* et *baralipton* qui forment le raisonne-ment; » « que nous connaissons la vérité non seule-ment par la raison, mais encore par le cœur, que le cœur a ses raisons que la raison ne connaît pas, » ou bien affirmer « qu'il faut savoir douter où il faut, assurer où il faut et se soumettre où il faut? »

Quels que soient ces emprunts ou ces rencontres, il serait néanmoins exagéré et même déraisonnable de considérer Méré comme l'inspirateur immédiat des *Pensées*. Ce qui n'est qu'exact, c'est de constater que si Méré n'a pas introduit Pascal dans le monde de la grâce, qui lui est à lui-même, ce semble, fort inconnu, il n'a pas laissé que de contribuer peut-être, en éloignant Pascal des mathématiques, à le reporter du monde des corps au monde de l'esprit, qui est vers le monde de la grâce le dernier degré, bien qu'il célèbre d'ailleurs ce monde de l'esprit beaucoup plus en Platonicien lettré, superficiel et mondain, qu'en philosophe véritable. A ce point de vue, l'influence telle quelle du Chevalier sur l'au-teur des *Pensées* demeure hors de conteste. Mais hâtons-nous de l'ajouter : Méré a dû aussi, par son entourage, exercer sur Pascal un autre genre d'influence, indirecte quoique probablement puis-sante, qu'il convient de considérer.

IV

« Il faut que vous sachiez, observait Nicole, que
la grande hérésie du siècle n'est plus le Calvinisme
ni le Luthéranisme, que c'est l'athéisme, et qu'il y
a de toute sorte d'athées, de bonne foi, de mauvaise
foi, de déterminés, de vaillants et de tentés. La
dernière hérésie des derniers temps, c'est l'incrédulité [1]. » Mersenne, de son côté, écrivait : « Pour
qu'on ne me soupçonne pas de me plaindre à tort
et qu'on n'aille pas soutenir qu'il y a peu de gens
qui nient Dieu ou qu'il n'y en a pas du tout, il faut
qu'on sache qu'en France et dans les autres pays,
le nombre de ces infâmes athées est tellement considérable, qu'il y a lieu de s'étonner que Dieu les
laisse vivre..... La ville de Paris en contient au moins
cinquante mille pour sa part, et dans une seule
maison on en pourrait compter quelquefois jusqu'à
douze qui vomissent cette impiété. » Et Mersenne,
pour combattre le mal qu'il signalait avec tant de
véhémence, publiait coup sur coup les *Questions
sur la Genèse* [2], *l'Impiété des Déistes, athées et liber-*

---

1. *Lettres XLV, XLVI.*
2. *Quæstiones celeberrimæ in Genesim,* etc. *In hoc volumine,
athei et deistæ impugnantur.* 1623, in-fol.

tins [1], *La Vérité des sciences contre les sceptiques et pyrrhoniens* [2]. C'est pourquoi Descartes, un peu sans doute à l'instigation de Mersenne et à son exemple, ramenait tous les efforts de sa métaphysique à démontrer, en même temps que la spiritualité de l'âme, l'existence de Dieu.

C'était pareillement, on ne l'ignore pas, aux athées, ou encore, comme ils s'appelaient à cette époque, aux libertins, que Bossuet adressait une de ses plus brûlantes apostrophes : « Qu'ont-ils vu, s'écriait-il, ces rares génies, qu'ont-ils vu plus que les autres? Quelle ignorance est la leur, et qu'il serait aisé de les confondre, si, faibles et présomptueux, ils ne craignaient d'être instruits? Car pensent-ils avoir mieux vu les difficultés à cause qu'ils y succombent, et que les autres qui les ont vues, les ont méprisées? Ils n'ont rien vu, ils n'entendent rien; ils n'ont pas même de quoi établir le néant auquel ils espèrent après cette vie, et ce misérable partage ne leur est pas assuré [3]. »

Or, frappé comme Nicole, comme Mersenne, comme Descartes, comme Bossuet, des ravages de l'athéisme, Pascal avait entrepris, à son tour, d'en

---

1. *Impiété des Déistes, athées et libertins de ce temps, combattue et renversée de point en point par raisons tirées de la philosophie et de la théologie, ensemble la réfutation du poème des Déistes, dédiée à Richelieu,* Paris, 1624, in-8.
2. Paris, 1625, in-8.
3. *Oraison funèbre de la Princesse Palatine.*

arrêter les progrès. « Il avait étudié avec grand soin
les athées, écrivait Mme Perier, et avait employé
tout son esprit à chercher les moyens de les convaincre. » Aussi bien, « des gens de grand esprit et
de grande condition, » travaillés de doute en matière de foi, venaient le consulter, cherchant comme
un refuge auprès de cette âme si assurée. De là, en
grande partie, cette apologie de la religion chrétienne, dont les amis de Pascal publièrent en 1670
les premiers fragments posthumes sous le titre de
Pensées, et dont Bossuet lui-même, prononçant,
en 1685, l'oraison funèbre de la Princesse Palatine,
paraît, chose trop peu notée, reproduire, en substance, l'argumentation, de même que, dans son
Discours sur l'histoire universelle, il ne fait que
réaliser un plan que Pascal avait tracé [1].

1. M. E. Havet, *Pensées de Pascal*, t. I, p. 203, a fort bien vu
que Bossuet n'a fait que développer les paroles de Pascal,
lorsque, parlant des Juifs, il écrit « que leur histoire
enferme dans sa durée celle de toutes les histoires ». Et
encore, remarquerons-nous, il est manifeste que le thème
du *Discours sur l'histoire universelle* se trouve tout entier
dans cet autre passage des *Pensées* : « Qu'il est beau de
voir par les yeux de la foi Darius et Cyrus, Alexandre, les
Romains, Pompée et Hérode agir, sans le savoir, pour la
gloire de l'Évangile. » Sur les *Rapports de Pascal et de
Bossuet*, voyez aussi M. E. Havet, *Ibid.*, t. I, p. 125. Il n'est
guère probable, malgré les assertions contraires du savant
historien de Bossuet, M. Floquet, que Pascal ait entendu
ou lu Bossuet ; on ne peut douter, au contraire, que Bossuet ne connût les principaux écrits de Pascal. Lui-même ne
disait-il point, en s'adressant à Fénelon, lors de la contro-
verse sur le Quiétisme : « pour des Lettres, composez-en

Ce n'était pas du reste uniquement comme par ouï-dire que Pascal savait qu'il y avait des athées. A la différence de Nicole, de Mersenne et de Bossuet, il les connaissait pour les avoir intimement fréquentés. Qu'on veuille bien en effet se rappeler dans quel milieu, soit à Paris, soit à Rouen, s'était passée la première jeunesse de Pascal. Si son père, par exemple, après avoir encouru les colères de Riche-lieu, obtient sa faveur, c'est grâce sans doute à Jac-queline qui a su, par sa gentillesse, charmer le redou-table cardinal. Mais ne sont-ce pas surtout de hautes relations et, en particulier, l'intervention de la duchesse d'Aiguillon, qui ont contribué à rétablir la fortune des Pascal un instant compromise? Habitué donc, presque dès son enfance, au plus grand monde, et de très bonne heure aussi étroitement lié avec le duc de Roannez, lorsqu'en 1649 Pascal se remet, moins par goût que par régime, dans le train du siècle, songeant même à acheter une charge et à se marier, c'est à la société la plus choisie, mais souvent la plus sceptique, qu'il va demander de nécessaires distractions. Même depuis sa seconde conversion, il ne cessera de la fréquenter. Mais ne parlons que de ce qui nous est certainement connu.

tant qu'il vous plaira ; divertissez la Cour et la Ville ; faites admirer votre esprit et votre éloquence et ramenez les grâces des *Provinciales?* » Et ailleurs, Bossuet observe que « quel-ques-unes de ces Lettres (*Les Provinciales*) ont beaucoup de force et de véhémence, et toutes une extrême délicatesse. »

Une des personnes qui marquèrent, ce semble, le plus d'empressement à recevoir Pascal, fut la marquise de Sablé. Devenue veuve d'assez bonne heure et après de nombreuses galanteries, Madeleine de Souvré, la Parthénie du Grand-Cyrus, avait fini un peu avant 1659 par abandonner son hôtel de la Place Royale, pour se retirer auprès de Port-Royal de Paris. Ce n'était pas qu'elle eût, pour cela, rompu tout commerce avec le dehors. Bien au contraire, dans le voisinage même du pieux asile qui l'abritait, son salon, dont M. Cousin s'est complu à écrire minutieusement l'histoire [1], était bientôt devenu comme un autre salon de cet hôtel de Rambouillet, qui lui rappelait les plus chers souvenirs de sa jeunesse. Méré lui-même en aimait la fréquentation. « Vous souvenez-vous, écrivait-il à Miton, vous souvenez-vous que Mme la marquise de Sablé nous dit qu'elle ne trouvait des choses que dans Montaigne et dans Voiture et qu'elle n'estimait que cela. Je m'assure que si vous l'eussiez souvent vue, ou qu'elle eût eu de vos écrits, elle vous eût ajouté à ces deux excellents génies [2]. » C'était même chez Mme de Sablé, qu'osant la contredire dans ses préférences les plus décidées, le Chevalier risquait ces critiques de Voiture, qui, malgré les protestations irritées de

1. *Mme de Sablé*, Paris, 1865, in-12, p. 98 et suiv.
2. *OEuvres de Méré*, t. II, p. 327, 129.

Mme de Sévigné, n'en étaient pas moins, à beaucoup d'égards, fort judicieuses [1].

1. *OEuvres de Méré*, t. II, p. 151. *Lettre à Saint-Pavin.*
« Je ne sais si vous trouverez bon que j'observe des fautes contre la justesse en cet auteur. Je pense aussi que je n'en eusse rien dit sans Mme la marquise de Sablé, qui ne croit pas que jamais homme ait approché de l'éloquence de Voiture, et surtout dans la justesse qu'il avait à s'expliquer. Et combien de fois ai-je entendu dire à cette Dame : « Mon Dieu ! qu'il avait l'esprit juste, qu'il pensait juste, qu'il parlait et qu'il écrivait juste, jusqu'à dire qu'il riait si juste et si à propos, qu'à le voir rire, on devinait ce qu'il avait dit. » J'ai connu Voiture, on sait assez que c'était un génie exquis et d'une subtile et haute intelligence. Mais je vous puis assurer que dans ses discours, ni dans ses écrits, ni dans ses actions, il n'avait pas toujours cette extrême justesse, soit que cela lui vînt de distraction ou de négligence. Je fus assez étourdi pour le dire à Mme la marquise de Sablé, un soir que j'étais allé chez elle avec Mme la maréchale de Clérambaud ; je m'offris même de montrer dans ses lettres quantité de fautes contre la justesse, et vous jugez bien que cela ne se passa pas sans dispute ; Mme la Maréchale prit le parti de Mme la Marquise, soit par complaisance ou qu'en effet ce fût son sentiment; quelques jours après je fis mes observations, où je ne voulus pas insister ; je me contentai d'apprendre à ces Dames que je n'étais pas chimérique et que je n'imposais à personne. Un de mes amis fit voir à Mme la marquise les endroits que j'avais remarqués, et cette Dame, que toute la Cour admire, me parut encore admirable en cela qu'elle ne les eut pas plus tôt vus qu'elle se rendit sans murmurer. Je vous assure aussi que Mme de Longueville, que Voiture a tant louée, trouve que j'ai raison partout. Que si M. le Prince, comme vous dites, se montre un peu moins favorable à mes observations, c'est que, dès sa première enfance, il estime cet excellent génie, et que les héros ne reviennent pas aisément. Aussi je tiens d'un auteur grec que c'était un crime à la cour d'Alexandre que de remarquer les moindres fautes dans les œuvres d'Homère. »

Avec Méré, des lettrés médiocres, l'abbé Testu,
l'abbé de la Victoire, l'abbé d'Ailly, l'abbé Esprit [1],
étaient les hôtes assidus de Mme de Sablé. Mais on
rencontrait aussi dans son salon, en même temps
que de grandes dames, telles que Mme de Haute-
fort, Mme de Montausier, Mme de La Fayette,
Mme de Longueville, des seigneurs du plus haut
rang, M. de Nemours, le prince de Conti, M. le
Prince, quelquefois même Monsieur, frère du roi,
très souvent La Rochefoucauld.

C'était là que, de son côté, paraissait Pascal,
accompagné tantôt d'Arnauld et de Nicole, tantôt
de sa sœur Gilberte ou de Domat. A Pascal, la marquise s'efforçait de procurer la connaissance de ses
plus savants amis, tels que Menjot [2]. Quant à

---

1. Jacques Esprit traversa l'Oratoire, fut de l'Académie
française et finit par se marier. Il est surtout connu par son
livre intitulé : *La Fausseté des vertus humaines*, Paris, 2 vol.
in-12, 1677-1678. Un frère aîné, l'abbé Thomas Esprit, prêtre
de l'Oratoire, publia notamment des *Maximes politiques
mises en vers*, Paris, 1669, in-18.

2. P. Faugère, *Pensées*, etc., t. I, p. 56. *Lettre de Pascal à
la marquise de Sablé*, décembre 1660. « Encore que je sois
bien embarrassé, je ne puis différer à vous rendre mille
grâces de m'avoir procuré la connaissance de M. Menjot,
car c'est à vous sans doute, Madame, que je la dois. Et
comme je l'estimais déjà beaucoup par les choses que ma
sœur m'en avait dites, je ne puis vous dire avec combien
de joie j'ai reçu la grâce qu'il m'a voulu faire. Il ne faut
que lire son épître pour voir combien il a d'esprit et de
jugement ; et quoique je ne sois pas capable d'entendre le
fonds des matières qu'il traite dans son livre (*Febrium ma-
lignarum historia et curatio*), je vous dirai néanmoins,

Mme Perier, elle l'avait prise en assez grande affection pour solliciter par lettre Mme de Montausier de faire appeler à Paris M. Perier [1].

Intrigante peut-être et dévote, au dire de Tallemant [2], mais à coup sûr affable et serviable, tandis que l'on confectionnait chez elle des confitures et des ragoûts, des élixirs pour les vapeurs et des recettes contre les maladies de toute sorte [3], Mme de Sablé y tenait aussi, pour ainsi parler, bureau ouvert de bel esprit. Auteur elle-même à ses heures, elle composait sur l'*Éducation des enfants* et sur l'*Amitié*, des dissertations qu'elle offrait discrètement à l'admiration de ses amis [4]. Surtout, elle se plaisait à rédiger des maximes, qui, publiées l'année même de sa mort, ne laissent pas que de se distinguer par

Madame, que j'y ai beaucoup appris par la manière dont il accorde en peu de mots l'immatérialité de l'âme avec le pouvoir qu'a la matière d'altérer ses fonctions et de causer le délire. J'ai bien de l'impatience d'avoir l'honneur de vous en entretenir. » Et en note : « — Menjot, qui était un médecin fort en vogue parmi les protestants, appartenait lui-même à la religion réformée. Il était de la société de Mme de Sablé, chez laquelle il eut un jour, avec Mme Perier et Mme de Sablé elle-même, une discussion théologique dont le résultat indirect fut la publication du livre célèbre d'Arnauld de la *Perpétuité de la foi*. »

1. Cf. V. Cousin, *Mme de Sablé, Appendice*, p. 381, *Lettre de Mme de Sablé à Mme de Montausier*, en faveur de M. Perier, le beau-frère de M. Pascal.

2. *Les Historiettes de Tallemant des Réaux*, édit. Monmerqué et Paulin Paris, 1862, Paris, 6 v. in-12, p. 389 et suiv.

3. Cf. V. Cousin, *Mme de Sablé*, p. 95 et suiv.

4. *Ibid.*, p. 106 et suiv.

une assez grande finesse d'observation [1]. Aussi avait-elle mis en faveur parmi ses familiers ce genre de composition. « Je ne sais si vous avez remarqué, lui écrivait La Rochefoucauld, que l'envie de faire des sentences se gagne comme le rhume : il y a ici des disciples de M. de Balzac qui en ont eu le vent et qui ne veulent plus faire autre chose. » Ce qui est certain, c'est que ce fut en collaboration avec Mme de Sablé et l'abbé Esprit, bien plus qu'avec Corbinelli, qui à tort s'en glorifiait, que La Rochefoucauld lui-même avait composé ses propres maximes. Qu'on en juge ! « Il ne serait pas juste, mandait-il à Esprit, que vous fussiez paix et aise à Paris avec Platon, pendant que je suis à la merci des sentences que vous avez suscitées pour troubler mon repos. » Et encore : « Je vous prie de montrer à Mme de Sablé *nos* dernières sentences : cela lui redonnera peut-être envie d'en faire, et songez-y aussi de votre côté, *quand ce ne serait que pour grossir notre volume.* » Et à la marquise de Sablé : « Je trouve la sentence de M. Esprit la plus belle du monde. — C'est à moi, à cette heure, à faire des façons pour *nos* maximes, et après avoir lu les vôtres, n'en espérez plus de moi. Je vous jure

1. *Maximes de Mme la marquise de Sablé, et Pensées diverses de M. L. D.* [l'abbé d'Ailly], Paris, 1678, in-12. Voir aussi une édit. subséquente : *Maximes et Pensées diverses,* Paris, 1691, in-12.

sur mon honneur que je ne les ai point fait copier, quoique je fusse fort en droit de le faire, et je vous assure de plus que je l'aurais fait, si je n'espérais que vous consentirez à me les donner... Voilà tout ce que j'ai de maximes que vous n'ayez point ; mais comme on ne fait rien pour rien, je vous demande un potage avec carottes. Je vous supplie très humblement de me renvoyer les quatre maximes que nous fîmes dernièrement, et de vous souvenir que vous m'avez promis le *Traité de l'Amitié* et ce que vous avez ajouté à l'*Éducation des enfants* [1]. » C'est donc évidemment à Mme de Sablé que l'on doit, dans une certaine mesure, parce que ce fut elle en quelque façon qui les suggéra comme un divertissement honnête, les *Maximes* de l'abbé d'Ailly, celles de l'abbé Esprit, celles de la Rochefoucauld, et même les *Pensées* de Domat. Devrait-on attribuer aux *Pensées* de Pascal la même origine ?

M. Cousin n'a pas hésité à l'affirmer. « Il est à nos yeux de la dernière évidence, écrit-il, que nous n'aurions point le livre des *Pensées* de Pascal et qu'Arnauld, Nicole et Étienne Perier n'auraient jamais songé à réduire sous ce titre et à mettre sous cette forme ce qu'ils avaient recueilli des papiers de l'auteur des *Provinciales*, s'ils n'eussent trouvé autour d'eux cette forme et ce titre en honneur et

1. *OEuvres complètes* de La Rochefoucauld, Paris, 1825, in-8, p. 444 et suiv.

presque à la mode, surtout depuis l'immense succès de l'ouvrage de La Rochefoucauld. Nous allons plus loin : nous croyons assez vraisemblable que Pascal a composé plusieurs de ses *Pensées* pour la compagnie d'élite qui s'assemblait à Port-Royal, ou du moins, en vue ou en souvenir d'elle [1]. » M. Cousin rappelle, en outre, à l'appui de ses assertions, qu'un assez bon nombre des pensées de Pascal a été trouvé dans le portefeuille de Vallant, intendant et médecin de la marquise de Sablé, et que plusieurs même y sont plus développées que dans le manuscrit original, probablement d'après les entretiens de l'auteur. Et en effet, pourquoi, suivant M. Cousin, Pascal aurait-il pris la peine de travailler une foule de ses pensées avec tant de soin, de les remanier souvent trois ou quatre fois afin de leur donner une forme achevée, si elles avaient dû rester pour lui à l'état de simples notes, destinées seulement à fixer ses souvenirs, et qu'il ne se fût point proposé de les produire dans un cercle choisi? Car nous savons que Pascal écrivit les *Pensées* après les *Provinciales*, de 1658 à 1662, c'est-à-dire dans tout l'éclat de la société de la marquise, avec laquelle il était lié [2]. M. Cousin voudrait même que ce fût le désir de tenir sa place dans cette compagnie à moitié philosophe, à moitié

1. V. Cousin, *Mme de Sablé,* p. 134 et suiv.
2. *Ibid.,* p. 127 et suiv.

galante, qui eût inspiré à Pascal un autre de ses écrits, antérieur aux *Pensées* et aux *Provinciales*, le *Discours sur les passions de l'amour.*

A tout prendre, on ne saurait nier que les remarques de M. Cousin ne présentent un côté spécieux, ou même qu'en partie elles ne soient fondées. Assurément, c'est à une nécessité plus haute que le besoin de plaire ou qu'une mondaine émulation, qu'il faut rapporter la composition de la plupart des fragments qui devinrent les *Pensées.* D'un autre côté, le *Discours sur les passions de l'amour* n'est-il pas dû surtout aux sentiments qu'éveilla chez Pascal Mlle de Roannez? Néanmoins, qui pourrait contester qu'en rédigeant quelques-unes de ses pensées, Pascal n'eût subi comme une mode littéraire? Ou le moyen de méconnaître que dans ces pensées même se retrouve plus d'une fois comme un écho des conversations qui se tenaient chez Mme de Sablé, et des écrits qui s'y lisaient? Pascal n'a point songé à imiter Voiture, je le veux; mais n'a-t-il rien emprunté à Balzac, et le *Socrate Chrétien* n'a-t-il pas fourni plus d'un trait au philosophe des *Pensées*? N'est-il pas également indubitable que ce fut à fréquenter un de ces salons, qu'à beaucoup d'égards, les salons du xviiie siècle ne feront guère que continuer, que Pascal apprit à découvrir plus pleinement tout ce que recèle de vanité la nature humaine? Enfin, comment ne pas constater, en particulier, l'influence que dut exercer sur Pascal le commerce de La Rochefoucauld? Sans doute, ce ne fut qu'en 1665 (c'est-à-dire trois ans après la mort de Pascal) que furent publiées *les Réflexions ou sentences et maximes morales*. Mais ce livre ne s'était-il pas fait peu à peu dans le salon de Mme de Sablé, et ne se trouvait-il point terminé bien avant que l'auteur ne le livrât à la publicité? Or, quel était le thème qu'y développait La Rochefoucauld? Le thème même que l'abbé Esprit exposait à sa manière dans son ouvrage sur la *Fausseté des vertus humaines*. C'est aussi « de la fausseté des vertus » que traite La Rochefoucauld, et, afin qu'on ne s'y trompe pas, il prendra pour épigraphe de son livre cette maxime « que nos vertus ne sont, le plus souvent, que des vices déguisés ». L'intérêt n'est-il pas, en effet, le fond de tous les actes humains? A la vérité, La Rochefoucauld tient à nous avertir de deux choses : l'une, que par le mot d'intérêt, il n'entend pas toujours un intérêt de bien, mais le plus souvent, un intérêt d'honneur ou de gloire; et l'autre qui est la principale et comme le fondement de toutes ses *Réflexions*, que celui qui les a faites n'a considéré les hommes que dans cet état déplorable de la nature corrompue par le péché [1] ». C'est bien « dans cet état déplorable » que Pascal considèrera, et très

1. *OEuvres, etc.*, p. 293, *Avis au lecteur de l'édition* de 1666.

sincèrement, les hommes à son tour. Et, à ce point de vue, combien de fois ne se rencontre-t-il pas avec La Rochefoucauld jusque dans l'expression ! Comme lui, il professe que les hommes n'aiment naturellement que ce qui leur peut être utile ; comme lui, il parle de l'ennui, de l'orgueil, de la vaine gloire, de toutes les passions qui remplissent le cœur ; comme lui, il estime que tous les hommes se haïssent naturellement l'un l'autre, et si La Rochefoucauld observe « que les hommes ne vivraient pas longtemps en société s'ils n'étaient les dupes les uns des autres », Pascal, de son côté, écrira « que si tous les hommes savaient ce qu'ils disent les uns des autres, il n'y aurait pas quatre amis dans le monde ». Que d'autres rapprochements ne s'offriraient-ils pas d'eux-mêmes entre les *Maximes* et les *Pensées!*

Cependant, peut-être fut-ce encore Méré qui mit le mieux Pascal à même de pénétrer le fond incrédule et libertin de la société de son temps.

Méré en effet n'était pas seulement un galant homme qui avait libre accès soit dans les compagnies qu'entretenait à Port-Royal la marquise de Sablé, soit dans celles que réunissait l'hôtel d'Albret ou l'hôtel de Richelieu [1]. S'il n'avait

1. Voyez : *Les amis de la marquise de Sablé, recueil de lettres des principaux habitués de son salon, annotées et précédées d'une introduction historique sur la société précieuse au dix-septième siècle*, par É. de Barthélemy. Paris, 1865, in-8. On s'étonne que, dans cette publication intéressante, Méré

point de salon à lui, il s'était du moins formé un cercle intime d'amis. Aussi ne put-il manquer d'y introduire Pascal, après que le duc de Roannez le lui eut présenté. Ce fut donc là que l'auteur des *Pensées* dut rencontrer la plupart des personnages, avec lesquels le Chevalier se trouvait en relations suivies, comme l'atteste sa correspondance, c'est-à-dire, sans parler de femmes telles que Mlle de Scudéri ou Ninon de Lenclos, un Saint-Pavin, un Hesnault, un Saint-Maigrin, un Sourdis, un Bourdelot, un Des Barreaux, un Miton.

Ces deux derniers, entre autres, paraissent avoir fait sur l'esprit de Pascal une impression assez profonde.

On sait ce qu'était Des Barreaux, l'ami de Théophile, l'amant de Marion Delorme, l'insolent et dégoûtant débauché de l'île de Chypre [1]. Fils d'un intendant des finances du temps d'Henri IV, Jacques Vallée, sieur Des Barreaux, né en 1602, était devenu conseiller au Parlement; mais ses dettes l'avaient promptement obligé à vendre sa charge. Sur la fin, on lui attribua le fameux sonnet :

« Grand Dieu! tes jugements sont remplis d'équité..... »

ne soit pas même mentionné au nombre des familiers de la marquise, non plus qu'il ne l'est du reste dans les *Études* de M. Cousin sur *Mme de Sablé:*

1. Maison de Des Barreaux au faubourg Saint-Victor, et qu'il avait appelée l'Isle de Chypre.

Quoi qu'il en soit, s'il se convertit à la dernière heure, ce qui est douteux ; il passa la plus grande partie de sa vie dans un désordre qui lui valut une espèce de célébrité. « Il pouvait avoir trente-cinq ans, écrivait Tallemant, quand il fit partie avec un nommé Picot et autres qui lui ressemblaient, d'aller escumer toutes les délices de la France, c'est-à-dire de se rendre en chaque lieu, dans la saison de ce qu'il produit de meilleur. » « Il joue, continuait Tallemant, il yvroigne, mange si salement qu'on l'a vu cracher dans un plat, afin qu'on lui laissast manger tout seul ce qu'il y avait, se fait vomir pour remanger tout de nouveau et est plus libertin que jamais... Bien loin de s'amender en vieillissant, il fit une chanson où il y a :

> « Et, par ma raison, je butte
> A devenir beste brute. »

Il presche l'athéisme partout où il se trouve, et une fois il fut à Saint-Cloud chez la du Ryer passer la sepmaine sainte, avec Miton, grand joueur, Potel le conseiller au Chastelet, Raincys, Moreau et Picot, pour faire, disoit-il, leur carnaval [1]. »

Or, Pascal, attristé autant qu'indigné, se souviendra sans contredit de Des Barreaux, et c'est son nom qui naturellement se présentera sous sa plume, lorsque éloquemment il écrira : « Les uns ont voulu

1. *Les Historiettes*, t. III, p. 182 et suiv.

renoncer aux passions, et devenir des dieux ; les autres ont voulu renoncer à la raison, et devenir bêtes
brutes. Mais ils ne l'ont pu ni les uns ni les autres,
et la raison demeure toujours, qui accuse la bassesse
et l'injustice des passions et qui trouble le repos de
ceux qui s'y abandonnent ; et les passions sont toujours vivantes dans ceux qui y veulent renoncer [1]. »

On ne sait presque rien de Miton. Égoïste raffiné
autant qu'esprit délicat, il semble avoir été assez
nonchalant et assez riche pour n'exercer ni profession ni emploi, et de manières assez hautes
pour aller de pair avec les plus qualifiés de son
temps. Bien supérieur en effet se montre-t-il à Des
Barreaux, quoique leur philosophie soit à peu près
la même et que des maximes tout épicuriennes restent à tous les deux la règle invariable de leur
conduite. Mais tandis que Des Barreaux vit en Épi-
curien vulgaire, plongé tout entier, jusqu'à s'abêtir,
dans la fange des basses voluptés, Miton, plus fidèle
au véritable sentiment d'Épicure, fuit les excès
abrutissants, et, d'un tempérament moins emporté,
cherche surtout dans le jeu, dans les plaisirs de la
société ou la culture des lettres une bonne part du
contentement et de la jouissance dont il fait du
reste son unique objet.

C'était également la philosophie de Méré, qui dé-

1. *Les Pensées de Blaise Pascal*, édit. Molinier, t. I, p. 175.

clare tout net « qu'il ne songe qu'à bien vivre, ou, pour mieux dire, qu'à passer la vie agréablement [1] ». Ailleurs même il ne fera point difficulté de soutenir que « pour vivre heureusement, il faut avoir l'esprit d'une grande étendue et le cœur extrêmement borné [2] ». Enfin, si vous voulez prendre Méré sur le vif et le connaître dans son intérieur, écoutez-le. « Je vous dirai, écrit-il du Poitou à Miton, je vous dirai dans une grande simplicité que ma demeure et les environs sont agréables, que je me porte bien, que rien ne m'incommode, que je dors cinq à six heures de bon sommeil, que je rêve, je lis, j'écris, et que je me promène pour avoir de l'appétit, que j'ai d'excellent vin et les meilleurs fruits et les meilleures viandes qu'on puisse désirer. Mais je n'en abuse pas; je veux dire que par une longue habitude ou par mon tempérament je m'attache trop à penser. Mandez-moi seulement si vous avez de la santé, si tout va bien chez vous, si le jeu est toujours languissant, ce que font nos amis et nos amies [3] ». Méré et Miton devaient donc se convenir en perfection. Aussi Méré se plaît-il à reconnaître en Miton l'étoffe d'un honnête homme. « Depuis si longtemps que nous nous connaissons, lui écrit-il, j'ai remarqué dans plusieurs rencontres

1. *OEuvres de Méré*, t. II, p. 139.
2. *Ibid.*, p. 168.
3. *Ibid.*, p. 371.

que vous ne pensez pas tant à votre fortune qu'à
vous rendre honnête homme, et parce que vous
êtes né pour une qualité si noble et de si grand
prix, vous y avez fait un merveilleux progrès. Vous
savez parfaitement la Cour et le monde. Vous jugez
de la bienséance en maître sur tout ce qui se présente, et comme les vrais et les meilleurs modèles
vous en sont dus, on vous trouve de si bonne compagnie, qu'on est charmé de vous entendre et de
vous observer [1]. » L'honnête homme, tel est effectivement l'idéal, ou plutôt telle est l'idole de Méré,
et s'il s'estime lui-même digne d'amitié, c'est « qu'il
a quelque disposition à se rendre honnête homme [2] ».

Certainement, le sens qu'attache Méré à ce mot
d'honnête homme n'est pas nouveau. Ainsi, c'est
dans ce même sens que Rabelais, par exemple,
l'emploie déjà, lorsque l'appliquant plaisamment à
Frère Jean des Entommeures, il écrit : « Foy de
Christian, dist Eudemon, j'entre en grande resverie,
considérant l'honnesteté de ce moyne. Car il nous
esbaudit icy tous [3]. » — « Si ma santé me rid et la
clarté d'un beau jour, écrivait de son côté Montaigne,
me voylà honneste homme? [4] » Et encore : « Les
hommes de la société et familiarité desquels je suis

<hr>

1. *OEuvres de Méré*, t. II, p. 261.
2. *Ibid.*, p. 89.
3. *Gargantua*, liv. I, ch. XL.
4. *Essais*, liv. II, ch. XII.

en queste, sont ceux qu'on appelle honnestes et habiles hommes : l'image de ceulx ici me desgouste des autres [1]. » Malgré tout, Méré est un des écrivains qui ont le plus fait pour accréditer ce mot d'honnête homme, si fort en vogue au XVIIe siècle, et pour le définir. Car ce qui constitue l'honnête homme se distingue essentiellement de l'honnêteté, qui est le propre de l'homme de bien. « On pourrait être fort homme de bien, observe Méré, et fort malhonnête homme. Il ne faut qu'être juste pour être homme de bien, et pour être honnête homme, il se faut connaître à toutes sortes de bienséances et les savoir pratiquer [2]. » Cette connaissance supérieure du décorum et cette pratique savante de toutes sortes de bienséances, voilà donc ce qui rend Miton si recommandable aux yeux de Méré. Ce n'est pourtant pas qu'à son sens, Miton se maintienne toujours à la même hauteur et reste constamment, en toutes choses, un parfait modèle. C'est ainsi que parfois il lui reproche « de n'avoir dans l'esprit que le monde, et de n'écouter de bon cœur que ce qu'on lui dit de la Cour ou de l'armée [3]. » « Vous me plaignez, remarque-t-il, sitôt que je m'éloigne de Paris, et vous pensez que partout ailleurs les honnêtes gens sont à faire pitié. Mais je vous avoue aussi que je

1. *Essais,* l. III, ch. III.
2. *OEuvres de Méré,* t. II, p. 233.
3. *Ibid.,* p. 107.

vous plains à mon tour d'être confiné dans le jeu, de ne soupirer qu'après la fortune et de n'avoir des yeux que pour le monde artificiel, comme presque tous les courtisans, à qui les plus grandes beautés de la nature sont inconnues [1]. »

Toutefois, si Miton demeure insensible aux beautés de la nature, c'est un défaut que le Chevalier lui pardonne aisément, en raison du goût exquis qu'il fait paraître et de l'habileté qu'il déploie, lorsque de loin en loin il consent à prendre indolemment la plume. « Je lis quelquefois ce qu'on écrit aujourd'hui, lui mandait Méré, et je fus il y a quelques jours bien surpris de trouver ce que vous m'aviez montré sur l'honnêteté et sur d'autres sujets dans un petit livre (je crois que c'est un sixième tome des *OEuvres mêlées de Saint-Evremond*). Je ne sais par quelle aventure ce petit traité qui ferait de l'honneur à Socrate paraît sous un autre nom que le vôtre? Jamais rien ne fut mieux pensé ni mieux écrit; et sans mentir vous êtes si modeste, que vous en devenez insupportable à vos vrais amis qui s'intéressent dans votre réputation [2]. »

1. *OEuvres de Méré*, t. II, p. 163.
2. *Ibid.*, p. 326. On trouve en effet au t. VI des *OEuvres de Saint-Evremond* (Londres, 1725-1744, 7 v. in-12), sous le nom de M. de La Valterie (serait-ce un pseudonyme imaginé par Miton ?), des morceaux tels que ceux-ci : *Des vraies et fausses beautés des ouvrages de l'esprit, de l'honnêteté des expressions, de la justesse du raisonnement.*

Assez peu touché des objurgations de Méré, Miton se contente de lui renvoyer avec usure ses propres louanges. « Vous me réjouissez de m'assurer que je sais dire des choses. Je n'en fais pas moins de cas que Mme la marquise de Sablé, et je trouve aussi que vous devez souhaiter que tout le monde les estime ; car peut-être que jamais personne n'en a plus dit que vous et de meilleures. Pour ce qui est du petit traité dont vous me parlez, je ne m'étonne pas que vous ayez été surpris de le voir au jour ; je le fus autant que vous, et je ne vous saurais dire comment cela s'est fait. Je n'écris que fort rarement, et c'est encore avec une si grande négligence que je ne dois pas songer à m'en faire honneur. Mais je lis souvent, et je fais volontiers des réflexions sur tout ce que je lis [1]. »

En définitive, Miton est trop paresseux pour se montrer avide de renommée ; la gloire littéraire, qui ne s'acquiert qu'à force de labeur, n'a rien qui le puisse tenter, et lui-même avec ses dispositions d'âme à la fois languissante et voluptueuse, dédaigneuse et curieuse, s'est peint au naturel dans les lignes suivantes d'une autre de ses lettres à Méré.

« Je me porte assez bien, je n'ai point de chagrin fâcheux, aussi n'ai-je pas de plaisirs qui soient bien piquants, et je suis à peu près comme ces temps

---

1. *OEuvres de Méré*, t. JI, p. 327.

bas, qui sont à la vérité sans orage et sans pluie, mais où l'on ne voit point le soleil. Je passe tous les jours quelque temps à lire ; je fais quelques réflexions sur les sujets qui se présentent, et je vous attends pour les achever. Je vais les après-dînées chez Fredoc, où je joue un jeu assez médiocre..... Vous me mandez que vous songez à faire un ouvrage qui ne périsse jamais. Je sais bien que, si quelqu'un pouvait en venir à bout, ce serait vous. Mais le monde en vaut-il la peine ? Ces choses-là ne se font pas sans beaucoup de travail. On incommode sa santé par des méditations profondes, et la récompense en est bien légère ; le parti le plus sûr, ce me semble, est de ne songer qu'à des choses simples, et même badines, et d'en revenir toujours là [1]. »

En réalité, tel était Miton, et tel Pascal l'avait pratiqué, soit dans l'intimité de Méré, soit aux eaux de Bourbon, où les appelait tous les deux le soin de leur santé [2]. Le nonchaloir de cet autre précieux, ses dégoûts, les habitudes frivoles par lesquelles il cherchait à tromper son ennui, tout cela par conséquent lui était bien connu. « Tel homme, observait-il, passe sa vie sans ennui en jouant tous les jours peu de chose. Donnez-lui tous les matins l'argent qu'il

---

1. *Œuvres de Méré,* t. II, p. 252.
2. Cf. *Ibid.,* p. 227, Méré à Miton : « Le hasard me donne des espions et des espionnes pour vous observer tous les ans, quand vous allez aux eaux de Bourbon. »

peut gagner chaque jour, à la charge qu'il ne joue
point, vous le rendez malheureux [1]. » Et encore :
« *Ennui*. Rien n'est si insupportable à l'homme
que d'être dans un plein repos, sans passions, sans
affaire, sans divertissement, sans application. Il
sent alors son néant, son abandon, son insuffisance, sa dépendance, son impuissance, son vide [2]. »
N'était-ce pas là se représenter et peindre Miton?
Ailleurs, c'est de Miton que Pascal parle expressément. « Reprocher à Miton de ne pas se remuer,
quand Dieu le reprochera, » écrivait-il dans les
notes destinées à la préface générale de son Apologie [3]. On imagine du reste facilement, d'après
quelques autres phrases échappées à Pascal, quel
devait être le sujet ordinaire de ses entretiens avec
Miton. Non seulement Pascal avait dû l'obliger
d'avouer que le jeu et la conversation des femmes,
la guerre, les grands emplois ne sont si recherchés,
que parce que c'est le tracas qui nous détourne
de penser à notre malheureuse condition et nous
divertit [4]. Mais, sans le conduire précisément où il
voulait, il l'avait, selon toute apparence, mené
encore plus loin. « Miton voit bien que la nature
est corrompue, et que les hommes sont contraires à

1. *Les Pensées de Blaise Pascal,* édit. Molinier, t. I, p. 54.
2. *Ibid.,* p. 61.
3. *Ibid.,* p. 16.
4. *Ibid.,* p. 50.

l'honnêteté ; mais il ne sait pas pourquoi ils ne peuvent voler plus haut [1]. »

On dirait même parfois qu'on assiste à quelqu'une de ces discussions et qu'on entend Pascal argumenter directement contre Miton. « Le moi est haïssable : vous, Miton, le couvrez, vous ne l'ôtez pas pour cela ; vous êtes donc toujours haïssable. — Point, car en agissant ainsi, comme nous faisons, obligeamment pour tout le monde, on n'a plus sujet de nous haïr. — Cela est vrai, si on ne haïssait dans le moi que le déplaisir qui nous en revient. Mais si je le hais parce qu'il est injuste, qu'il se fait centre de tout, je le haïrai toujours. En un mot, le moi a deux qualités : il est injuste en soi, en ce qu'il se fait centre de tout ; il est incommode aux autres, en ce qu'il les veut asservir ; car chaque moi est l'ennemi et voudrait être le tyran de tous les autres. Vous en ôtez l'incommodité, mais non pas l'injustice, et ainsi vous ne le rendez pas aimable à ceux qui haïssent l'injustice : vous ne le rendez aimable qu'aux injustes, qui n'y trouvent plus leur ennui, et ainsi vous demeurez injuste, et ne pouvez plaire qu'aux injustes [2]. » De la sorte, Pascal démontre et remontre à Miton combien l'honnêteté diffère de la charité. Il le force à confesser « qu'il est plus clair que le jour que nous sentons en nous-mêmes des carac-

1. *Pensées de Pascal*, édit. E. Havet, t. II, p. 168.
2. *Les Pensées*, etc., édit. Molinier, t. I, p. 128.

tères ineffaçables d'excellence et qu'il est aussi véritable que nous éprouvons à toute heure les effets de notre déplorable condition. Que nous crie donc ce chaos et cette confusion monstrueuse, sinon la vérité de ces deux états, avec une voix si puissante, qu'il est impossible de résister [1] ? » Et que vous crie, Miton, cette voix? sinon : *ubi est Deus tuus*, où est votre Dieu? Déjà, au chevalier de Méré, qui, à propos de la mort prochaine de Mazarin, écrivait : « En vérité le monde et la fortune ne valent pas tant d'empressement. Mais il y a peu de connaisseurs, et vous ne sauriez croire comme on se remue à la Cour. Cependant songeons à nous réjouir, et à vivre sinon heureusement au moins sans chagrin, et le plus tranquillement que nous pourrons [2] ; » déjà, à ces paroles, comme s'il les eût pu lire, Pascal avait répondu : « Le beau sujet de se réjouir et de se vanter, la tête levée en cette sorte... Donc réjouissons-nous; je n'en vois pas la conséquence, puisqu'il est incertain, et nous verrons alors ce qu'il arrivera de nous [3]. »

1. *Les Pensées de Blaise Pascal*, édit. Molinier, t. I, p. 284.
2. *OEuvres de Méré*, t. II, p. 192.
3. *Les Pensées*, etc., édit. Molinier, t. I, p. 15. Notes pour la *préface générale*. Cf. *Ibid.*, p. 9. « Prétendent-ils nous avoir bien réjouis, de nous dire qu'ils tiennent que notre âme n'est qu'un peu de vent et de fumée et encore de nous le dire d'un ton de voix fier et content? Est-ce donc une chose à dire gaiement et n'est-ce pas une chose à dire tristement au contraire, comme la chose du monde la plus triste? »

Cependant, et en définitive, dans ce milieu de lettrés, de dilettanti, de libertins, où l'avait engagé le hasard des circonstances, quelle avait été, dès le début, et quelle était restée l'attitude de Pascal? Qu'avait-il pu résulter pour lui de cette fréquentation? Et quelles réflexions avait dû suggérer à cet observateur pénétrant et ardent le spectacle qu'il avait sous les yeux? Incontestablement, les mœurs de Pascal restèrent incorruptibles; sa foi même demeura, sinon sans assoupissement, du moins sans défaillance, et s'il se laissa quelque temps aller aux séductions du luxe, ou, ce qui est moins probable, s'il céda jamais aux attraits du jeu, ce fut toujours avec la retenue de l'honnête homme. La rigueur Janséniste pouvait seule qualifier de « désordre et d'horribles attaches [1] », les habitudes d'une mondaine mais innocente vie, et assurément, ce n'était pas un retour que Pascal faisait sur lui-même quand il écrivait : « Il est nécessaire de relâcher un peu l'esprit, mais cela ouvre la porte aux plus grands débordements [2]. » Nul doute, d'autre part, que, dans le commerce journalier de tant de fines intelligences, l'intelligence de Pascal ne se soit polie et assouplie, qu'au contact de Méré et de Miton, par exemple, il

1. Expressions de Pascal rapportées par Jacqueline Pascal. Cf. V. Cousin, *Jacqueline Pascal*, in-12, 1849, Paris, p. 188. *Lettre de Jacqueline à Mme Perier* sur la conversion de leur frère.
2. *Les Pensées de Blaise Pascal*, édit. Molinier, t. I, p. 103.

n'ait dépouillé la rouille du géomètre, et qu'il ne leur ait dû à tout le moins, comme l'ont très bien observé M. Collet et M. Havet [1], quelque chose de cette délicatesse et de cet éclat qui rehaussent la vigueur incomparable de tout ce qu'il écrit.

Ce fut également dans ce cercle choisi que Pascal développa son goût inné pour l'honnêteté, qu'il prisait si haut. Qu'on se réfère en effet à ce passage de sa lettre à Fermat : « Quoique vous soyez celui de toute l'Europe que je tiens pour le plus grand géomètre, ce ne serait pas cette qualité-là qui m'aurait attiré, mais que je me figure tant d'esprit et d'honnêteté en votre conversation, que c'est pour cela que je vous rechercherais. » Et ailleurs Pascal écrira : « On n'apprend pas aux hommes à être honnêtes hommes et on leur apprend tout le reste, et ils ne se piquent jamais tant de savoir rien du reste comme d'être honnêtes hommes. Ils ne se piquent de savoir que la seule chose qu'ils n'apprennent point [2]. » « On ne consulte que l'oreille, parce qu'on manque de cœur... La règle est l'honnê-

1. M. E. Havet, *Pensées de Pascal, Introduction*, p. cvi. « Nous ne croirons pas sans doute que Méré ait fait Pascal écrivain et que nous lui devions les *Provinciales;* mais pourtant nous reconnaîtrons avec M. Collet qu'il a servi à Pascal de quelque chose, qu'il a poli la superficie de son esprit, qu'il lui a donné une conscience plus nette de son goût naturel et a pu le dégager d'une rouille de province que ni les mathématiques, ni Jansénius n'étaient propres à lui ôter. »
2. *Les Pensées de Blaise Pascal*, édit. Molinier, t. I, p. 119.

teté [1]. » — Certes, il serait malaisé d'attacher plus d'importance que ne faisait l'auteur des *Pensées* à la qualité d'honnête homme.

Mais aussi comment ne pas le remarquer? Manifestement, c'est à voir autour de lui tant d'infirmités unies à tant d'agréments, parmi tant de prétentions et de recherches, tant d'ignorance et de frivolité, et au milieu de distractions en apparence enchanteresses un vide si profond et un si irrémédiable dégoût; c'est, en grande partie, à considérer tout cela, que Pascal a pris de l'homme cette idée mélancolique et haute, qui est l'âme des *Pensées*, et qui fait de ce recueil unique un livre de tous les pays et de tous les temps. Effectivement, cet honnête homme, qui excelle en tout ce qui regarde les convenances et les bienséances, est-ce bien là, comme l'estimait Méré, l'idéal véritable de l'homme, est-ce bien là tout l'homme? Oublions, si l'on veut, à quel point Montaigne avait raison d'écrire, « qu'on dit bien vray qu'un honnête homme c'est un homme meslé [2] ». Oublions, même, j'y consens, le sentiment, néanmoins trop souvent justifié, de Saint-Evremond et de Bautru, « qu'honnête homme et bonnes mœurs ne s'accordent pas ensemble [3] ».

1. *Les Pensées de Blaise Pascal*, édit. Molinier, t. I, p. 115.
2. *Essais*, Liv. 3, ch. IX.
3. Cf. E. Havet, *Pensées de Pascal. Nouvelles additions et corrections*, p. 87.

Pascal se bornait à exiger « que ceux-là fussent au moins honnêtes gens, qui ne pouvaient être chrétiens [1] ». Toutefois, pour se désabuser de l'honnête homme, dans le sens même favorable où lui-même l'entendait, il dut suffire à Pascal de converser avec Miton. « Pour moi, écrivait Miton à Méré, je me trouve si peu content de tout, que sans quelques pensées qui m'amusent, et dont les unes sont pleines de faiblesse et les autres peut-être de vanité, je donnerais tout pour peu de chose. Mais ceci est bien triste, il faut doubler le pas pour s'en éloigner [2]. » Pascal aussi veut doubler le pas, mais afin de nous entraîner avec lui vers la lumière, vers la certitude, vers la joie et l'inaltérable paix [3]. Sa conclusion est

1. *Les Pensées de Blaise Pascal,* édit. Molinier, t. I, p. 11.
2. *OEuvres de Méré,* t. II, p. 236.
3. Cf. Faugère, *Pensées, fragments et lettres de B. Pascal,* t. I, p. 239. *Écrit trouvé dans l'habit de Pascal après sa mort.* — « Feu. — Dieu d'Abraham, Dieu d'Isaac, Dieu de Jacob, non des philosophes et des savants. Certitude. Certitude. Sentiment. Joie. Paix, etc. » Ce n'est que l'abrégé de ces autres paroles de Pascal : « *Les Pensées,* etc., édit. Molinier, t. I, p. 140. Le Dieu des Chrétiens ne consiste pas en un Dieu simplement auteur des vérités géométriques et de l'ordre des éléments, c'est la part des Païens et des Épicuriens. Il ne consiste pas seulement en un Dieu qui exerce sa providence sur la vie et sur les biens des hommes, pour donner une heureuse suite d'années à ceux qui l'adorent, c'est la portion des Juifs. Mais le Dieu d'Abraham, le Dieu d'Isaac, le Dieu de Jacob, le Dieu des Chrétiens, est un Dieu d'amour et de consolation, c'est un Dieu qui remplit l'âme et le cœur de ceux qu'il possède, c'est un Dieu qui leur fait sentir intérieurement leur misère et sa miséricorde infinie, qui s'unit au fonds de

décisive : « Il n'y a que la religion chrétienne qui rende l'homme aimable et heureux tout ensemble. Dans l'honnêteté, on ne peut être aimable et heureux ensemble [1]. »

En résumé donc, il est permis de l'affirmer. Méré, qui, tout en suggérant à Pascal sa méthode des partis, avait contribué à le déprendre des mathématiques ; Méré, qui, d'un autre côté, passe pour avoir conseillé Pascal dans la composition des *Provinciales*, et qui, en dépit de sa médiocrité native et de ses affectations extravagantes, a certainement inspiré plus d'un fragment de la publication suprême que méditait Pascal ; Méré, en admettant Pascal dans sa familiarité, a aussi, jusqu'à un certain point, préparé, sans le savoir, l'ouvrage immortel des *Pensées*.

leur âme, qui la remplit d'humilité, de joie, de confiance, d'amour, qui les rend incapables d'autre fin que de lui-même. »

1. *Les Pensées*, etc., édit. Molinier, t. I, p. 309.

LES
PSEUDONYMES DE PASCAL

RAPPORT A L'ACADÉMIE DES SCIENCES MORALES ET POLITIQUES [1] SUR UNE PUBLICATION DE M. LÉON BÉNARD, INTITULÉE : « RECHERCHES SUR SALOMON DE TULTIE. »

Je demande à l'Académie la permission de lui faire connaître un travail de M. Léon Bénard, intitulé : *Recherches sur Salomon de Tultie.* Ce petit écrit n'offre guère, il est vrai, qu'un intérêt de pure curiosité. Peut-être néanmoins ne le jugera-t-on point indigne de toute attention, si on considère que la question qui s'y trouve examinée concerne Pascal.

La fortune diverse qu'eurent les *Pensées* est bien connue. Tout d'abord des amis de Pascal, de fidèles mais de timorés ou timides amis, Arnauld, Nicole, de Tréville, Du Bois, de La Chaise, Brienne, assistés

1. *Séance du 8 juillet 1871.*

du duc de Roannez et du neveu même de Pascal, Étienne Perier, les ont éditées (Guillaume Desprez, Paris, 1670) [1], après s'être appliqués en commun à les éclaircir, parfois même (qui le croirait?) à les embellir. « Ce qu'on y a fait, écrivait Brienne à Mme Perier, ne change en aucune façon le sens et les expressions de l'auteur, mais ne fait que les éclaircir et les embellir. » Port-Royal songea même, « en prenant dans tous ces fragments le dessein de M. Pascal, à suppléer en quelque sorte l'ouvrage qu'il avait voulu faire... Mais après s'y être arrêté assez longtemps et avoir commencé à y travailler, on rejeta cette voie parce que l'on considéra... que ce n'eût pas été donner l'ouvrage de M. Pascal, mais un ouvrage tout différent. » Quoi qu'il en soit, les amis de Pascal s'efforçaient du moins de faire

1. Cette édition était reproduite en 1678 augmentée de plusieurs pensées, en même temps que : 1º d'un *Discours sur les Pensées de M. Pascal, où l'on essaye de faire voir quel estoit son dessein,* avec un autre *Discours sur les preuves des livres de Moyse* (par Filleau de la Chaise sous le masque de M. Du Bois de la Cour); 2º d'un opuscule intitulé : *Traité qu'il y a des démonstrations d'une autre espèce et aussi certaines que celles de la géométrie, et qu'on en peut donner de telles pour la religion chrétienne.* En 1728, le P. Desmolets de l'Oratoire, dans le tome V de sa continuation des *Mémoires de littérature et d'histoire* de Sallengre, publiait : 1º l'Entretien sur Épictète et Montaigne, qu'il empruntait, sans en indiquer la provenance et en le défigurant, aux Mémoires alors inédits de Fontaine; 2ᵉ des *Œuvres posthumes, ou suite des Pensées de M. Pascal, extraites du manuscrit de M. l'abbé Perier, son neveu.*

partager l'admiration que leur inspirait ce sublime
génie [1]. Puis, est survenue, pour l'ouvrage de Pascal
aussi bien que pour sa mémoire, une période de
polémique et de réaction. Comme offusqué par
cette renommée colossale, Voltaire cède. à l'envie
« de combattre ce géant, de porter quelques coups
à ce vainqueur de tant d'esprits, de déchirer (c'est
également son langage) la peau de Pascal, sans
faire saigner le Christianisme [2]. » De son côté,
Condorcet (Pascal-Condor, comme se plaisait à
l'appeler Voltaire) charge le texte d'ailleurs très
incomplet et inexact des *Pensées*, de notes d'une
médiocrité rare et qui n'a d'égale que la prévention ou l'infidélité du commentateur (*Édition des
Pensées, précédée d'un Éloge de Pascal*, 1776). —
Enfin, en 1778, cette édition est reproduite, augmentée des remarques que Voltaire avait déjà publiées contre Pascal à la suite de ses *Lettres philosophiques* (1734). Voltaire y célébrait d'ailleurs
Condorcet, comme étant « autant au-dessus du
géomètre Pascal que la géométrie du XVIIIe siècle
était au-dessus de celle des Roberval, des Fermat

---

1. Pour s'expliquer les hésitations et la timidité de
MM. de Port-Royal, il convient de tenir compte des difficultés qu'ils rencontrèrent. Leur travail était terminé vers
la fin de 1668; les approbateurs le gardèrent six mois, et
peu s'en fallut qu'au dernier moment les scrupules de
Péréfixe, archevêque de Paris, ne fissent obstacle à la publication. Cf. l'abbé Maynard, *Pascal, etc.*, t. II, p. 14 et suiv.
2. Lettre à Formont, 1733.

et des Descartes... Géomètre plus profond, philosophe plus sage, ses pensées ont plus de vérité et de force que celle de Pascal. » Il y avait là en même temps qu'un abus de flagornerie, une audace de critique, où l'ignorance le dispute à l'impudence. Ce qui est plus grave, l'édition des *Pensées*, publiée successivement en 1776 et 1778, avait été, comme l'observe M. Renouard dans son catalogue, « frauduleusement mutilée de moitié, pour le soutien d'un système, dont les éditeurs auraient bien voulu faire de Pascal un apôtre. » Une réparation était donc devenue nécessaire. Et déjà, Bossut (1779), par exemple, M. Renouard lui-même (1803), dans des éditions diversement estimables quoique toutes insuffisantes, l'avaient tentée. C'est à un philosophe éloquent, chez qui les flammes de l'imagination avaient pour aliment la plus solide comme la plus exquise érudition, c'est à M. Cousin que revient l'bonneur d'avoir réalisé, ou, pour mieux dire, provoqué la restitution définitive du texte des *Pensées*. Je ne partage point, je l'avoue, relativement à l'auteur des *Pensées* toutes les opinions que professait M. Cousin [1]; mais comment oublier que c'est à lui notamment qu'on doit de pouvoir se faire de Pascal une juste idée? C'est en effet à la suite de son *Rapport à l'Académie française sur la nécessité d'une*

1. Cf. M. Cousin, *Du Scepticisme de Pascal,* Revue des Deux-Mondes, 15 décembre 1844 et 15 janvier 1845.

nouvelle édition des Pensées de Pascal[1]; c'est grâce à son excitation puissante ou à son exemple, que des écrivains d'une sagacité exercée et d'un tact délicat, M. Faugère le premier, et, en mettant à profit les travaux de M. Faugère, M. Havet, M. Louandre, pour n'en pas nommer d'autres[2], nous ont enfin donné les fragments originaux, authentiques, qui s'appellent les *Pensées*, et des annotations de plus en plus instructives des *Pensées*[3].

1. Paris, 1842, in-8.

2. Citons pourtant encore M. Frantin, *Pensées de Blaise Pascal, rétablies sur le plan de l'auteur, d'après les textes originaux accompagnés des additions et des variantes de Port-Royal*, Paris, 1853, in-12; l'abbé Rocher, *Pensées de Pascal sur la religion, publiées d'après le texte authentique et le plan de l'auteur, avec des notes philosophiques et théologiques*, Tours, 1873, in-8; et présentement, la dernière en date, mais non pas une des moins bonnes éditions des *Pensées*, celle de M. Auguste Molinier.

3. Il ne faudrait cependant point trop médire de l'édition de Port-Royal, ni surtout la tenir pour nulle et non avenue. Non seulement en effet elle est comme une base ou peut servir de point de repère, mais elle a des mérites qui lui sont propres. M. Ferdinand Brunetière l'a fort judicieusement observé : « Si Nicole, Arnauld, le duc de Roannez et M. de Brienne, écrit-il, prirent jadis, en travaillant à la première édition des *Pensées*, d'étranges libertés avec le texte authentique, je ne répondrais pas que nous ne prissions, nous, des libertés bien autrement étranges encore avec l'esprit de l'Apologie de Pascal, en faisant, comme nous le faisons dans nos éditions prétendues savantes, voyager d'une page et d'un chapitre à l'autre ces immortels fragments. Je penche même à croire que, si Pascal revenait parmi nous, il se reconnaîtrait plutôt encore dans l'édition de Port-Royal que dans celle même de Faugère, et qu'il

Or, parmi les problèmes qu'a suscités cette révision, il en est un, qne ni M. Faugère, ni M. Havet, ni M. Louandre n'ont résolu, après se l'être posé.

On lit dans les *Pensées* : « La manière d'écrire d'Épictète, de Montaigne et de Salomon de Tultie est la plus d'usage, qui s'insinue le mieux, qui demeure plus dans la mémoire, et qui se fait le plus citer, parce qu'elle est toute composée de pensées nées sur les entretiens ordinaires de la vie, comme quand on parlera de la commune erreur qui est parmi le monde, que la lune est cause de tout, on ne manquera jamais de dire que Salomon de Tultie dit que, lorsqu'on ne sait pas la vérité d'une chose, il est bon qu'il y ait une erreur commune, etc., qui est la pensée ci-dessus [1]. » Et Pascal renvoie à une pensée exprimée plus haut : « Lorsqu'on ne sait pas la vérité d'une chose, il est bon qu'il y ait une erreur commune qui fixe l'esprit des hommes, comme, par exemple, la lune, à qui on attribue le changement des saisons, le progrès des maladies, etc. Car la maladie principale de l'homme est la curiosité inquiète des choses qu'il ne peut savoir, et il ne lui est pas si mauvais

serait, après tout, plus content du duc de Roannez que de M. Molinier. » *Études critiques sur l'histoire de la Littérature française,* Paris, 1880, p. 92 et suiv.

1. *Les Pensées de Blaise Pascal,* édit. Molinier, t. II, p. 148.

d'être dans l'erreur, que dans cette curiosité inutile [1]. »

Quel peut donc être ce Salomon de Tultie, dont parle Pascal?

« Les éditeurs, écrit M. Louandre [2], ont cherché quel pouvait être ce Salomon de Tultie, mais sans le trouver, ce qui se comprend, Salomon de Tultie n'ayant jamais existé; c'est évidemment un pseudonyme. »

« Nos recherches et celles de plusieurs érudits, remarque M. Faugère [3], n'ayant pu nous procurer aucune notion sur Salomon de Tultie, nous supposons que Mme Perier, de la main de laquelle ce passage se trouve écrit dans le manuscrit, aura altéré le nom de l'écrivain cité par Pascal. »

« Ce nom, observe M. Havet [4], est tracé très distinctement et à deux fois; mais en supposant que Mme Perier se soit trompée, quel autre nom faudra-t-il mettre à la place? On n'en trouve aucun dans l'histoire littéraire qui convienne ici. Comment Pascal, qui semble avoir si peu lu, citait-il un écrivain que personne ne connait, et qu'il nomme à

1. *Les Pensées de Blaise Pascal,* édit. Molinier, t. II, p. 147.
2. *Pensées de Pascal,* édit. *Variorum,* Paris, 1866, grand in-8, p. 209 *en note.*
3. *Pensées, fragments et lettres de B. Pascal,* Paris, 1844, 2 v. in-8, t. I, p. 252, *en note.*
4. *Pensées de Pascal, publiées dans leur texte authentique avec un commentaire suivi et une étude littéraire,* 1852, in-8, p. 108, *en note.*

côté d'Épictète et de Montaigne? On serait tenté de croire que Salomon de Tultie n'est qu'un pseudonyme, un ami de Pascal, par exemple, qui lui avait soumis quelque recueil de pensées, où Pascal avait remarqué celle qu'il cite. Ou qui sait si ce n'est pas lui-même que Pascal désigne ainsi? »

Seul, M. Havet avait touché juste. Il se trouve en effet, c'est lui qui nous l'apprend dans une seconde édition de son livre [1], il se trouve qu'à la lumière de la conjecture qu'il avait émise, M. Frédéric Chavannes, pasteur à Amsterdam, écrivant sur Pascal dans la *Revue de théologie et de philosophie chrétienne* (avril 1854), a constaté que sous le nom de Salomon de Tultie, c'est lui-même que Pascal désigne par une anagramme. C'est cette même anagramme, sinon complètement ignorée jusqu'ici, du moins restée longtemps inintelligible aux commentateurs les plus pénétrants, on dirait bien aux curieux de Pascal, qu'a su, de son côté, déchiffrer M. Léon Bénard, qui semble, malgré tout, n'avoir connu ni la dissertation de M. Chavannes, ni la note de M. Havet, où cette dissertation est mentionnée. Il convient de plus d'observer qu'il a du moins le mérite de justifier par les meilleures raisons ce déchiffrement.

---

1. *Pensées de Pascal, publiées dans leur texte authentique, avec une introduction, des notes et des remarques. Seconde édition du commentaire revue et entièrement transformée,* Paris, 1866, 2 v. in-8, t. I, p. 101, en note.

Ainsi et tout d'abord, comment imaginer un seul instant que Salomon de Tultie ne soit pas simplement un pseudonyme, alors que personne, ni avant Pascal, ni du temps de Pascal, si ce n'est Pascal, n'a jamais cité un auteur sous une telle appellation? Quoi! Salomon de Tultie serait un écrivain assez considérable pour que Pascal, qui était certainement bon juge, l'eût placé en compagnie d'Épictète et de Montaigne, et le XVIIe siècle tout entier n'aurait pas même soupçonné l'existence d'un moraliste de cette importance! Faudrait-il donc admirer en cela l'érudition singulière de Pascal? Mais nous savons, au contraire, et Nicole, son panégyriste, tourne même ce fait à sa louange, qu'en somme Pascal avait peu de lecture. « Ce qui faisait proprement le mérite de ce rare génie, observait-il dans son *Éloge de Pascal*, ce n'était pas une vaste érudition qui est le fruit d'un travail long et pénible. C'est là le partage des savants ordinaires, mais ce ne fut pas celui de M. Pascal qui était né plutôt pour inventer les sciences que pour les apprendre, puisqu'il tirait du riche fonds de son esprit ce que les autres sont obligés d'aller puiser dans les monuments des anciens [1]. » Et Pascal, qui a tellement emprunté à Montaigne que dans Mon-

---

1. Extrait du *Recueil de Pièces pour servir à l'histoire de Port-Royal;* Utrecht, 1740, in-12. Cet éloge avait été d'abord rédigé en latin par Nicole, *Elogium D. Blasii Pascalii.*

taigne à chaque instant on retrouve Pascal et qu'il semble même à Nodier, par exemple, que l'auteur des *Pensées* ne soit qu'un plagiaire de l'auteur des *Essais* [1], Pascal lui-même revendiquant, à l'encontre

1. *Questions de littérature légale. Du plagiat, de la supposition d'auteurs, des supercheries qui ont rapport aux livres,* par Charles Nodier, 2e édit., Paris, 1838, in-8. « Montaigne, écrit Nodier (p. 2), a commis beaucoup de plagiats sur Sénèque et Plutarque, mais il s'en accuse à tout moment, et déclare qu'il est bien aise que les critiques donnent à Sénèque des nazardes sur son nez.... Charron, de son côté, remarque-t-il (p. 411), ne fait pas difficulté de copier textuellement les passages les plus magnifiques de Montaigne et à l'aventure ceux que Montaigne copie de Sénèque ou de tel autre... Lamothe-le-Vayer, La Bruyère, Saint-Evremond, Fontenelle, Bayle et Voltaire ne sont guère plus délicats. » Et Nodier ajoute ensuite, à l'adresse de Pascal, ces dures paroles, que Pascal semble avoir à l'avance réfutées, bien qu'effectivement à lire les *Essais,* on y retrouve, comme à chaque instant, les *Pensées* : « Aucun d'eux pourtant n'approche de Pascal dans l'audace du larcin. Je n'en ai recueilli que sept à huit exemples, presque tous pris d'un même chapitre, mais quiconque lira les *Essais* et les *Pensées* avec une attention scrupuleuse, en trouvera une foule que je n'ai eu ni le loisir ni la faculté de rassembler. Il serait naturel de conjecturer d'abord à quiconque vénère comme moi la réputation de Pascal, et ne peut cependant fermer les yeux sur cette singulière quantité de traits ingénieux, touchants ou sublimes, qu'il n'a fait qu'extraire des philosophes et des Pères de l'Église, de Montaigne ou de Charron, et dont presque tout le livre des *Pensées* se compose; il serait, dis-je, naturel de conjecturer que ce livre ne fut réellement qu'un recueil de notes informes, dont les unes devaient être employées comme autorité, et dont les autres devaient subir une réfutation complète. On est même d'autant plus porté à le croire, au premier aspect, que l'histoire bibliographique ne nous donne guère ce livre pour autre chose, puisqu'elle constate qu'il fut fait de papiers rapportés, et sans autre ordre que celui qu'il plut aux éditeurs d'y introduire.

de l'auteur des *Essais*, son originalité propre, écrivait plus fièrement peut-être que justement : « Ce n'est pas dans Montaigne, mais dans moi, que je trouve tout ce que j'y vois. Qu'on ne dise pas que

Les raisonnements presque invincibles que Pascal y fait valoir pour l'incrédulité en seraient un autre témoignage, auquel je ne pourrais me refuser d'accorder un plein crédit, si je ne voyais que les premiers écrivains de la nation se sont réunis, depuis le temps de Pascal jusqu'au nôtre, à considérer les *Pensées* comme le principal titre de sa gloire. En effet, si vous ôtez à Pascal les remarques admirables et profondes dont ce livre est formé, il lui restera encore la réputation d'un des plus grands géomètres de son siècle, celle du dialecticien le plus habile, du raisonneur le plus pressant, de l'écrivain le plus ingénieusement plaisant, le plus brillant et le plus pur qui eût paru en France jusqu'à lui ; mais je chercherai inutilement dans ce qui lui restera de son ouvrage posthume, ce prodigieux génie qui devait jeter tant de lumières sur la religion, que si Dieu l'a retiré du monde, à en croire un célèbre auteur de notre temps, c'était afin que tous les mystères n'en fussent pas éclaircis. Parmi les *Pensées*, il y en a quelques-unes qui appartiennent en propre à Pascal, et on les reconnaît à je ne sais quel tour d'une mélancolie, non pas philosophique ni chrétienne, mais superstitieuse, morose et comme illuminée, qui trahit l'état où le plongeait sa maladie. L'allure de cette tristesse rêveuse et désespérée n'a rien de bien difficile à saisir, et je lis des écrivains à la mode qui n'y réussissent pas moins bien que Pascal, mais ces élans d'une âme forte, ces traits grands et inattendus dont on a dit qu'ils tenaient plus du Dieu que de l'homme, il faut convenir que c'est Timée de Locres, saint Augustin, Charron, et spécialement Montaigne, qui les ont fournis. Conclura-t-on de là que certains enthousiastes n'ont pas lu Montaigne, ou qu'ils se font un plaisir de sacrifier la gloire d'un sceptique à celle d'un Janséniste?

« Toutes réflexions faites, je me crois obligé de reconnaître que le plagiat de Pascal est le plus évident peut-être et le plus *manifestement intentionnel* dont les fastes de la littérature offrent l'exemple. D'abord c'est un livre de *Pensées*

je n'ai rien dit de nouveau ; la disposition des matières est nouvelle ; quand on joue à la paume,
c'est une même balle dont joue l'un et l'autre,
mais l'un la place mieux. J'aimerais autant qu'on

jetées au hasard, comme le dit Pascal lui-même, et sans
aucune espèce d'ordre ; de manière que le mérite de l'ordre et de la conception générale en étant soustrait, on n'y
peut chercher que l'essence de chaque pensée prise en particulier, et le tour qui la fait valoir. Chaque pensée qui se
retrouve ailleurs dans l'essence et dans le tour est donc un
plagiat très condamnable. Secondement, je le trouve aggravé
par la précaution qu'y prend l'écrivain d'y modifier quelque
chose, soit dans l'antiquité de l'expression, soit dans la
hardiesse, soit dans le rapport des membres de la phrase
entre eux, un peu moins, ce semble, pour rendre l'idée
plus claire et plus propre à son sujet que pour l'approprier
à son style, et l'encadrer sans disparate dans la contexture
de ses écrits. Enfin, après avoir fait ces observations dans
le détail, ne se trouve-t-on pas aigri du ton tranchant et
superbement dédaigneux dont Pascal se sert à l'égard de
Montaigne, comme si, non content de s'enrichir de ses écrits,
il voulait les perdre de considération dans l'estime des hommes, pour hériter seul de leur gloire ? Je le répète : Pascal
a plus qu'il ne faut de sa réputation littéraire pour balancer
toutes les réputations anciennes et modernes ; mais la raison
voudrait peut-être qu'on s'en tînt là, et qu'on ne s'obstinât
pas à le compter parmi les plus solides appuis de la religion
et de la morale, à moins qu'on n'y comprît aussi Aphthone,
Publius Syrus, Érasme et tel autre compilateur d'apoph-
tegmes, qui n'ont été que les rhapsodes de la philosophie
et de la sagesse antiques. » Quelque excessives ou amères
que soient, à certains égards, ces paroles de Nodier, elles
n'en restent pas moins, en partie, fort justifiées. Car si
Pascal « a mieux placé la balle », il faut convenir que très
souvent c'est Montaigne qui l'a fournie. Nous avons eu parfois la fantaisie, et peut-être y cèderons-nous un jour, de
reconstituer en quelque sorte avec Montaigne, et toutes différences gardées, Pascal philosophe.

me dît que je me suis servi des mots anciens. Et comme si les mêmes pensées ne formaient pas un autre corps par une disposition différente de discours, aussi bien que les mêmes mots forment d'autres pensées par leur différente disposition [1] ! »

Cependant, s'il reste avéré que Salomon de Tultie ne peut être qu'un pseudonyme, quel est l'auteur dont la personnalité s'abrite sous ce nom supposé? Serait-ce un des amis de Pascal? L'entourage de Pascal ne nous est pas inconnu. C'est au milieu des amis d'Étienne Pascal, son père, que s'est écoulée sa jeunesse ; c'est surtout dans le monde de Port-Royal que s'est passé son âge mûr. Or, qui entendit jamais prononcer à Port-Royal, où il y eut pourtant beaucoup d'auteurs pseudonymes, le nom de Salomon de Tultie? Ou bien encore, quelle apparence qu'il se soit rencontré un Salomon de Tultie parmi les hommes diversement célèbres, avec lesquels Étienne Pascal avait pu mettre son fils en rapport, un Descartes, un Roberval, un Fermat, un Méziriac, un Des Argues, un Le Pailleur, un Carcavi, et que ce Salomon de Tultie eût choisi le jeune Pascal pour dépositaire ou confident d'un écrit pseudonyme et dont il n'aurait subsisté d'autre trace qu'une phrase isolée? Ou enfin, serait-ce un Miton, un Méré?

1. *Les Pensées de Blaise Pascal,* édit. Molinier, t. I, p. 22 et suiv.

Aussi bien, toute argumentation devient superflue et on arrive à la pleine lumière, dès que l'on s'avise de rapprocher du pseudonyme de Louis de Montalte, sous lequel Pascal finit par publier les *Provinciales* (les premières parurent avec de simples initiales), le pseudonyme de Salomon de Tultie. On s'assure en effet que ce dernier pseudonyme renferme le même nombre de lettres et les mêmes lettres que le premier.

```
L o u i s   d e   M o n t a l t e
3. 4. 11. 14. 1.  8. 9.  5. 6. 7. 10. 2. 12. 13. 15.

S a l o m o n   d e   T u l t i e
1. 2. 3. 4. 5. 6. 7.  8. 9.  10. 11. 12. 13. 14. 15.
```

De toute évidence, l'un de ces deux pseudonymes est l'anagramme de l'autre. Dira-t-on que c'est peut-être Louis de Montalte qui a été calqué sur Salomon de Tultie? Mais, à ce compte, il faudrait intervertir l'ordre des temps, et admettre, contre toute certitude, que la date des *Provinciales* est postérieure à celle où Pascal entreprit d'élever, en l'honneur de la religion chrétienne, un monument dont il put à peine préparer les matériaux. M. Bénard l'a établi d'une manière péremptoire : le pseudonyme de Salomon de Tultie est l'anagramme de Louis de Montalte, et ce nouveau pseudonyme, comme le premier, ne peut s'appliquer qu'à Pascal. Car, encore un coup, quel serait l'auteur que Pascal aurait voulu désigner de la sorte, et par quelle nécessité, ou plutôt par quel étrange caprice lui aurait-il imposé l'anagramme de son propre pseudonyme? Il y a plus : cette pensée que Pascal attribue à Salomon de Tultie, il a commencé par l'énoncer pour ainsi dire, en son propre nom, et, prise en elle-même, cette pensée n'offre rien qui démente une pareille origine. D'ailleurs, remarquons-le : dans les *Pensées*, Pascal s'était dejà cité une première fois et sous un premier pseudonyme. « *Montalte*. Les opinions relâchées plaisent tant aux hommes, qu'il est étrange que les leurs (celles des Jésuites) déplaisent, etc. » Comment s'étonner, après cela, que, dans les *Pensées*, Pascal se soit cité une fois de plus, sous un nouveau pseudonyme, anagramme du premier? Et alors même qu'il eût toute raison de se persuader que la postérité le mettrait de pair avec Épictète et Montaigne, n'y avait-il pas quelque bienséance à ne point inscrire de sa main et en toutes lettres, à côté de noms aussi illustres, son véritable nom? Évidemment, de Louis de Montalte Pascal a tiré par anagramme Salomon de Tultie, comme de Louis de Montalte il avait déjà tiré par anagramme, le pseudonyme d'Amos Dettonville [1], dont il convint avec Carcavi, à l'occasion

---

1. Dans Amos Dettonville, l'*u* de Louis de Montalte devient un *v*.

du concours qu'il ouvrit sur les problèmes *de la
Roulette*.

D'un autre côté, M. Bénard l'a fort bien démêlé.
Tous ces pseudonymes, Amos Dettonville, Salomon
de Tultie, Louis de Montalte, ont pour racine un
premier nom fictif, que crut devoir prendre Pascal,
lorsqu'à la veille de publier les *Provinciales*, il se
réfugia dans une petite auberge de la rue des
Poirées, à l'enseigne du *Roi David*, derrière la Sorbonne, vis-à-vis le collège de Clermont, c'est-à-dire
vis-à-vis l'établissement même des Jésuites [1], qu'il
allait harceler de ses clandestines attaques. On sait
effectivement qu'en entrant dans cet obscur asile, il
s'y fit appeler M. de Mons.

« M. de Mons, encore Montalte! » s'écrie M. Sainte-
Beuve [2], et le récent historien de Port-Royal paraît
croire, mais sans chercher à justifier son affirmation, que c'est là un premier pseudonyme de fantaisie, d'où, par addition ou anagramme, Pascal a
dérivé tous ses autres noms supposés.

M. Bénard a insisté davantage. Tout en voyant,
comme M. Sainte-Beuve, dans cette dénomination
de M. de Mons un pseudonyme, il a essayé de s'en
rendre compte. « N'était-ce pas, dit-il, chez Pascal

---

1. Plus tard le Collège, aujourd'hui le Lycée Louis-le-
Grand. Quant à la rue des Poirées, elle a pris et porte actuellement le nom de rue des Cordiers.
2. *Histoire de Port-Royal*, t. II, p. 558.

un souvenir des montagnes de son pays ? » Il rappelle aussi qu'à Vaumurier, Pascal prit part à la
traduction du Nouveau-Testament, qui, sous le
nom de *Nouveau-Testament de Mons*, obtint non
seulement chez les personnes de piété, mais dans
le monde et auprès des dames un prodigieux
succès [1].

Malheureusement, M. Bénard s'est ici singulièrement fourvoyé. D'une part, il allègue une raison
purement poétique, qui n'est point une explication ; d'autre part, il oublie que si MM. de Port-
Royal entreprirent en commun la traduction du
Nouveau-Testament dès le temps des conférences
de Vaumurier (1657), ce ne fut qu'en 1667, cinq
ans environ après la mort de Pascal, qu'ils la
firent paraître. Imprimée à Amsterdam chez les
Elzévir (le chancelier Séguier avait refusé le permis d'imprimer en France), cette édition fut mise
sous le nom de Gaspard Migeot, libraire de Mons,
qui se chargea du débit [2]. Surtout, il est fâcheux
que M. Bénard se soit appliqué à résoudre une
difficulté qui, en réalité, n'existe pas.

C'est qu'en effet, en se faisant appeler M. de
Mons, c'était un nom de famille qu'empruntait
Pascal, et non point un pseudonyme auquel il avait
recours. « M. Pascal, mon grand-père, écrivait

---

1. Cf. *Histoire de Port-Royal*, t. I, p. 272.
2. *Ibid.*, t. II, p. 357 ; t. IV, p. 271.

Marguerite Perier dans un Mémoire que nous a conservé le P. Guerrier, se nommait Étienne Pascal. Il était fils de Martin Pascal, trésorier de France, et de Marguerite Pascal de Mons, qui était fille de M. Pascal de Mons, sénéchal de Clermont, dont la famille avait été anoblie par le roi Louis XI, en considération des services rendus par Étienne Pascal, maître des requêtes [1]. » Si on interroge la géographie et l'histoire de l'Auvergne, on trouve d'ailleurs qu'il existe, dans le département du Puy-de-Dôme, deux anciens fiefs du nom de Mons. Le premier, situé dans le canton d'Arlanc, le second, dans le canton d'Aigueperse, appartenaient l'un et l'autre vers la fin du XVe et pendant le XVIe siècle, soit à la famille du père de Pascal, soit à celle de sa mère Antoinette Begon [2].

Ainsi, Louis de Montalte (Louis était le prénom d'un neveu de Pascal, fils de M. et de Mme Perier, né en 1651, mort chanoine de la cathédrale de Clermont-Ferrand en 1713), Louis de Montalte est un pseudonyme, qui probablement aura été enté sur M. de Mons. Mais, eu définitive, Pascal a pu s'appeler M. de Mons à peu près au même titre que Descartes s'est appelé quelque temps, du nom d'une terre patrimoniale, M. Du Perron.

1. P. Faugère, *Lettres, etc., de Mme Perier*, etc., p. 418.
2. Voyez Bouillet, *Dictionnaire héraldique de l'Auvergne*, Clermont-Ferrand, 1858, gr. in-8.

L'Académie m'excusera de m'être arrêté si longtemps à des infiniment petits. Toutefois, il me
semble, si je ne m'abuse, que la personne de Pascal
donne à ces détails quelque intérêt. Enfin, l'ajoute-
rai-je? A parcourir le travail de M. Bénard, je me
suis involontairement rappelé cet autre passage des
Pensées : « La vanité est si ancrée dans le cœur de
l'homme, qu'un soldat, un goujat, un cuisinier, un
crocheteur, se vante et veut avoir ses admirateurs :
et les philosophes même en veulent. Et ceux qui écri-
vent contre, veulent avoir la gloire d'avoir bien écrit ;
et ceux qui le lisent veulent avoir la gloire de l'avoir
lu, et moi qui écris ceci, ai peut-être cette envie, et
peut-être que ceux qui le liront... La douceur de la
gloire est si grande, qu'à quelque objet qu'on l'attache, même à la mort, on l'aime [1]. » Oui, en se
plaçant sous le voile de l'anagramme à côté d'Épictète et de Montaigne dans la fréquentation desquels
il avait tant vécu, et que, malgré tout, il prisait si
fort, Pascal, ce Pascal que trop souvent, par préoccupation, par ignorance ou par calcul, on a si
étrangement défiguré, Pascal s'est montré tel qu'il
était, non plus dans sa superbe et son ironie, mais
dans sa candeur et sa simplicité, en un mot vraiment homme ; car il s'est montré amoureux de la
gloire. Assurément Pascal, dans ses dernières

1. *Les Pensées de Blaise Pascal,* édit. Molinier, t. I, p. 88
et suiv.

années, n'aurait point écrit, comme son imitateur Vauvenargues, « que les feux de l'aurore ne sont pas si doux que les premiers regards de la gloire ». Les visées de Pascal ne s'arrêtaient plus alors aux horizons d'ici-bas. Mais si l'auteur des *Pensées* professait, pour reprendre ses propres expressions, « que la plus grande bassesse de l'homme est la recherche de la gloire, » il jugeait aussi « que c'est cela même qui est la plus grande marque de son excellence, car quelque possession qu'il ait sur la terre, quelque santé et commodité essentielle qu'il ait, il n'est pas satisfait s'il n'est dans l'estime des hommes. Il estime si grande la raison de l'homme, que quelque avantage qu'il ait sur la terre, s'il n'est placé avantageusement aussi dans la raison de l'homme, il n'est pas content. C'est la plus belle place du monde, rien ne le peut détourner de ce désir, et c'est la qualité la plus ineffaçable du cœur de l'homme [1]. »

1. *Les Pensées*, etc., édit. Molinier, t. I, p. 67.

TABLE DES MATIÈRES

Coulommiers. — Typog. P. BRODARD et GALLOIS.